미디어 교육 Ⅱ

지성인을 위한 미디어 ABC

고 승 우 저

형지사

머리말

우리 사회에서 대중 미디어의 중요성은 엄청나다. 대중 미디어는 때로는 정치권력보다 더 강력한 영향력을 발휘한다. 그런데 안타깝게도 미디어가 제 기능을 충실히 발휘하면서 사회 발전에 기여하지 못한다. 일부 대중 미디어는 민주시민들과 같이 호흡하면서 상부상조하는 것이 아니라 사회 발전을 가로막는 걸림돌 역할을 하고 있다. 왜 이런 일이 바로 잡히지 않을까? 이는 시민사회의 공론의 장인 대중 미디어에 대한 사회적 인식에 문제가 있기 때문이다. 그 결과 대중미디어 가운데 악화가 양화를 구축하는 일도 벌어진다. 미디어를 취사선택하는 시민의식이 미흡할 때 미디어 시장의 기능이 어떻게 뒤틀리는지 우리는 목격하고 있다. 값비싼 대가를 치루면서 말이다.

미디어의 수요를 소비자들이 결정치 못하게 된 이유는 우리 사회에서 적절한 미디어 교육이 실시된 적이 없기 때문이다. 오늘과 같은 기형적인 미디어 현상은 자업자득인 셈이다. 미디어 교육은 시민사회에서 막중한 역할을 하고 있는 대중 미디어를 정확하게 판단하고 선택토록 하는 교육이다. 그것은 미디어 소비자 즉 시청자나 독자의 인권을 존중하고 나아가 정상적으로 민주사회를 건설, 운영토록 하는 시민 교육이다. 민주시민들이 미디어를 정확히 이해하고 활용할 수 있는 능력을 지니도록 돕는 의식화 작업이다.

우리나라는 지난 십여 년 동안 시민사회의 줄기찬 노력으로 민주화가 급진전되었다. 치열한 민주화 투쟁이 전개되어 이 사회의 많은 부분이 개혁되었으나 아직도 수구 언론이 시장을 과점하고 있다. 일부 부적절한 언론은 민주화와 과거청산 등을 반대하고 평화통일 추진 노력의 발목을 잡는 일이 일상적으로 벌어진다. 이에 대한 시민사회의 비판 운동이 줄기차다. 때로는 불매운동을 벌였으나 그 성과가 크지 않다. 왜 그럴까? 그것은 우리 사회가 미디어를 바로 보고 정확하게 판단할 수 있는 미디어 교육을 시키지 않는데 근본 이유가 있다.

평화적 정권교체가 달성되고 참여정부로 이어지면서 미디어 교육의 필요성이 제기되고 있다. 그 결과 한국 언론재단에서 미디어 교육관련 도서를 발간했고 일선 중·고교에서 뜻있는 교사들이 미디어 교육에 앞장 서고 있다. 그러나 우리의 미디어 교육은 초보적인 수준이다. 미디어 교육에 대한 관심이 아직 국가적 또는 범사회적 차원의 인식으로는 확대되지 못했다. 즉 깊이 있는 학문적 논의나 미디어 교육의 실시를 위한 제도적 정비, 구체적 방법 개발 등이 본격적으로 이루어지지 못한 상태다. 대학 교육에서 미디어 교육은 거의 찾아보기 어렵다. 현재 진행 중인 미디어 교육은 신문과 방송을 제작하는 쪽에 기울어져 있을 뿐 미디어를 비판적으로 이해하는 데 필요한 교육과는 거리가 멀다.

서구 사회에서 미디어 교육은 1970년대 이래 교육계와 언론계간에 긴밀한 협조 속에 연구 작업이 진행되면서 초·중 교육기관에 정식 교과과정으로 편입되어 실시되고 있다. 대학 교육 과정은 일선 언론인들이 미디어 교육을 시키는 것이 전통으로 굳어 있다. 매우 부러운 일이다. 우리나라가 정보 강국이라고 국제사회에서 인정받는 만큼 미디어 교육이 미흡한 것은 우리의 수치로 다가온다. 이런 부조리는 시급히 시정되어 미디어 시장이 정상적으로 가동될 수 있는 지적 풍토가 하루 빨리 가꿔져야 할 것이다.

우리 사회에서 대중 미디어가 정상화되면 진정한 민주화와 통일의 그날이 크게 앞당겨질 것이라고 말하는 사람이 적지 않다. 우리 대중 미디어가 시대정신을 담아내면서 새 시대를 선도하는 역할을 하지 못하는데 대한 아쉬움의 표현이다. 오늘날 우리 사회는 정보강국이라는 사회 인프라를 바탕으로 삼아 무섭게 질주하고 있다. 내부적으로 이런저런 논란과 시비에도 불구하고 희망적인 미래를 향해 성큼성큼 발걸음을 옮기고 있다. 정보 기술발달 속에서 우리는 과거 한 번도 경험치 못한 정보환경을 창출하고 있다. 급속한 정보환경의 변화는 미디어 교육의 필요성을 더 증대시킨다. 미디어를 알아야 그 변화의 급류에 휩쓸리지 않고 미디어를 활용할 수 있는 능력을 갖추게 된다.

이 책은 미디어 이해를 위한 기본적 사항을 소개하고 같이 생각해보자는 취지에서 비롯됐다. 누구나 쉽게 접근할 수 있도록 우리 현실 속의 미디어 현상을 중심으로 미디어 이론적인 것들을 설명하는 방식을 택했다.

어려운 출판계 사정에도 불구하고 출판을 맡아 주신 형지사 유성렬 사장님과 편집진에게 감사드린다.

2007년 5월

필자 고승우(언론사회학 박사)

차 례

1
chapter

미디어의 명암

1. 불량 미디어와 미디어 교육

미디어는 세상을 향해 열린 창이다. 사람들은 미디어를 통해 많은 것을 익힌다. 자신들의 일상생활에서 일어나는 일들을 이해하는 것은 물론 자신이 직접 개입되어 있지 않은 분야도 알게 된다. 미디어를 잘 이용하면 큰 도움이 된다. 사회생활에는 많은 지식이 필요하고 미디어는 지식 습득에 큰 도움을 준다. 갖가지 지식으로 무장해야 생존경쟁에서 살아남아 성공이라는 과실을 딸 수 있다. 요즘같이 하루가 다르게 과학 기술이 발달하는 시대는 미디어를 항상 가까이 해야 한다. 미디어를 통해 세상을 내다보면서 항상 배우고 익히는 자세를 가다듬어야 한다.

그러나 미디어를 무조건 신뢰해서는 안 된다. 미디어 가운데 불량미디어가 존재하기 때문이다. 미디어의 불량 여부를 판단할 수 있고 주체적으로 미디어 정보를 취사선택해 관리할 수 있는 사람은 대단한 능력의 소유자다. 미디어에서 필요한 것만을 골라 이용할 수 있는 능력을 갖추면 최소한 어떤 상황에서도 위태롭지 않다.

불량 미디어는 독버섯과 같다. 그것은 현란한 색채로 위장하거나 그럴싸한 향기를 내뿜으면서 정보 소비자를 유혹한다. 불량미디어가 생산하는 정보는 물론 불량한 정보다. 불량 미디어의 정체를 파악치 못한 정보 소비자들은 불량 미디어의 생산물을 소비하면서 그 정체를 파악치 못한 채 중독되는 경우가 많다. 불량 미디어에 중독된 많은 사람들은 자신이 돈을 주고 구매한 미디어의 독기 어린 정보에 휘둘리는 비극의 주인공이 되는 일이 적지 않다. 그 중독의 폐해는 심각하다. 사회를 정상적으로 보지 못하고 비뚤어진 생각을 갖게 한다. 그래서 일상적으로 불량 미디어에 짓눌려 지내거나 그 장난에 놀아난다고 할까?

미디어는 잘 쓰면 약이 되고 잘못 쓰면 독이 된다. 모든 사물이 그렇듯이 미디어도 예외가 아니다. 미디어 불량품을 현실사회에서 완전히 제거하는 것은 매우 어렵다. 그 생존력이 지독할 뿐 아니라 그것을 즐겨하는 소비자가 존재하기 때문이다. 미디어 교육은 불량 미디어와 그렇지 않은 미디어를 가려볼 수 있는 안목을 갖게 하고 미디어 해독을 가능한 극소화하자는 것이 기본 목표다. 궁극적으로 미디어를 최대한 잘 활용할 능력을 지니자는 것이다. 학교 안과 밖의 모든 교육이 관심을 가져야 할 분야가 미디어 교육이다.

해방 이후 우리나라는 시민사회의 줄기찬 노력으로 민주화가 급진전되었다. 긴 반독재 투쟁 속에서 이 사회의 많은 부분이 개혁되었으나 언론은 아직도 수구 언론이 주류 언론의 위치를 차지하고 있다. 일부 언론이 민주화와 과거청산 등을 반대하고 평화통일 추진 노력의 발목을 잡는 데 대한 시민사회단체 등의 비판 운동이 줄기차다. 그와 함께 언론개혁 운동이 활발히 추진되고 있으나 아직 갈 길이 멀다. 노력은 많이 하는데 성과가 부진하다. 그 이유는 우리 사회가 미디어를 바로 보고 정확하게 판단할 수 있는 정식 교육을 시키지 않는데 근본 이유가 있다고 본다.

수년 전부터 '조중동'이라는 신조어가 시민사회 단체들에 의해 일상적으로 사용되고 이들 보수매체에 대한 비판 운동이 거세지만 이들 신문의 시장 지배력을 꺾지는 못했다. 그 논조가 여러 가지로 문제가 있다고 하나 소비자인 독자들의 이들 신문에 대한 선호도는 크게 변하지 않는 추세다. 일반 상품은 비판이 일고 불매운동이 벌어지면 그 메이커는 낭패를 보는 일이 많다. 그러나 지식 산업에서는 아직까지는 그렇지 않다.

왜 그럴까? 이들 신문이 자전거 등으로 지독한 독자 유인책을 썼기 때문일까? 보수 지와 경쟁관계에 있는 진보 지들이 잘못 만들어서 일까? 일반 독자들이 보수 지들에 길들여져 있거나 아니면 그런 논조를 좋아하는 것일까? 이들 신문의 기사 다루는 솜씨나 논조에 중독이 걸린 것인가, 아니면 중독이 걸린 줄도 미처 깨닫지 못하고 있기 때문인가? 이런 현상의 뿌리는 앞서 언급한 바와 같이 우리 사회에서 정상적인 미디어 교육이 실시되지 않았다는 것에 있다. 미디어 상품이 우수한지, 그렇지 않은지를 판단할 능력을 기르는 미디어 교육이 정착되지 못한데 그 원인이 있다. 미디어의 속성을 정확히 꿰뚫어 보는 안목이 길러졌다면 현재의 신문 시장과 같은 기현상은 존재치 않았을 것이다. 미디어 교육이 중고등 교육에서 실시되었다면 이 같은 사회적 낭비는 크게 줄일 수 있었을 터이다.

오늘날 민주화와 평화통일의 최대의 걸림돌은 일부 보수언론이라고 지적하는 목소리가 더욱 높아지고 있다. 보수언론이 부당한 과거청산에 한사코 반대하거나 한반도 문제에 한민족의 이해보다 미국의 눈치 보기에 급해 그쪽 코드에 맞추는 논조를 즐겨 구사하는 것이 집중적으로 비판의 대상이 된다. 북핵 관련 6자회담에 대해서도 보수언론은 보수 정치집단과 함께 부정적, 비판적 일색이었다. 이들은 냉전시대가 녹아내리는 시대변화를 아랑곳하지 않는다.

얼어붙은 과거에 집착하는 어리석은 태도를 보인다. 이러니 급변하는 국제정세에 선도적으로 대응할 수 있는 여론이나 의제 설정 능력을 의심받게 된다. 보수 언론에 대한 위와 같은 추정이 근거 없는 것은 아니다. '조중동'이 시장의 70% 전후를 차지한다 해도 90년대 후반부터 십여 년 동안 이들 신문이 적극 지지했던 정치세력들은 성공적이지 못했다. 대표적인 것이 97과 2002년 대선이다. 보수 지들이 위풍당당하게 보이지만 그 영향력은 장기적으로 퇴조하고 있다는 추정이 가능하다.

신문 업계의 장래가 비관적이라는 전망과 함께 보수, 진보 신문의 미래에 대해서도 다양한 견해가 나온다. 지금과 같은 추세라면 결국 살아남을 신문은 두어 개에 불과하고 그것은 오늘의 보수 신문쪽이 될 것이라 한다. 그러나 보수신문이 진보신문의 특성을 새롭게 배워가서 그쪽 소비자를 만족시킬 수 있을 것 같지는 않다. 단순한 경제논리로 볼 때 큰 덩치의 신문이 더 유리할지 모른다. 그러나 시장의 생존 논리는 그렇게 간단치는 않을 듯하다. 누가 더 최선을 다해 독자에게 서비스하느냐 하는 것도 중요한 생존 요인이 될 수 있다. 종합적으로 신문업계의 미래를 전망키 위해서도 미디어 교육은 필요하다.

정보산업의 발달에 따라 미디어가 생활의 일부분이 되어 있지만 일반인들의 미디어에 대한 상식은 크게 향상되지 않았다. 그렇다면 미디어 교육을 통해 심하게 뒤틀린 우리나라의 미디어 시장을 변화시킬 수 있을까? 가능한 일이다. 미디어교육의 궁극적 목표는 개개인이 미디어의 속성을 파악하고 비평적으로 성찰-평가할 줄 아는 능력으로 무장하는 것이다. 그렇게 될 때 미디어 프로그램과 그 내용에 대한 자율적인 취사선택을 통해 미디어를 적극적, 능동적으로 활용하면서 그에 대한 책임을 질 줄 아는 능력을 갖추게 된다.

2. 정보 강국, 그러나 미디어교육은 후진국?

우리 사회에서 미디어 교육이 제대로 정착치 못한 이유는 우리나라가 언론자유를 억압한 독재정치가 길었던 것과 관련이 있다. 독재정권은 언론을 통치 수단으로 이용하려 했을 뿐 언론자유나 국민의 알 권리는 짓밟았다. 그런 상황에서 미디어 교육은 발붙일 공간이 없었다. 독재정권은 서구에서 오래전부터 실시되는 미디어 교육의 한국 도입을 행정적으로 억제했다. 미디어 교육은 탄압받는 언론 실상을 드러내는 것과 같았기 때문이다. 언론학자들도 외국에 나가서 학위를 딸 때 독재정권이 기피하는 분야인 미디어 교육은 외면했다. 그러다 보니 5공화국 때까지 우리나라에 미디어 교육은 황무지였다. 87년 6월 항쟁이후 민주화가 추진되면서 미디어 교육의 필요성이 언급되기 시작했다. 그러나 관련 단행본 한 권 없는 상황이 오래 계속되었고, 학계에서도 이 분야는 계속 외면했다. 전공 교수가 거의 없었던 탓도 있다. 교육 당국은 대입시를 우선하는 중고교 교과 과정에 미디어 교육을 집어넣으려 하지 않았다. 교육 현장에서도 그것은 외면당했다.

평화적 정권교체가 달성되고 국민의 정부, 참여정부로 이어지면서 정책적으로 미디어 교육의 필요성이 거론되는 분위기가 조성되었다. 그 결과 한국 언론재단에서 미디어 교육관련 도서를 발간했고 일선 중고교에서 뜻있는 교사들이 미디어 교육에 앞장서고 있다. 그러나 아직도 미디어 교육은 중고 과정에서 신문과 방송을 제작하는 쪽에 기울어져 있다. 미디어를 비판적으로 이해하는데 필요한 교육은 거의 실시되지 않는다.

우리 사회에서 언론과 관련된 희극적 비극이 있다. 즉 일부 노동자들이 반노동적인 논조를 앞세우는 수구언론을 구독하거나, 지역갈등을 유발하는 수구언론을 진보적 성향이 강한 일부 지역에서 선호하는 현상이 그것이다. 그 이유는 쉽게 설명하기 어렵다. 표피적인 것을 걷어내고 그 속을 드려다보면 그것은 기본적으로 성장과정에서 정식 교육을 통해 체계적인 미디어 교육을 받지 않았기 때문이 아닌가 하는 추정이 가능하다.

이런 추정이 무리하다고 반박할 사람도 있을 것이다. 그렇다 해도 자신의 궁극적 이익에 반대하는 대중매체를 구매한다는 것을 확실히 설명할 논리가 존재할 것 같지 않다. 따라서 이 같은 현상을 개선하고 우리 사회의 건실한 민주화와 평화통일을 달성키 위한 방안의 하나가 미디어 교육의 체계적 실시라고 생각한다.

또 다른 케이스를 보자. 미성년자의 부분별한 TV 시청에 대한 문제는 TV 방송사가 시청자 서비스 차원에서 적극적으로 대처해야 하는데 현실은 그렇지 않다. 방송사는 TV 프로그램 등급제에 따라 미성년자가 시청하기에 부적절한 프로 방영 전에 ⑦, ⑫, ⑲ 등의 표시를 내보낼 뿐이다. 숫자로 표시된 연령 이하 어린이나 청소년의 시청을 하지 말라는 것을 알리는 것이다. 이것이 얼마나 잘 지켜지는가 하는 것은 가정에 달렸다. 개개 가정에서 신경을 써야 하는데, TV 프로그램 등급제에 대해 많은 사람이 잘 알지 못한다. 그러니 잘 지켜지지 않는다. 그러면 미성년자의 부적절한 TV 시청에 따른 책임은 TV 방송사에는 전혀 없는 것일까? TV사가 일정부분 책임이 있을 것 같은데 그에 대한 적극적인 예방노력이나 사후 대책에 대해 신경을 거의 쓰지 않는다. 단지 가정에서 부모들이 알아서 하라는 식이다. 이건 시청자들을 상대로 영리행위 등만

할 뿐 사전, 사후관리 관리는 전혀 하지 않는다는 것을 의미한다. 이처럼 우리 사회에서 TV의 시청자에 대한 서비스 개념은 아주 희박하다.

TV의 부적절한 영향에 대해서는 일부 시민단체 등에서 문제를 제기할 뿐 학계에서도 거의 모르쇠다. TV사를 상대로 문제를 제기했을 때 득이 될 것이 없다는 발상 때문일까? 한심한 일이다. TV 방송이 청소년에게 미치는 부정적 영향에 대한 문제제기가 방송사 밖의 시민사회단체에 편중된 기현상은 벗어나야 한다. TV의 존재 의의는 시청자에 대한 방송 서비스다. TV방송 소비자에 대한 서비스는 일차적으로 TV 방송사에서 앞장서야 한다. TV 방송사가 최선의 대책을 내놓는다는 발상의 전환이 절실하다. 가능하다면 TV 방송사는 언론계, 학계, 학부모와 일선 교사들로 구성된 관련 기구를 발족, 가동시킬 체계적인 조치를 취해야 한다. TV방송사에서 소비자 보호를 위해 발 벗고 나서야 하는 당위성도 미디어 교육을 통해 확인될 수 있다. 외국에서는 TV 방송사가 오래전부터 청소년 보호 대책 등을 위한 시청자 서비스를 실시하고 있다. 우리 방송사도 정보화 강국의 방송사답게 시청자 미디어 교육의 일익을 담당해야 한다.[1)]

오래 전부터 미디어 교육을 실시하는 외국 가운데 재미있는

1) KBS 등 일부 방송사에서 방영되는 미디어 비평 프로는 주로 보도 영역에 대해서만 실시된다. 이는 기본적인 미디어 교육을 바탕으로 한 시청자 서비스 가운데 일부분에 불과하다. 청소년 등을 대상으로 한 미디어 교육 등 방송의 사회적 책무를 다한다는 성실하고 진지한 접근이 필요하다.

케이스가 있다. 캐나다 미디어 교육은 미국보다 앞서있는데 이는 미국의 대중문화가 스며들어오는 것에 대한 비판적 사고를 기르기 위한 자위책의 성격이 강하다는 것이다. 몇 년 전 자료에 따르면, 미국은 12개 주에서 미디어 교육이 실시되고 있는데 비해, 캐나다는 전 지역에서 미디어 교육을 의무적으로 실시하고 있다.

미국이 미디어 교육에 소극적이라는 평가에 대해 일부 학자들은 다음과 같이 설명한다－"미국은 개인주의가 팽배해 있고 사회적 문제를 해결할 수 있는 잠재적 기술력이 풍부하지만 그 문화의 중심부에는 상업주의가 팽배해 있다. 이 상업주의는 미국식 상업주의에 대한 비난을 거부하는 또 다른 문회를 생산하고 있어서 미국에서 미디어 교육이 활성화되기 어렵다." 미국에서 미디어 교육이 활성화되지 않고 있는 이유는 한국에서 왜 미디어 교육이 자리 잡지 못하고 있는지에 대한 간접적인 설명이 될 수도 있을지 모른다. 미국식 문화, 특히 미디어 학문분야에서 미국 학계의 영향을 많이 받은 학자들이 우리나라 관련학문 분야의 지배세력을 형성하고 있는 것에 주목해야 할 이유가 바로 여기에 있다.

우리나라는 미디어 활용과 보급률이 세계적인 수준이고 자라나는 세대들의 여가활동에 있어 대중매체 의존도는 지나칠 정도이다. 청소년들의 과도한 시청각 매체 사용은 사회적 우려의 대상이다. 그런데도 우리나라의 미디어 교육은 아직은 초보적인 수준인 것은 너무 안타까운 일이다. 일부 사회단체들이 미디어 교육과 관련된 모니터 활동 및 시민강좌를 실시하고 있어 미디어 교육에 대한 사회적 관심이 크게 높아지고 있지만 아직 국가적 또는 범사회적 차원의 인식으로는 확대되지 못했다. 즉 깊이 있는 학문적 논의나 미디어 교육의 실시를 위한 제도적 정비, 구체적 방법 개발 등이 본격적으로 이루어지지 못한 상태다.

3. 현대 사회와 미디어 교육

오늘날 지구촌은 정보산업의 발달로 각종 미디어를 중심으로 움직인다. 전쟁도 미디어를 십분 고려해 수행된다. 이라크 전쟁에서처럼 이라크 무장단체들은 자신들의 군사적 열세를 극복하기 위해 인터넷과 TV방송을 통해 인질극을 벌이는 방식으로 심리전을 펴면서 전황을 자신들에게 유리한 방향으로 전개시키려 시도한다. 이는 과거 전쟁에서 생각지 못했던 개념이다. 몇 년 전 미군 병사에 의한 이라크 포로 학대 사실이 미군 병상의 디지털 카메라에 의해 촬영되어 부대 컴퓨터와 인터넷을 통해 외부로 유출되어 큰 파문을 일으킨 일이 있다. 그것은 캠코더와 인터넷의 결합이라는 새로운 미디어 현상의 하나였다.

우리나라에서 민주주의가 단시간 내에 선진국 수준으로 급상승한 것은 인터넷 등을 포함한 정보산업의 덕택이다. 민주주의와 관련된 모든 정보들이 빛의 속도로 날아다니면서 국민을 민주주의로 의식화시키고 있다. 대통령, 국회의원 등 크고 작은 선거에서 인터넷 등 정보기기를 통한 유세 전략이 가장 중요하게 되었다. 정부 행정도 인터넷 세대의 입맛에 맞지 않으면 제대로 집행되기 어렵다. 어느 군사전문가가 우리나라에서 군사쿠데타가 불가능한 이유의 하나로 휴대폰과 인터넷 을 꼽기도 했다. 군사쿠데타는 비밀리에 작전을 수행하는 것이 가장 중요한데 오늘날과 같은 정보환경에서 그것이 불가능하다는 것이다.

우리 사회를 거미줄처럼 얽어매고 있는 미디어를 정확히 이해하고 그것을 활용할 지혜가 필요하다. 예를 들어 우리 TV에 넘쳐나는 각종 연속극은 미디어에 일부 시청자가 흠뻑 빠져 버린 상태. 즉, 미디어 예속으로 설명 가능하다. 우리 TV드라마는 불륜 관계의 백화점과 같아서 형제간의 삼각관계, 동서간의 삼각관계, 자매간의 삼각관계 등등 그 내용을 뜯어보면 너무도 한심한 줄거리가 대부분이다. 그것이 우리 사회에 어떤 교훈과 이익을 주는지 생각할 때 미디어를 이해하고 그것을 능동적으로 활용하게 하는 미디어 교육의 중요성이 더욱 절실하다. TV드라마에 대한 모든 것을 꿰뚫어 보는 지식과 비판적 안목을 갖추고 있다면 드라마의 질적 저하는 예방될 수 있을 것이다.

우리 사회가 정치적 격동기를 거치면서 대중매체들의 보도와 논평에 대한 비평, 비판이 쏟아지고 있다. 보수냐 진보냐의 노선 차이부터 정확성과 공정성 등에 대한 논의가 매우 활발하다. 이 같은 현상은 매우 바람직스럽다. 우리나라처럼 오랫동안 냉전시대의 피해를 크게 입은 곳에서는 부적절한 과거를 털어내는 작업의 하나가 보수 반공 일색의 수구적 사고방식을 재조명하고 새로운 지평을 여는 작업이다. 그러나 이런 긍정적 갈등 속에서 자칫 미디어의 속성이나 그 종사자의 직업의식 등에 대한 오해, 이해부족으로 불필요한 잡음이 이는 경우도 적지 않다. 이런 면에서 미디어의 특성과 사회적 기능 등에 대한 정확한 인식이 필요하다 .

성인에 대한 미디어 교육은 미디어에 대한 올바른 이해와 미디어를 통해 전달되는 정보를 비판적으로 인식할 수 있는 자질을 지니도록 하거나 나아가 미디어 제작 능력을 갖추도록 하는데 그 목적이 있다.[2] 미디어 교육은 미디어를 해독하거나, 미디어를 과학적으로 이해하는 것, 미디어 제작 등으로 풀이할 수 있다. 즉 미디어에 대해서 읽고, 이해하기 위해서는 미디어의 언어에 대해서 이해할 수 있어야 한다는 것을 의미한다. 영상매체의 경우 영상을 읽고, 이해하며 분석, 평가 활용할 수 있는 능력을 길러 주는 것이 영상미디어 해독의 개념이다.[3]

서구에서는 이미 오래 전부터 정착된 미디어 교육은 미디어의 문법과 문장론을 가르치는 것이다. 성장기의 어린이, 청소년 등에게 학교 정식 교과과정을 통해 이뤄지는 미디어 교육은 사회 구성원들이 자신들의 공동체와 미디어가 어떤 연관을

---

2) 우리나라에서는 media education, media literacy를 미디어교육이라고 하지만 외국에서는 그밖에 receivership skills training, television awareness training 등도 사용된다. 그러나 말은 다르지만 비슷한 뜻을 가지고 있다.

3) Len Mastman은 미디어 교육의 필요성에 대해 미디어가 사회전반에 보급되는 등 정보산업이 발달하면서 그 소비가 급증하고 있으며, 미디어의 이데올로기적 중요성과 그것이 인간의 의식형성에 미치는 영향이 매우 클 뿐 아리나 선거와 같은 민주주의 절차에 미디어의 관여정도가 증대한다는 등의 이유를 들었다(Len Mastman, 1985: 1-17).

맺는지를 알게 해준다. 그래서 현대 사회의 완전한 민주 시민이 되도록 도와준다.

미디어 교육은 시대에 따라 그 주요 내용이 달라졌는바, 오늘날에는 미디어를 이해하고 미디어에 대한 의문을 제기하고 평가하면서 그 내용의 일부를 생산하는 능력을 키우는데 중점을 둔다. 또한 미디어의 폐해, 즉 유해 프로로부터 청소년 등을 보호하거나, 불공정 보도 등에 대한 사회적 경각심을 불러일으키는 것과 함께 미디어에 민주적으로 참여하고 즐기는 쪽을 강조한다.

오늘날 새로운 미디어가 속속 등장하면서 커뮤니케이션 환경이 급변한다. 이에 따라 미니어 교육은 TV 등 영상매체의 영향력과 함께 컴퓨터의 등장으로 형성된 새로운 정보수급현상도 주목하고 있다. 즉 인터넷 시대의 등장으로 대중매체의 의사전달 방식이 종래의 송신자 위주에서 수신자로 무게 중심이 옮아가는 혁명적인 변화를 겪고 있다.

인터넷 미디어 교육은 인터넷이 중요한 정보 전달 수단이면서, 네티즌들의 공론의 장 또는 동호인들의 문화공동체 등의 역할을 하고 있다는 것과 함께 인터넷을 최대한 효율적으로 활용하는 방법에 대한 것이다. 또한 인터넷과 다른 미디어 예를 들면 캠코더, 디지털 카메라의 결합의 영향 등도 중시된다. 이 같은 미디어 결합으로 개인들의 영상정보 생산과 전달 기능이 더욱 광범위해지고 이에 따른 커뮤니케이션 환경이 급변하기 때문이다 .

미디어 교육은 그 실시 주체가 누구냐에 따라 그 내용이 달라진다. 예를 들면 환경단체의 경우는 미디어의 환경문제를, 소비자 단체의 경우 미디어 소비문제를 주로 다룬다. 언론단체일 경우 언론의 공정성을, 여성단체에서 실시할 경우 여성 문제를, 학부모단체에서 실시할 경우 학생중심 프로그램을, 청소년단체에서 실시할 경우 청소년대상 프로그램을 중심으로 다루게 된다. 오늘날 사회가 나날이 전문화되어 가는 추세로 볼 때 미디어 교육은 그 내용이 더욱 세분화되는 쪽으로 가고 있다. 그래서 미디어와 사회의 많은 다른 분야는 서로 영향을 주고받으면서 발전해 갈 것이다. 그래서 미디어를 정확히 알게 되면 자신이 선택한 분야에서 성공의 길을 발견할 수 있게 된다.

미디어의 옥석을 가리게 해주는 미디어 교육에서 중요한 것은 무엇인가? 미디어 교육을 특별한 목적으로 생산된 정보에 접근, 분석하는 등의 능력을 의미한다고 규정할 때 아래와 같은 요인들이 중요하다(National Leadership Conference on Media Literacy, 1992 ; 7-9).

미디어 교육은 일상적으로 접하는 정보를 무비판적으로 단순하게 수용하지 않고 이성적으로 판단하는 기능을 의미하며, 이를 통해 개개인은 대중매체를 통해 전달되는 정보에 대해 합리적으로 평가할 수 있는 비판적 사고방식을 증대시킬 수 있다. 즉 수용자가 미디어 내용에 대해 독자적인 판단을 할 수 있는 비판적 사고능력이 중요하다.

미디어 교육은 매스컴의 제작 과정 - 생산과 전달 등 - 에 대한 이해가 필요하다. 그래야 미디어의 메시지를 분석하고 토의하기 위한 기초적인 지식을 지닐 수 있다. 매스컴을 통해 전달되는 정보의 의미를 해독할 수 있다. 미디어 생산물에 대한 현명한 소비자가 되기 위해서는 미디어가 전달하는 메시지를 해석할 수 있어야 하고 그래야 미디어의 내용에 대해 동료나 어린이, 미디어 종사자들과 생산적인 토론이 가능하다.

미디어 교육은 개인과 사회에 미치는 미디어의 영향력에 대한 이해가 필수적이다. 미디어는 우리가 자신과 집단, 세계에 대해 사고하는 방식을 혁명적으로 변화시켰다. 미디어는 현대 사회에서 영향력이 큰 부문이기 때문에 미디어의 역할을 정확하게 규명할 필요성이 매우 크다.

미디어의 내용을 정확히 파악할 능력을 지닐 때 현대 문명과 사회에 대한 통찰력을 갖출 수 있다. 즉 TV 프로그램, 기사, 광고, 영화 등은 현대인의 태도와 가치관, 행위, 선입견, 사고방식 그리고 문화적 본질을 이해할 수 있는 근거를 제시한다. 이를 달리 말하면, 문화에 대해 이해하고 있다면 미디어 메시지 속에 담겨있는 핵심을 이해할 수 있는 관점을 파악하고 있다는 의미이기도 하다.

미디어 교육은 미디어가 전달하는 정보를 더 잘 이해하고 즐길 수 있는 이해력을 갖추게 해준다. 즉 그것은 미디어를 단순히 비방하려는 것이 아니라, 미디어에 대한 건전한 비판적 능력을 갖춤으로써 미디어 정보에 대한 이해와 그로 인한 즐거움을 향상시킬 수 있게 하는데 그 목적이 있다. 특히 미디어 생산자에게는 좀 더 효과적이고 책임감 있는 미디어 메시지를 생산할 수 있는 수준 높은 전문성을 갖게 해준다.

일반인이 문자를 읽지 못하는 문맹에서 탈피하기 위해서는 일정기간의 교육이 필요한 것처럼 TV 등의 미디어가 전달하는 상징체계와 그 의미 등을 이해하기 위한 노력이 필요하다. 일반인들은 흔히 미디어가 전달하는 상징이나 언어의 의미를 심각하게 받아들이지 않는 경향이 있다. 즉 미디어가 전달하는 메시지가 마치 사실이나 진실인 것 인양 받아들일 뿐 미디어 상품에 담겨 있는 정치적 편향성이나 상업주의적인 일방적 주장 등을 간과하는 경우가 많다.

미디어 내용은 전달자의 가치관이나 일반화된 신념, 가치관 등을 반영하거나 정보의 취사선택 등에서 직접적인 영향을 받는다. 하나의 사회문제를 어떤 가치관으로 판단하고 어떤 각도에서 바라보느냐에 따라 판이한 내용의 정보로 가공되기도 한다. 이는 민주사회에서 불가피하고 당연한 현상이기도 하다. 그것은 획일적인 것에 비해 효용성이 크기 때문이다.

인쇄매체가 주류를 이루던 과거에는 읽고 쓰는 교육이 필요했다. 하지만 오늘날 TV시청에 필요한 최소한의 조건은 전원을 켜고 채널을 돌리는 손동작으로만 가능하다. 어린이도 쉽게 TV를 켜고 끈다. 누구나 별다른 교육 없이도 일상적으로 대중 매체를 이용할 수 있게 되었다. 대중적 미디어에 접근이 용이하게 된 것과 미디어 교육의 일반화와는 별개의 문제다.

미디어의 속성을 알아야 주체성 있는 미디어 활용이 가능하다. 우리 사회에서 미디어 교육이 별로 이뤄지지 않다보니 미디어를 잘 잘 알지 못하고 일상생활에서 그것을 이용한다. 이에 따라 미디어가 전하는 정보를 부정확하게 인식하는 경우가 많다. 그런 현상을 미디어문맹(media illiteracy)이라고 한다(Silverblatt, 2001 ; 4-9).

4. 무한 경쟁 시대의 언론

오늘날 모든 미디어는 살아남을 걱정이 태산이다. 새로운 미디어가 속출하면서 경쟁이 나날이 치열해지고 있는 뉴미디어 시대는 미디어 무한경쟁의 시기다. 방송과 통신의 영역이 무너지는 등 매체 간 특성도 희박해져 동일한 시장에서 모든 미디어가 사생결단식 경쟁을 해야 한다. 언론사가 살아남아야 하고 거기에 속한 언론인 개개인의 복지도 해결되어야 한다. 그러니 필사적일 수밖에 없는 정황이다.

오늘날 정보산업의 덕택으로 새로운 정보전달 수단이 계속 개발 실용화되면서 매체 환경이 급변하고 있다. '가지고 다니는 텔레비전'인 디엠비(DMB, 디지털 멀티 미디어 방송)는 몇 년 전만해도 잘 될까 했던 최첨단 미디어다. 영상으로 전달되는 정보를 아무 때나 접할 수 있다는 것은 미디어 혁명이다. 이런 과정을 통해 미디어가 전체 사회에 미치는 영향력은 더 강화된다. 뉴미디어 시대는 미디어와 연결되지 않은 정치·경제 등을 상상할 수 없다. 당연히 미디어는 최상의 권력이다.

뉴미디어 시대는 기본적으로 상대의 존재를 인정하는 민주주의의 철학을 바탕으로 전개된다. 수많은 정보 전달매체가 갖가지 정보를 전달할 수 있는 토양이 만들어진 것은 정치적민주주의가 전제되지 않으면 불가능하다. 2개의 이데올로기로 나눠 대립했던 동서냉전시대의 상황에서는 뉴미디어 시대가 개막되기는 어려웠고, 그래서 냉전의 종식과 뉴미디어 시대가 겹쳐진 것은 우연이 아니다.

이런 시대적 변화 속에서 우리 대중매체의 일부는 아직도 음습한 냉전 이데올로기 동굴에서 과거를 고집하고 있다. 수구언론의 속성은 한반도 평화문제, 국내 과거청산 문제 등에서 확실히 드러난다.

이들 시대감각이 상실된 언론은 남북문제, 북핵문제 등이 제기되면 냉전시대의 논리로 보도한다. 대체로 미국 보수진영, 미국의 보수 언론보다 더 미국적인 그런 논조를 취한다. 미국 보수진영은 미국의 국제전략 상 한반도 평화통일보다 분단 고착화가 자신들에게 더 이롭다는 계산을 하는 것으로 익히 알려져 있다.

미국 보수진영에게는 그런 전략이 절실하겠으나 우리의 입장에서는 그렇지 않다. 한반도가 미국 일부 세력의 이해관계를 위해 부당하게 이용당하거나 희생당하는 것은 옳지 않기 때문이다. 그런데도 우리 수구언론은 미국의 패권주의적 이해관계에 최대한 봉사할 뿐 제 민족의 생존문제 등은 그 이후로 미루는 한심한 작태를 반복했다.

수구언론은 국내 정치문제에서는 최강의 권력을 즐긴다. 언론이 권력인 것을 탓할 수는 없다. 그러나 그 권력 행사가 다양성을 전제로 상대를 존중하는 뉴미디어 시대의 공동체 문화에 걸맞지 않다는 것이다. 즉 한때 대통령 만들기에 몰두했던 과거의 체질에서 크게 벗어나지 않은 채, 정치 집단보다 더 정략적이고 편향적인 경우가 적지 않다.

몇 개 수구언론이 동시에 똑같은 논조로 정치적 공세를 펴는 일은 평화적 정권교체이후 일상사가 되었다. 균형감각을 내팽개치고, 때로는 사실관계조차 왜곡하거나 깔아뭉갠 채 붓을 칼과 창으로 휘두르는 그런 보도행태를 한때는 '조폭 언론'이라고 표현할 정도였다. 국내 신문시장의 70%를 지배하는 막강한 힘을 배경으로 한 이런 태도는 오늘날 정치문화를 혼탁하게 하면서 정치 분야의 개혁을 가로막는 중대한 걸림돌이 되어 있다.

이들은 국제적인 웃음꺼리인 국가보안법을 폐지하자는 논리에 대해서도 한국적, 또는 한반도적 특성을 앞세워 기를 쓰고 반대하고 있다. 과거사 청산, 역사 바로 세우기 등에도 역시 비슷한 태도를 취한다. 뉴미디어 시대의 대중매체로써 부적절한 태도라 하겠다. 언론의 영역에 충실하기보다 이미 대중성을 상실한 정치적 이해관계를 수구언론의 이해관계로 직결시키는 무리수를 고집하다 보면 언젠가 시장에서 퇴출되는 비극을 피할 수 없을 것이다. 사회는 무섭게 변하고 있어서 과거에 웅크린 세력에게 약속된 미래는 없다.

수구언론의 이런 보도태도에 대해 우리 언론 소비자들은 점차 등을 돌리고 있는 추세다. 그 정도는 아직 수구 언론에 크게 기울어 있는 신문시장의 판도를 변화시킬 만큼은 아니다. 그렇다 해도 뉴미디어 시대의 향후에 대해 확실한 판단을 내린 일부 수구언론은 서서히, 보일 듯 말 듯 시대의 대세를 따르는 쪽으로 방향전환을 시도하고 있다. 자신들의 충실한 소비자들이 놀라지 않을 만큼 말이다. 살아남기 위해 변신을 시도하는 수구언론이 어떤 모양으로 나타날지 두고 볼 일이다.

뉴미디어 시대에 수구 언론을 포함한 전체 언론에서 목격되는 비극적 현상이 하나 있다. 그것은 수구언론을 비판하는 진보 성향의 언론매체들에서 공통적으로 발견된다. 바로 '언론권력 증'에 취해 있다는 사실이다. 그것은 수구적 공룡 언론과 너무도 닮은 태도다. 우리 속담에 미워하면서 닮아간다고 했던가?

진보매체들은 한반도 평화통일, 과거사 청산에는 바른 소리를 하다가도 자사(自社) 이익이 걸린 문제에는 철저하게 배타적인 태도를 취한다. 객관적으로 보아 합리적인 목소리인데도 '성깔'을 부리면서 저항하는 모습은 수구언론과 크게 다르지 않다. 남의 비판은 열심히 하지만, 정작 자기 성찰에는 인색한 것은 절대 권력의 치명적인 약점이다.

뉴미디어 시대에 살아남을 수 있느냐 하는 생존논리는 어쩌면 단순한 것이 아닐까? 그것은 궁극적으로 언론 소비자인 시청자와 독자에게 얼마나 서비스를 잘 하느냐에 달려 있다. 시장에 눈을 가린 자사이기주의는 안 된다. 편향적이고 배타적인, 그래서 소비자에 대한 최대한의 서비스를 고려치 않는 비이성적인 미디어는 뉴미디어 시대에 생존할 수 없다. 뉴미디어 시대의 미디어 이데올로기는 소비자에 대한 무한대의 서비스 정신이다. 그 어느 것도 이것을 앞 설 수 없다.

5. 대중미디어의 생존전략

매스 미디어의 영향력은 매우 크다. 모든 정보가 신속, 광범위하게 전달되어 서로 관계가 전혀 없는 많은 사람들이 동일한 정보를 동시에 접촉한다. 이런 기능은 매스 미디어 외에 다른 것으로 대체키 어렵다. 정부에서 직접 운영하는 매체를 통해 국정을 홍보하려는 발상의 한계가 이런데서 발견된다. 대중성이 없는 매체의 전달효과는 한계가 있다. 그것을 인정해야 한다. 그렇지 않고 정부 쪽 매체가 정보를 충분히 전달했다면서 만족해하는 것은 재고해 볼 일이다.

라디오와 TV는 때로는 인쇄매체보다 매우 막강한 전파력을 지닌다. 전파매체는 순간적으로 광범위한 지역에 영향을 미칠 수 있지만 인쇄매체는 서로 다른 시간에 읽히거나, 선택적으로 활용되기 때문이다. 매스컴 전달효과가 탄환처럼 빠르거나 피하주사를 맞았을 때와 같은 경우는 지진이나 화산폭발과 같은 충격적인 정보일 때 나타난다. 그렇지 않은 정보로 그 같은 획일적 신속성은 나타나지 않는다. 정보 소비자들은 대부분 정보를 선택적으로 인식하거나 받아들인다.

자본주의 사회에서 매스 미디어는 무한경쟁을 벌인다. 냉혹한 자본의 논리 속에 승자와 패자가 가려지는 경우가 많다. 영향력이 큰 언론이 되느냐 그렇지 않느냐를 좌우하는 것은 여러 요인이 작용해 이뤄진다. 내부 조직의 혁신과 시장 변화에 대한 적응도 게을리할 수 없다.

매스컴은 탄력적이면서도 복합적인 공식 기구를 필요로 한다. 신문 뉴스나 TV 방영물 생산에는 재정적 요소와 고도의 훈련된 인력 등이 필요하다. 매스 미디어 생산물의 내용을 선정하고 편집하는 것은 미디어 조직에 의해 결정된다. 미디어 조직이 외부 사회와 어떻게 영향을 주고받는가 하는 점은 매우 중요하다. 내부 조직이 시장보다 너무 빨리 달려가거나, 시장의 변화에 뒤지면 그 매체는 힘을 잃는다.

매스컴의 송신자와 수용자 관계는 아직 차등적이다(Brown, 1954 ; 833-844). 둘의 관계가 수평적이지 않고 송신자 쪽에 기울어 있다. 매스미디어 의사소통의 흐름은 아직 일방통행 성격이 강하다. 신문과 방송이 수용자들의 의견을 받아들이기 위해 옴부즈맨 제도와 시청자위원회 등을 운영하고 있으나 아직도 미흡하다. 수신자의 반응이 송신자에게 전달되기 위한 만족할만한 장치가 아직 존재치 않는다. 더 연구할 부분이다.

앞으로 미디어의 정보 생산자들이 소비자들의 요구를 얼마나 수용하느냐 하는 것이 미디어의 생존을 좌우할 것이다. 이 사실을 인식하지 못하는 미디어는 위험하다. 쌍방향으로 정보가 교환되는 뉴미디어 시대는 정보 생산자가 소비자들의 요구를 듣기위해 귀를 나발 통처럼 여는 노력이 필요하다. 한겨레신문이 국민주 신문이면서도 국민의 의사를 충분히 경영 등에 반영할 장치를 찾지 못하고 시행착오를 거듭하고 있는 것은 안타까운 일이다.

매스 미디어는 많은 정보소비자를 필요로 한다. 소비자의 규모는 미디어의 생존과 직결되어 있다. 그것은 매스컴 경영의 결과로 나타난다. 대중매체에 따라 생존에 필요한 소비자 규모에는 차이가 있다. 미디어마다 그 존재의의를 확인하는 사회적 목표가 다르기 때문이다.

언론 시장을 얼마나 확보하느냐는 미디어가 보수냐, 진보냐에 따라 결정되기도 한다. 예를 들어 한겨레신문이 국내 최고의 판매부수를 지향하는 것은 적절하다고 보기 어렵다. 한겨레가 국민주 신문이라면 개혁세력의 요구를 충족시킬 목표를 세우고 시장 확보의 가능성도 정확히 추정해서 접근해야 한다. 그렇게 하다보면 모든 독자를 껴안고 갈 수 없다는 것을 알게 된다. 그것이 언론시장의 현실이다. 미디어의 시장 목표는 미디어 내부 철학 등에 의해 결정되는 것이 합리적이다.

다매체 다채널시대에는 수용자가 왕이다. 수용자는 수많은 매체를 앞에 놓고 어떤 것을 고를까 하는 행복한 고민을 하게 된다. 그 고민의 순간은 미디어 생산자에게는 피가 마르는 긴장의 순간이다. 수용자가 외면하는 매체는 망각속의 매체가 된다. 과거 미디어가 독과점의 위세를 부릴 때는 소비자는 '졸'이었다. 그러나 얼마든지 매체를 골라잡을 수 있는 뉴미디어 시대는 상황이 180도 바뀌었다. 아무리 미디어가 노력한다 해도 수용자들이 외면한다면 정상적인 미디어기업으로 생존하기 어렵다.

매스컴의 소비자는 모래알처럼 흩어져 있다. 거대한 소비자들은 각자의 공간에서 미디어를 선택한다. 그들은 동일하지 않은 문화적 환경에서 살고 있다. 또 여러 계층에 소속되어 있으며, 다양한 직업을 가지고 있다. 자연히 서로 다른 이해관계와 생활 기준을 지니고, 단순치 않은 방식으로 특권과 권력, 영향력을 행사 한다. 그래서 미디어 소비자들이 단합하거나 공동행동을 취하기는 쉽지 않다.

매스컴의 소비자는 독특한 집합체로서 몇 가지 특성이 더 있다. 이들은 전체 사회의 이해관계 틀 속에서 자신의 목표를 추구한다. 이들은 서로에 대해 알지 못하고, 매우 한정된 상호작용 관계를 맺는다(Wirth, 1948). 인터넷이 활성화되고 있다 해도 아직 매우 비조직적인 상태다. 수용자들의 구조는 끊임없이 변하고 확고한 정체성이나 지도력도 존재치 않는다.

요즘 미디어 시장이 어렵다보니 미디어 마다 생존전략을 찾기 위해 몸부림친다. 그 가운데 제일 우선하는 것이 재정적 안정권에 진입하려는 노력이다. 미디어도 자본주의 시장경제 속에서 하나의 기업이다. 살아남기 위해서는 돈을 벌어야 한다. 이런 압박에 시달리는 미디어가 시장만을 살피다가 자신의 정체성을 내팽개치는 일도 있다. 기업이 생존하려면 자신도 살피고 시장도 살펴야 한다. 한 쪽에 치우치는 것은 적절치 않다. 맘이 급하다 해서 서두르면 실수한다. 정보화 시대의 매스 미디어 생존 전략, 그것이 문제다.

6. 신문과 지상파 TV의 내일은?

우리나라에서 일부 일간신문과 지상파 TV는 가장 강력한 매체다. 그 대중성과 영향력은 막강하다. 막대한 수입을 올리고 있어 자생력도 갖추고 있다. 그러나 인터넷을 중심으로 한 수많은 매체의 등장으로 이들 매체도 심각한 위기감을 나타낸다. 뉴미디어 시대에 살아남을 수 있느냐는 거다.

이들 미디어 강자들은 살아남기 위해 그 영역을 확대하는 등 안간힘을 쏟고 있다. 신문과 TV가 앞으로 어떻게 변신할지 아직 속단할 수는 없다. 그러나 이들 매체의 내부 뉴스 생산시스템을 보면 미래를 낙관하기는 어렵다. 미디어 독과점 시대의 그것을 크게 벗어나지 못하고 있기 때문이다. 과거의 생산 틀과 작업 지침으로 수많은 뉴미디어가 등장하는 시대를 이들 매체가 어떻게 헤쳐 나갈지 궁금하다.

신문사의 작업 형태는 백 수십 년 전과 달라진 것이 거의 없다. 컴퓨터가 도입되었다 해도 기사를 취재하는 과정은 과거와 엇비슷하다. 기사의 크기를 정하고 편집해 지면 구성을 하는 작업도 과거와 비슷하다. 단지 기사 전송이나 제작 과정, 그 영업부분 등이 전산화되었을 뿐이다.

신문은 뉴스를 가공하는 부분과 기업경영을 하는 두 개 부분으로 나눠진다. 이들 두 분야는 작업 성격이 크게 다르지만 기계의 톱니바퀴처럼 맞물려 돌아간다. 그 구성원은 정교한 분업과 협업체계 속에서 전문적인 자신들의 업무를 수행한다. 그런 과정에서 신문이라는 최종 생산품이 만들어져 판매된다.

평소에는 이 시스템이 잘 돌아가지만 때로는 잡음을 일으키기도 한다. 예를 들면 뉴스를 수집하는 기자와 그것을 가공하는 편집자들은 매우 밀접한 업무관계다. 그러나 역할이 다르다 보니 갈등 관계에 놓일 때도 있다. 어떤 기사를 넣느냐, 빼느냐 부터 지면에 얼마의 크기로 다루느냐를 놓고 다투게 된다. 이런 문제를 원천적으로 해결하기 위해 일부 신문에서는 취재와 편집업무를 한 사람이 겸하도록 한다. 그러나 그것이 완전히 성공했다는 이야기는 아직 들리지 않는다.

신문은 문자로서 정보를 전달하기 때문에 사실관계가 정확히 전달될 수 있으면 보도대상으로 선정될 수 있다. 또한 내용이 복잡한 사건이나 사고 등에 대한 보도에서도 TV만큼 제약을 받지 않는다. 인쇄매체와 영상매체가 선호하는 뉴스분야는 차이가 있다. TV는 영상자료와 같이 보도한다는 원칙을 지키다보면 제약이 크다. 영상자료를 구하지 못한 뉴스는 방영대상에서 제외되기도 한다.

TV뉴스는 간략한 보도가 가능한 사고나 사건, 질병, 기후나 스포츠 등을 주로 다룬다. TV 뉴스는 다양한 요인에 대한 긴 설명이 필요한 사회풍조, 범죄양상 등은 외면한다. 방송사의 예산과 타 프로와의 관계 등을 고려한 뉴스 시간 편성이 길지 않기 때문이다. 개개 뉴스에 대한 보도 량은 가급적 최대한 압축하는 형식이다. 이런 원칙이 바뀌지 않는 한 오늘날과 같은 뉴스보도 특성이 바뀌기 어렵다.

TV도 다양한 직종의 그룹으로 이뤄져 있다. 한쪽은 창조적인 업무에, 다른 한쪽은 기술적인 분야에 종사한다. 영화산업의 경우 프로듀서와 극작가, 배우, 기술자들은 공동의 목표를 충족시키기 위해 서로 다른 방법으로 노력한다.

오늘날 방송은 케이블, 위성 TV를 중심으로 전문화, 세분화되는 추세다. 초기의 지상파 방송은 이윤을 창출하기 위해 인종 또는 성별, 연령 등의 차이 없이 모든 사람들에게 단일한 메시지를 전달했다. 따라서 모든 프로그램은 다양한 기호를 가진 많은 부류의 시청자들을 동시에 끌어들일 수 있게 젊은 층이 좋아할 내용, 나이든 사람이 좋아할 내용, 공통적으로 좋아할 내용 등을 순차적으로 늘어놓는 그런 식이었다. 그러다가 매스컴 시장이 광범위해지면서 TV프로는 특수한 계층이나 기호를 만족시키는 쪽으로 방향을 틀고 있다.

우리나라의 경우 케이블 TV와 위성 TV가 보급되면서 영화, 음악, 스포츠. 레저, 여행, 종교 등의 분야만을 전문으로 송신하는 미디어가 생겼다. 미국처럼 다민족으로 이뤄진 사회의 경우 인종별로 별개의 미디어를 소유하고 자신들의 독특한 문화만을 송신한다. 그러나 이런 전문화가 문제가 되기도 한다. 즉 전체 사회가 공유할 공통의 문화가 등장할 기회가 적어진다는 것이다.

신문과 TV는 아직 전 세계 거의 모든 곳에 존재한다. 이들 매체의 구조나 내부 작업형식은 상당한 정도 비슷하다. 그러나 사회가 다양한 만큼 그 전달 내용이 많은 차이를 나타낸다. 이 때문에 신문의 해외 진출은 매우 어렵다. TV는 드라마 등을 수출하면서 해외진출을 꾀하지만 그것도 한계가 있다. 다른 제조업이 활발히 해외 투자를 하면서 그 영역을 확장하는 것과 크게 다르다. 어차피 영업 영역은 국내에 거의 한정된다. 이런 한계 속에서 수많은 미디어의 무한 경쟁시대를 어떻게 살아남을 것인가를 고민해야 한다. 이들에게 과연 밝은 내일의 태양이 떠오를 것인가?

2
chapter

미디어 영향력과 사회

1. 미디어 속에 담긴 우리 사회

미디어가 전하는 메시지 속에 세상이 담겨있다. 신문, 방송은 사람들의 생각과 유행 등을 담아서 전파한다. 미디어의 그런 전파 행위로 사회가 영향을 받아 변화해 간다. 이처럼 미디어와 사회는 서로 영향을 주고받으면서 공존한다. 미디어를 살피면 우리 사회의 흐름을 파악할 수 있다. 미디어 속에 담긴 21세기 초 우리 사회는 어떤 모습인가?

우리 사회는 외모 중시의 이데올로기가 지배한다. 젊은 것은 아름답고, 그 무엇으로도 대신할 수 없는 고귀한 가치라는 고정관념이 넘쳐난다. 나이 먹어 주름살지는 것은 외면하고 근심하면서, 젊어져야 한다는 절규에 동참한다. 자연히 얼굴이 잘 생기고, 몸매가 그럴 듯한 사람이 대접받고 돈도 버는 사회다. 우리 미디어도 젊음의 찬가에 흠뻑 취해 있다. 그것은 미디어 시대를 주도하는 최고의 가치관처럼 보인다.

우리 TV의 황금시간대에 방영되는 연예, 오락 프로는 주로 청소년들을 위한 것이다. 청소년용이 시청률이 가장 높기 때문이다. 청소년들이 입시지옥의 피로와 고통을 잊는 피난처의 하나가 대중 미디어다. 더 좁혀 말하면 미디어 속의 청소년문화다. 청소년 문화공간이 그리 많지 않은 탓도 있다. 이들은 미디어를 즐기고 그것을 통해 얻은 지식을 신뢰하면서 인터넷 등을 통해 전파한다.

40~50대 전업주부들이 모이는 자리에서 공통적인 화제는 단연 TV드라마와 그 출연진 또는 그들의 스캔들에 대한 것이다. 그런 자리에서는 "얼마만 들이면 10여년은 확실히 젊어진다", "아무개 여 배우는 한 달 피부 관리비가 얼마라더라"라는 식의 얼짱, 몸짱 성형 정보와 함께 루머도 무차별적으로 확산된다. 방송국은 주부가 한가한 오전 시간대에 드라마를 집중편성하거나 연예가 뒷 얘기를 내보내는 것과 무관치 않다. 이런 현상들은 서로 궁합이 맞아 상승효과를 나타낸다.

정치인도 일단 잘 생기고 볼 일이다. 아무리 정치 철학이 훌륭하다 해도 미디어를 통해 전달되는 말솜씨와 외모가 대중인기의 요체다. 정치인이 시청자의 시선을 생각해서 얼굴을 뜯어 고치는 일은 요즘 전혀 뉴스 꺼리가 되지 못한다. 젊고 발랄하게 보이려는 것을 아무도 탓하지 않는다. 대통령이 되려는 정치인은 미디어를 통해 자신이 어떻게 보이고, 미디어를 통해 자신의 말이 어떻게 전달되는지에 최대한 신경을 쓴다. 앞으로 진짜 좋은 대통령을 뽑으려면 미디어가 정치인의 진면목을 보여줄 그런 방법을 찾아야 한다. 지금 같은 미디어의 겉핥기식 정치보도 관행이 시정되지 않는 한 미디어가 정치문화 발전에 기여할 수 없다.

우리 미디어 프로의 초점은 주로 얼짱과 몸짱에 맞춰져 있다. 평범한 이야기로는 시청률을 높일 수 없기 때문에 얼짱과 몸짱들이 엮는 엽기적인 줄거리들이 쏟아져 나온다. 그런 주인공 축에 끼지 못하는 세대가 바로 노인 세대다. 노인들은 미디어에서 동정의 대상이거나 웃음꺼리일 뿐이다. 노인들이 방송 프로에서 존경과 신뢰의 대상으로 비춰지는 일은 여간해서 없다.

나이 먹으면 직장에서 당연히 물러나야 하고, 노인 부양이 젊은이들을 부담스럽게 만든다는 정보가 확산된다. 노인에 대한 이미지는 자꾸 부정적인 쪽으로 기운다. 구매력이 매우 약한 그들은 광고의 주인공에서도 빗겨나 있다. 노인들이 주인공인 경우는 보청기나 관절염, 신경통 광고에서나 찾아볼 수 있다.

노인이 출연하는 공개방송 프로 등은 새벽시간대에 편성되어있다. 노인들이 새벽잠이 없어서만은 아닐 것이다. 아마도 광고주가 거의 안 붙기 때문일 터이다. 노인 얼짱과 몸짱이 없는 것은 아니다. 그러나 노인답지 않은 노인들이 보여주는 얼짱과 몸짱은 젊은이를 닮은 그런 모습들이다. 전혀 노인답지 않게 젊은 피부를 자랑하고, 흔한 노인복장이 아닌 젊은이의 것을 뽐내는 모습이다.

우리 미디어가 전하는 노인문화의 현주소는 서글프다. 노인들을 주인공으로 한 공개방송 프로들이 그런 쪽으로 몰아간 측면도 있다. 공개방송 사회자들의 막나가는 익살 속에서 전달되는 노인들의 이미지는 부정적이다. 돈이 없어 자식들의 도움이 필요하고, 세상 물정에 턱없이 어두우며, 기초적인 일반상식도 없어 쓴 웃음을 자아내게 하는 그런 존재다. 이런 프로를 시청하는 어린이들이 늙음을 자연스런 현상으로 받아들이면서 경로사상을 가진다면 그것이 이상할 정도다. 그렇게 노인들은 미디어 속에서 푸대접 받는다. 노인들의 인권이 짓밟히고 있다.

사람이나 동물은 나이를 먹으면서 늙는다. 늙는 것은 극히 자연스런 현상이다. 늙는 것을 안타까워하는 심정도 이해할 수 있으나 그것이 전부는 아니다. 나이를 먹는데 늙지 않는다면 그것이 더 부자연스러운 일이다. 늙은이다운 얼짱과 몸짱이 자연스런 것이다. 늙는 것은 아름다운 것이다. 젊음이 아름다운 것처럼 늙는다는 것도 매우 아름다운 현상이다. 주름살은 고귀하고 아름다운 것이다. 그러나 이런 상식을 오늘날의 우리식 상업주의는 부정한다.

우리 미디어가 젊은 얼짱과 몸짱에만 치우치는 것은 이제 그만 멈출 일이다. 가장 노인다운 모습을 비춰주고 노인의 의미를 정확하게 알려주는 그런 진지한 자세가 아쉽다. 그것이 노인 복지의 첫 걸음이고, 자연의 신비를 알려주는 진정한 태도다.

2. 대중매체와 대중문화

대중문화는 대중매체 없이 상상할 수 없다. 대중문화는 대중매체에 의해 전파되며, 대중문화계의 권력관계도 대중매체에 의해 변화한다. 대중매체는 문화계가 생산하는 대중문화를 전달하지만 그것을 자체적으로 형상화하기도 한다.

대중매체는 대중문화를 매개삼아 다양한 공동체와 사회적 단체들에 영향을 미친다. 즉 그들을 시공간적으로 통일적 형태로 만들거나 더욱 다양한 그룹으로 분화시킨다. 예를 들어 특정 수용자들이 대중매체를 통해 영화, 음악이나 오페라 감상을 원할 때 수용자들은 똑같은 프로를 즐기는 다른 시청자나 음악 감상가들과 연대하게 된다. 하지만 동시에 다른 프로를 감상하는 사람들과는 분할된 상태에 놓이게 된다.

예술의 대중화는 정치적 민주화 촉진 등의 긍정적인 결과를 가져왔다. 새로운 대중매체를 통한 정보생산 기술은 문화적 생산과 수용에서 대중의 민주적 참여 가능성을 한층 더 높였다. 전통 사회에서 지배층은 예술을 고급문화의 틀 속에 가둬놓고 독점했다. 그 같은 약탈적 방식으로 대중에 대한 지배이데올로기를 강화했다.

예술이 귀족층의 전유물에서 벗어난 것도 서구의 정치적 민주화 이후였다. 프랑스 혁명 이후 대중은 소수 엘리트들만이 즐기던 문화 예술 영역에도 평등주의를 요구하게 된다. 이 영역은 봉건적 잔재를 고집하는 귀족층에게 남겨진 마지막 영역이었다. 당시 고급문화에 집착한 귀족들에게 대중문화는 두려움과 경멸의 대상이었다. 그들에게 대중문화는 비문화 혹은 반문화일 뿐이었다. 서구에서 산업화가 시작되면서 도시에서 경제력을 기반으로 형성된 중산층의 기호에 맞는 문화, 즉 대중문화가 더욱 활성화되었다.

매스미디어가 발달하면서 대중문화도 같이 변했다. 금속활자 발명으로 등장한 대중신문은 문화상품의 생산체제를 바꿔놓았다. 신문을 통해 대중문화가 널리 알려지면서 문화가 산업으로 가동될 수 있는 여건이 만들어졌다. 사진기술의 발달로 영화의 대량 생산이 가능해졌다. 대중에게 소개된 진짜 예술품의 모조품이 대량으로 만들어져 시장에서 거래되었다.

대중매체의 발달과 예술의 대중화는 시민사회의 등장을 촉진하는 등 사회적 관계를 변화시켰다. 미디어기술의 발달 결과, 예술의 신비성이 감소하고 그 이용이 광범위해지면서 예술은 일반화되고 그 참여의 폭이 넓어졌다. 대중매체에서 예술원작품의 권위는 정교한 인쇄기술에 의해 현저하게 감소되었다(Benjamin, 1973). 사진의 경우 모든 재생품이 비슷한 품질을 지닌 것이라면 원작품에 대한 관심은 낮아진다. 이 같은 경험을 통해 일반인들은 대중문화에 익숙하게 되었다.

요즘 대중문화와 고급문화가 서로 섞이면서 그 경계가 모호해진다. 두 분야의 예술가들이 서로의 영역을 필요로 하기 때문이다. 대중문화는 무언가 고급스런 맛을 풍기고 싶어 하고, 고급문화도 대중 속으로 더 넓게 파고들어가고 싶어 한다. 이런 변화는 대중매체를 중심축으로 진행된다.

우리의 문화계는 서구의 영향을 많이 받은 탓인지 고급 또는 대중문화를 가리는 기준도 외국과 비슷하다. 고급문화로는 발레, 심포니, 미술관, 고전문학 등을 일컫는다. 대중문화는 드라마, 록 음악, 랩, 라디오 토크쇼, 만화책 등을 가리킨다.

한 학자(Wilensky, 1964 ; 176)는 고급문화와 대중문화를 아래와 같이 요약했다. 먼저 전자는 어떤 예술적, 문화적, 과학적 전통 속에서 활동하는 문화 엘리트들이나 그들의 감독 하에 창조된다. 그리고 그 생산물의 소비자와는 무관한 엄격한 창조 기준들이 적용된다. 한편 대중문화는 대중 시장을 위해 만들어진 문화적 생산품이다. 생산 기준과 그것을 사용하는데서 나타나는 기준은 그다지 엄격하지 않다.

오래 전이기는 하지만, 대중매체가 대중문화를 전달하는 것에 대해 우파와 좌파학자들은 동시에 공세를 펼쳤다(Stevenson, 1995 ; 99-100). 모두 못마땅하다는 지적이었다. 이들의 지적은 오늘날에도 참고할 측면이 있다. 우파의 비판은 다음과 같다. 대중매체는 상업적 성공을 위해 가치 없는 저급문화를 비판능력이 없는 대중에게 전달한다. 그럼으로써 대중 교육의 유익한 효과를 무산시키려 한다. 대중매체는 전통 문화, 고급문화에 대한 위협이 되고 있다.

한편 좌파적 비판도 날카롭다. 대중매체가 대중문화를 노동자 계급에게 주입시켜 혁명적 역량을 저버리게 한다. 그것은 노동자 계급을 왜곡해서 묘사한다. 권력을 장악한 엘리트 계급은 대중매체를 조작해, 노동자 계급의 의식화를 저지한다. 광고에 바탕을 둔 대중매체의 성장은 소비를 부추기는 가치를 유포한다.

오늘날 대중 미디어와 대중문화 관계는 나날이 달라지고 있다. 다매체 다채널 시대가 되면서 문화영역이 전문화 세분화되어 대중에게 다가간다. 이런 변화 속에서 미디어 소비자들에 대한 서비스가 질적 양적으로 개선될 가능성이 높아지고 있다. 그러나 그 어둠도 만만치 않다. 지나친 상업주의로 인한 폐해 시비가 그치지 않는다. 좀 더 넓게 깊게 보는 시각으로 현재를 진단하고 미래의 문화를 준비한다면 좋은 결실이 가능하리라 본다.

3. 미디어의 시청각 효과

상품이나 그 광고의 색깔은 경기 상태에 따라 달라진다. 호경기면 미디어에 나오는 광고나 제품의 색깔은 화사하다. 대체로 붉은 색 계통이 많이 등장한다. 신문의 한 면을 턴 전면 광고에 나오는 모델의 옷과 에어컨의 색이 온통 빨간 색인 것도 있다. 불황기에는 차분하고 안정된 느낌을 주는 블루가 유행을 탄다. 불황의 골이 깊어가던 몇 년 전 여름 TV, 신문 등에 푸른색 제품과 광고가 유난히 많이 등장했었다.

색은 영상미디어가 가장 중요시 하는 시각적 요인의 하나다. 색은 그것을 보는 인간의 감성에 즉각적인 영향을 미친다. 따뜻한 색깔인 붉은 색, 오렌지색, 노란 색은 행복한 감정, 안정감, 적극적이고 강한 소속감을 느끼게 한다. 소비가 잘 되고 돈이 풀리는 등 시장이 활기에 차면서 사람들이 생기를 회복

했을 때 이런 색들이 제품과 광고에 주로 이용된다.

시원한 색깔인 푸른색과 보라색은 침착하고 차분한 느낌을 준다. 먹고 살기 힘든 불황기에 이런 색이 주로 등장한다. 거기에는 제품이나 광고를 보는 사람의 기분을 짜증스럽게 하는 것을 피하면서 가벼운 기분을 갖게 하자는 목적이 숨어 있다.

색깔이 주는 느낌은 보편적인 것도 있지만 인종에 따라 큰 차이가 있기도 하다. 예를 들어 선물의 포장지를 검은색의 종이로 하거나, 사망 등 슬픈 사실을 알리는 문서를 빨간 색으로 하는 경우는 거의 없다. 그러나 장례식 장에서 고인에게 바치는 꽃은 인종에 따라 큰 차이 있다. 독일인은 빨간 장미, 그 밖의 대부분의 유럽인은 노란색 또는 흰 색 국화, 브라질인은 자주색 꽃, 캐나다인은 하얀 백합이다.

미디어 종사자들은 이 같은 색깔이 갖는 문화적 감각 차이를 영화나 드라마에 흔히 활용한다. 불길한 미래를 암시하는 장면은 검은 색 배경을, 희망찬 미래를 펼칠 때는 밝고 환한 색을, 악몽에 시달리거나 알 수 없는 공포에 휩싸였을 때 노란색이나 파란색 등을 배경색으로 쓴다(Silverblatt, 2001 ; 136).

빛은 영상매체에서의 분위기 전달에 중요한 역할을 한다. 밝은 빛의 영상은 안정감과 안도감, 행복감을 느끼게 한다. 반면 그림자 진 어두운 화면은 신비한 분위기를 연출하거나 공포심 등을 일으킨다. 어슴푸레한 영상은 허약함이나 긴장감, 상실의 분위기를 자아낸다. 그림자는 영화나 사진 등에서 사람과 물건 등의 관계를 극적으로 표현하는 수단으로 활용된다.

대중매체는 음악을 통해 수용자의 태도에 영향을 미친다.

즉 사랑하는 연인이 등장하는 장면에서 음악은 시청자를 더욱 로맨틱하게 하고, 감동적인 장면에서의 음악은 감흥을 한층 고조시킨다. 음악은 또한 영화나 드라마에서 내용의 전개를 알리는 효과가 있다. 즉 공포영화에서 음산한 음악은 무서운 장면이 곧 등장한다는 것을 예고하고, 경쾌한 음악은 행복한 삶을, 무거운 음악은 비극적 삶을 예고하는 등 상투적인 메시지를 전달하는 기능이 있다. TV뉴스 시간에 들려주는 음악은 화면을 보지 않아도 시청자들이 뉴스 시간이 시작된 것을 깨닫게 하는 효과음의 역할을 한다.

미디어 종사자들은 정보의 전달효과를 높이기 위해 인간의 감각기관을 십분 배려하는 세심함을 보인다. 그것은 널리 알리는 효과와 직결되어 있기 때문이다. 때로는 어떤 감정을 유도하기 위해 의도적로 시청각을 자극하는 방법을 쓰기도 한다. 그것이 심하면 대중조작으로까지 간다.

인간이 색, 빛, 음악에 대해 느끼는 감흥은 시대에 따라, 세대에 따라 차이를 나타낸다. 바로 이점이 미디어에게 어려운 점이다. 과거에 흔히 그랬기 때문에 지금도 그럴 것이라고 접근해서는 낭패를 보기도 한다. 예측하기 힘든 인간의 감정변화의 핵심을 짚어내 미디어에 활용하는 것은 쉬운 일이 아니다. 올해 등장한 제품과 광고의 밝은 색이 얼마나 위력을 발휘할지 두고 볼 일이다.

4. 인간은 정보 홍수에 익사하지 않는다

정보화 시대는 정보 홍수 시대다. 정보를 가지고 돈벌이 하려는 쪽에서 갖가지 상품을 만들어 소비자를 향해 공세를 편다. 엇비슷한 상품들이 소비자를 공략하기 위해 기발한 아이디어들을 앞세운다. 무언가 차별성을 내세우지 않으면 살아남기 어렵다. 예를 들어 신문과 방송은 소비자들의 시선을 끌려고 뉴스를 가공하기 위해 사력을 다한다. 정보가 과다 공급되다 보니 저질 시비가 그치지 않는다. 대중성을 생각하다 보면 자꾸 질을 낮춰 관능적이거나 말초 신경을 자극하는 쪽으로 내려간다. 이는 정보화 시대에 공동 대처해야 할 최대 과제다.

TV는 채널당 일분에 평균 3~4천개의 이미지를 내보낸다. 라디오는 일반적인 도회지에서 매일 분당 3천~5천개의 단어를 방송한다. 일간신문은 매일 수십만 개의 단어와 수많은 그래픽 이미지를 담고 있다. 잡지와 책들도 많은 양의 정보를 생산한다. 소비자들은 이런 정보 홍수를 어떻게 견딜 수 있는가? 시청각을 통해 입력되는 수많은 정보의 무게에 짓눌려 혹시 정신이 어지러워지는 상황에 빠지는 것은 아닌가?

답은 '그렇지 않다'이다. 인간의 환경적응력은 매우 뛰어나서 정보 홍수시대를 무난히 넘기고 있다. 정신적으로 큰 타격을 받지 않는다. 그것은 인간의 감각기능의 뛰어난 조정 능력 덕분이다. 정보홍수에 대한 대처 방식은 간단하다. 수많은 정보가 다가오면 선택해서 일부는 받아들이되 대부분은 그냥 흘려

보내는 것이다. 이것은 간단한 것 같지만 매우 편리한 방법이다.

인간이 선택적으로 주의를 기울이는 선천적 능력은 매우 잘 발달되어 있다. 외국의 연구 결과를 보면, 평균적인 개인은 매일 1600건의 광고 세례를 당하게 되지만 오직 12건에만 반응을 보인다. 또 TV 뉴스를 얼마나 기억하는가를 확인하는 한 실험에서 평균적인 응답자는 20개의 뉴스 가운데 하나 정도만을 기억했다. 뉴스 내용의 5%는 외부의 도움 없이 기억해냈지만, 뉴스의 45%는 외부의 도움 등을 통해 기억했다. 이는 수용자들이 메시지 제공에 크게 구속받거나 조정되지 않는다는 것을 의미한다.

한 학자(Fearing, 1947 ; 70)는 영화에 대한 한 연구에서 "영화는 관람객의 수동적인 심리상태에서 그 의미가 받아들여지기 때문에 어떤 고정된 내용을 지닌 것이 아니다. 개개 관람객이 영화를 통해 받아들이는 것은 관람객의 성장배경이나 그의 필요에 의해 결정된다. 즉 관람객은 영화에서 자신에게 유용하거나 자신의 생활에 필요한 것들을 받아들이게 된다"고 지적했다. 이는 영화와 같은 대중매체가 수용자에게 어떻게 영향을 미치는지를 이해할 수 있게 해준다.

사람들이 대량 유통되는 대중매체 정보를 선택적으로 수용한다는 것은 기억하는 대중매체 정보가 매우 적다는 것을 의미한다. 인간의 감각기관은 외부에서 발생하는 각종 신호를 취사선택하는 능력이 매우 탁월해서 매스컴이 쏟아내는 과도한 정보에 대해 걱정할 일은 아닌듯하다.

인간의 정보 홍수에 대한 탁월한 대처 능력이 또 한 가지 더 있다. TV를 켜놓은 채 신문을 읽는 것과 같은 경우처럼 대중매체를 중복해서 사용하는 것이다. TV 시청은 잡담을 하거나, 책을 읽거나 전화를 받으면서, 또는 음식을 먹거나 일상적인 가사를 하면서 이뤄진다. 라디오 청취 또한 청취자가 본인도 라디오를 켜놓았는지를 기억하지 못할 정도다(Comstock 등, 1978). 한 심리학자는 실험을 통해, 인간이 동일한 순간에 동시에 처리할 수 있는 정보의 종류가 대략 7가지라고 밝힌 바 있다(Miller et al., 1975). 수험생들이 음악을 들으면서 공부하는 것과 같이 동시에 여러 개의 대중매체를 활용하는 방식은 가정생활에서 일상생활 구조의 일부가 되고 있다.

인간이 적극적으로 정보화 시대에 대처하는 세 번째 능력도 놀랍다. 그것은 정보 때문에 속상해 하거나 심각해지지 않으려 한다는 것이다. 즉 일반 사람들은 신문 을 읽거나 방송을 들으면서 입수하는 정보와 오락을 구분치 않는다. 그러다 보니 두 가지가 적당히 섞여 있는 그런 정보가 대량 유통되게 되었다. 뉴스의 대부분이 오락성을 가미한 것으로 가공이 되는 것이 그런 이유이다.

이처럼 인간의 대중매체 활용은 매우 효율적이다. 당연히 대부분의 사람들은 대중매체의 확산으로 충격을 받거나 힘들어하지 않는다. 정보를 부분적으로 인식하면서 정보를 거르고, 버리기도 한다. 때로는 이런 저런 정보를 모아서 자신이 원하는 내용으로 새롭게 조립하는 능력도 있다. 사람들은 좀더 많은 대중매체를 추구하고 확장된 선택에 열정적으로 반응한다.

성인들이 보이는 대중매체에 대한 반응은 소극적인 것이 아니라 적극적인 성격을 띤다. 사람들은 대중매체에 노출되는 것을 스스로 선택한다. 아무런 부담감 없이 TV채널을 이러 저리 돌리는 것이다. 여기를 돌리면 혹시 불쾌한 어떤 정보가 제공될 것인가로 불안에 떨지 않는다. 가벼운 기분으로 어떤 정보든지 받아드리는 것이다. 그래서 마음에 들지 않으면 즉시 다른 정보로 옮아간다. 이런 선택의 과정이 거의 모든 가정에서 매일 반복된다.

사람들의 정보화 시대에 대한 적응 능력 때문에 대중매체 제작자들은 일하기가 점점 힘들어진다. 예를 들어 TV 뉴스의 경우 제작 과정에서 오락적 효과를 주입하거나 드라마틱하고 선정적인 뉴스를 선정한다. 앵커나 리포터 선정에서 젊은 층이 선호하는 설득력 있고 매력적인 외모가 가장 중요하며, 저널리스트로서의 자질은 그 다음 문제다. TV뉴스에 원인이나 전개 과정이 매우 복잡한 사건, 사고는 최대한 단순화 시키는 방식으로 가공되지만 시간의 제약 때문에 뉴스로 선정되지 않는 경우가 많다. 뉴미디어 시대의 대중매체의 정보 가공은 인간의 선천적인 정보 처리 자질에 영합하는 쪽으로 가고 있다. 거기에 저질시비가 원천적으로 제거될 수 없는 함정이 도사리고 있다.

5. 고정관념과 언론

우리 사회의 여성의 위상은 많이 개선되었고, 지금도 하루가 다르게 변한다. 언론 속의 여성도 나날이 격상된다. 미디어는 흔히 한 사회의 주류문화를 강화하거나 전승되도록 한다. 그러면서 고정관념[1])을 일반화시킨다. 많은 미디어 프로도 남성 중심의 고정관념을 바탕으로 만들어져 왔다. 전통적 고정관념이 다소 무리가 있어 시정이 필요하다는 프로는 있었지만, 그것을 깨버리자는 식의 선은 넘지 않는 것이 상례였다. 그러나 요지부동일 것 같았던 가정문화의 고정관념도 혁명적인 변화가 불가피하게 됐다. 호주제 폐지를 골자로 하는 민법개정안이 국회 본회의를 통과해 2008년 1월1일부터 시행되는 것이다.

우리의 가족 문화의 뿌리는 호주제였다. 그래서 이 나라 딸들은 출가외인이라는 고정관념 속에서 가슴앓이를 해야 했다. 명절은 당연히 시가에서 보내야 했고 자신이 정말 가고 싶은 친정을 가야겠다는 말은 꺼내서는 안 되는 금기였다. 그러나 이제 그것을 떳떳하게 주장할 수 있는 근거가 마련된 것이다.

호주제 폐지는 우리 가정 문화에 엄청난 지각변동을 가져올

---

1) 고정관념은 개인, 집단 또는 어떤 현상에 대한 매우 단순화된 관념을 의미한다(Silverblatt, 2001: 58-61). 예를 들면 미국 사회에서의 과학자에 대한 고정관념은 키가 작고, 볼품없는 외모에, 남자의 경우 늙은 대머리로 인색하고, 친구도 적고 상식적으로 이해하기 어려운 언행을 하는 것으로 되어 있다. 이는 흔히 미국 영화에서 묘사되는 모습이기도 하다. 미국에서 인종에 대한 고정관념은 노동시장에서 특정 인종을 기피하거나 선호하는 것으로 연결되기도 한다.

것이다. 그래서 호주제가 시행되는 미래 어느 날의 경우를 상상해 이야기를 꾸며 보았다.

"명절이 코앞이다. 우리 집은 아빠와 엄마가 또 신경전을 벌인다. 명절을 어디서 보내느냐를 놓고 의견이 갈려있다. 아빠의 고향으로 갈 것이냐, 아니면 엄마의 고향으로 갈 것이냐를 놓고 불꽃 튀는 말싸움과 침묵속의 힘겨루기가 며칠째 계속된다. 신경질 난다. 지난번에도 그랬는데 이번에 또 그렇다. 앞으로 계속 이런다면 명절이 되는 것이 무서울 것 같다. 엄마는 이번 명절에는 시가에 가지 않고 친정 쪽에 가겠다고 주장한다. 아빠가 결국 타협안을 내놓는다. 이번 명절에는 우리 가족이 같이 행동하지 말고, 아빠와 나는 할아버지 댁에, 엄마와 동생은 외할아버지 댁에 가자는 것이다. 나는 아빠 성씨를 따랐고, 동생은 엄마의 성을 따랐으니 그렇게 하자는 거다."

위의 글처럼 호주제 폐지법이 시행되면 가정 문화는 확 바뀔 것이고 그것을 우리 미디어는 여러 각도에서 전달할 것이다. 머잖아 우리 사회에서는 명절 때 시가로 가는 것을 당연시했던 과거의 명절 문화는 힘을 잃을 듯하다. 남편의 고향으로 몰려가는 귀성전쟁과 여성들만의 음식 만들기 관습도 사라질 것이다. 그때를 미리 가보면 여러 가지 상상을 할 수 있다. 혹시 설과 추석 때마다 부부간에 시가냐, 친정이냐를 놓고 신경전이 벌이다가 결국 따로 명절을 보내는 쪽으로 절충이 이뤄지지 않을까? 그렇게 되면 고속도로의 정체는 지금보다 더 심해지지 않을까? 종래에는 한 가족은 자가용 한 대로 귀성을 했지만 앞으로는 가족이 두 대의 차로 나눠 타고 가는 일이 생길 터이니까. 그렇게 되면 자동차 판매가 더 늘어나게 되나?

이처럼 변화하는 가족문화의 여러 모습을 미디어는 드라마 등의 소재로 다루는 등 다각도로 비출 것이다. 그것은 미디어의 활약으로 단시간 내에 이뤄지고 정착될 수도 있다. 그런 과정 속에서 새로운 고정관념이 자리를 굳히게 된다. 이러 것이 미디어의 숙명적인 역할이기도 하다. 드라마에서 고정관념은 배역의 성격 설정에서 흔히 나타난다. 제작진은 일반적으로 상식화 되어 있는 계층이나 직업인의 고정관념을 바탕으로 내용을 전개하기 때문이다.

오늘날 우리 사회에서 남녀를 구별하고, 여성을 비하하는 식의 고정관념이 남아 있는 곳은 자꾸 줄어든다. 남성만이 독점하는 직업도 거의 사라졌고, 많은 전문직에서 여성이 남성보다 훨씬 잘 나가는 경우도 흔하다. TV 드라마에서 등장하는 가족관계도 파격적인 것이 적지 않다. 그러나 아직은 할아버지, 아버지가 가족의 중심에 있는 전통적인 가부장제가 주류를 이룬다. 여성이 다분히 수동적이거나, 남성이 뭔가 여성보다 앞선 그런 고정관념을 노골적으로 나타내거나 살짝 바탕에 까는 식이다.

드라마 속의 여성은 성폭력이나 성적 희롱의 대상으로 묘사되고 현모양처로 그려진다. 또한 드라마가 여성의 가사노동을 경시하기도 하는 등 여성에 대한 편견이나 비정상적 묘사 등이 거의 일상화돼 있다는 비판을 받는다. 돈 많은 부자는 가난한 사람에게 막 대해도 될 만큼 당당하지만 가난한 사람은 부당함을 알면서도 항의하지 못할 정도로 위축돼 있으며, 그런 고정관념을 자연스럽게 연출하는 역할은 주로 여성이 맡는다. 특히 봉건시대의 전통적인 남녀관계나 신분사회의 고정관념을 되풀이해서 재생산하는 프로는 TV사극이 단연 으뜸이다.

영상미디어 속의 고정관념은 현실 사회의 불평등이나 부당한 인간관계로 연장된다는 점에서 심각성이 있다. 우리 사회가 여성을 남성보다 불평등하게 대우함으로써 여권을 억압하는 제도를 시행하는 과정에서 미디어도 거기에 발맞추는 역할을 했다. 또한 여성을 전통적 가정문화 속에서 부당하게 희생을 강요할 때 미디어도 그런 고정관념을 강화하는데 기여했다. 우리사회가 여성의 사회적 신분을 격상시키는 과정에 신문, 방송 등의 미디어가 끼치는 영향은 매우 컸다. 앞으로 호주제가 폐지되고 그에 따른 사회적 변화가 진행된다. 미디어가 그 변화를 어떤 식으로 담아내면서 영향을 미칠 것인가? 그것이 조금 궁금하다.

6. 미디어가 무기력한 경우

미디어 효과는 미디어 활용을 통해 발생하는 개인과 사회의 결과물 또는 그 충격을 의미한다. 거기에는 사회가 미디어에 미치는 영향도 포함된다. 미디어 효과는 다양한 형태로 나타난다. 폭발적인 효과가 나타나는 경우도 있고, 전혀 그렇지 않은 경우도 있다. 예를 들어 보자. 강력한 지진 발생처럼 시청자가 적절한 판단을 내리기 어려운 돌발 사태에 대한 영상미디어

보도 반응은 폭발적이다. 그러나 인생에서 돌발적인 사태가 그렇게 많이 일어나는 것은 아니다. 뿌리 깊은 지역감정 등의 문제는 일부 언론의 줄기찬 노력에도 불구하고 요지 부동이다.

우리 신문, 방송 등은 망국적 지역감정을 비판하고 그것을 쓸어내자고 지난 수십 년 동안 헤아릴 수도 없이 외쳤다. 그러나 특정 지역에서 언론의 그런 호소는 선거나 정치적으로 예민한 때만 되면 전혀 약발이 들지 않는다. 정치인 중에 지역감정을 유발해 톡톡히 재미를 본 사람이 적지 않다. 유권자들은 대부분 지역감정이 타파해야 할 망국적인 병이라고 답한다. 그러나 투표장에 가면 지역감정의 포로가 되어 버린다.

언론의 무기력증을 실감할 수 있는 사례들은 얼마든지 있다. 광주항쟁은 신군부가 저지른 범죄행위라는 것이 최고법원의 판결 등해 굳어진 정설이다. 언론도 그것을 엄청난 비중으로 보도했는데도 공개석상에서 그것을 정면으로 뒤집는 발언이나 행동이 그치지 않는다. 광주항쟁 당시 양민을 학살한 주범으로 지탄받는 전두환 씨를 그의 고향에서는 공원이름을 그의 아호로 하겠다고 나서기도 한다. 전국적인 반대의 목소리가 높아도 합천 지역 공직자들은 아랑곳하지 않는다.

정치인 가운데 언론의 뭇매를 맞아도 끄덕 않는 '불사조'가 있다. 그 가운데는 5공화국에 충실히 봉사한 공직자 등이 돋보인다. 5공화국의 탄압정치는 자심했다. 그 때 안기부 고위직에 재직하면서 많은 시국 공안사건을 맡아 양심수 등을 고문했다는 시비가 그치지 않는 한 국회의원이 있다. 그로부터 고문을 직접 당했다는 사람이 국회 기자실에서 기자회견을 하는 등

논란이 그치지 않는다. 그렇지만 그는 지역주민들의 지지로 여의도에서 지금도 의정활동을 하고 있다.

대중 미디어가 무기력한 경우에 대한 연구는 신문 등 인쇄매체를 가지고 하기 힘들다. 사람들은 자신이 좋아하지 않는 주제나 문제 등에 대한 인쇄물은 아예 구독하려 하지 않기 때문이다. 설령 곁에 있다 해도 심한 거부반응을 보이는 것이 예사다. 기분 나쁜데 왜 읽느냐 는 것이다. 반면 영화나 TV같은 영상매체는 다르다. 영상매체는 인쇄매체와 달리 힘들이지 않아도 그 의미를 이해할 수 있기 때문이다. 그래서 그 반응을 알아보기가 인쇄매체에 비해 쉽다.

가족이나 친구 등 여러 사람이 같이 영화를 감상한 뒤 그 주요 내용 등을 이야기하다 보면 의견이 서로 다른 경우가 생긴다. 이는 동일한 공간에서 동시에 같은 영화를 보았다 해도 강한 인상을 받은 부분이 다르기 때문이다. 영화와 같은 미디어가 관객에게 어떻게 영향을 미치는지를 짐작케 해주는 사례다. 관객들은 영화라는 객관적 실체를 감상한다고 하지만, 실제 자신이 좋아하고 익숙한 내용만을 주로 받아드리는 경향이 강하다는 것이다.

영화만이 아니라 TV시청에서도 비슷한 일이 일어난다. 시청자는 TV프로그램 가운데 주로 자신이 좋아하는 것을 선택한다. 반대로 싫어하거나 평소 생각과 다른 관점을 제시하는 정보 전달은 회피하거나 쉽게 싫증을 느끼는 경향이 있다(Klapper, 1960 ; 49-50). 예를 들면 선거 캠페인에 대한 TV 프로가 나올 때 자기가 지지하는 후보가 등장하는 프로나 광고는 시청하려 한다. 하지만, 자신의 정치적 노선과 다른 프로는 외면하거나 아예 채널을 다른 곳으로 돌리려 한다.

또한 TV시청자는 어떤 정보를 접할 때 자신의 가치관이나 선입견에 따라 그 내용을 해석하려고 하는 경향이 있다. 자신이 적절하다고 여기지 않는 정보는 무시하거나 주의를 기울이지 않는다(Silverblatt, 2001 ; 15-16). 이에 대한 학자들의 실험 결과는 흥미롭다. 즉 전쟁의 비극을 그린 TV프로를 동시에 감상한 군인과 반전 평화 운동가는 한결같이 그 것이 매우 훌륭하다고 평가했다. 그러나 그 이유는 아주 달랐다. 군인은 '전쟁의 참화를 피하고 평화를 유지하기 위해서는 전쟁을 억제하기 위한 군비강화가 필수적'이라고 수상했다. 반넌 반전 평화 운동가는 '영화에 묘사된 전쟁의 파괴 상은 군비축소가 얼마나 중요한 것인가를 웅변'했다고 언급한 것이다.

위의 경우처럼 시청자들은 미디어가 전하는 메시지를 자신의 의도에 따라 해석하기도 한다. 미디어의 내용을 선택적으로 해석하거나 기억하기 때문이다. 시청자가 어떤 정보를 얼마나 잘 기억 하느냐 하는 것도 개인적인 경험에 크게 좌우된다. 사람들은 자신의 유쾌하지 못한 경험 등을 극소화하고 싶은 욕망이 있는 반면, 자신이 푸근하게 느끼는 고향에 대한 향수 등은 잊지 않고 자주 회상하게 된다. 미디어가 시청자에 미치는 영향력이 제한적일 경우, 그것은 시청자가 지닌 견해를 바꾸기보다 보강하는 역할이 더 강하다.

7. 시위문화와 미디어

노동자, 농민운동은 TV 등 영상 미디어 뉴스를 통해 시청자에게 어떻게 비춰질까? TV의 뉴스 시간은 매우 짧다. 그래서 많은 뉴스들이 짧게 줄여져서 간추려진 내용만이 시청자에게 전달된다. 어쩌다 하는 기획특집이 아니면 노동관련 TV뉴스만으로는 노사갈등이나 농촌문제의 전모를 알기 어렵다. 그래서 뉴스와 함께 제공되는 화면이 전달하는 정보와 그 이미지가 중요하다.

파업이나 시위 등의 보도에서 TV 등 영상매체는 보도 당시의 진전 상태에 초점을 맞출 뿐 그 이전 상황을 자세히 언급하는 일은 거의 하지 않는다. 이런 식의 뉴스 보도는 노동자, 농민에 대해서만 그런 것은 아니고 TV보도의 일반적인 특성이다. 한정된 시간 안에 내보낼 뉴스로 가공해야 하기 때문이다.

TV 뉴스의 화면 속에는 대부분 노동자, 농민의 시위모습이 담긴다. 동일한 복장을 한 많은 노동자들이 수많은 깃발을 들고 구호를 외치거나 가두행진을 하는 모습은 일사불란한 단결된 느낌을 준다. 농민들은 평상복 차림으로 경운기를 몰고 오거나 때로는 곡식을 불태우거나 길가에 버리기도 한다. 이런 장면을 시청자는 어떻게 받아드릴까? 노동자, 농민의 불이익과 고통, 고민을 이해하는 쪽일까, 아니면 다른 쪽일까?

노동자, 농민의 시위는 국회의사당 앞이나 종로 등 서울에서 열리는 경우가 많다. 그러면 라디오는 서울시 교통 상황을 전하면서 시위로 교통체증이 있을 것을 예고한다. 시위 중에도 라디오는 시위로 교통상황이 어렵다는 것을 계속 전한다. 실제 퇴근길의 시민들은 버스 등이 움직이지 못하고 꼼짝 못하면 자신의 귀가가 늦어지는 것을 불평한다.

미디어의 농어민 시위에 대한 이상과 같은 보도와 경고등이 반복되면서 일반시민들의 반응이 어떤 식일 것인가는 외국의 연구결과 등을 통해 추정이 가능하다.

노동자와 농민문제가 TV에 반영되는 내용은 주로 분규와 파업, 또는 시위와 같은 극적이고 공개적인 갈등의 현장에 대한 것이다(Downing, 1971). 이들 미디어가 뉴스를 통해 보이는 주요 관심은 파업이나 시위가 전체 사회에 미치는 영향 쪽이다. 그러다 보니 현안에 대한 원인보다는 파업 과정에서 나타나는 노동자와 공권력의 충돌, 노동자간의 갈등 등과 같이 부정적인 의미를 전달하게 된다. 결과적으로 TV의 산업현장 분규 보도는 공격을 당하는 쪽의 불만 등에 중점이 주어지는데 비해, 분규 배경 정보나 탐사는 적게 다뤄진다. 즉 집단행동으로 인한 공적인 불편, 개인적 고통 등에 초점이 모아지는 정보 전달은 노동자와 농민에 대한 부정적 평가를 전달, 확산하게 된다. 과학자들(Blumler 등, 1970; 32-54)의 조사에 따르면, 일간지는 불법적 파업에 대한 노동조합의 견해에 별 영향을 미치지 않았지만, TV와 라디오는 적지만 의미 있는 역할을 수행했다.

사람들은 흔히 일상적인 질서가 깨지거나 자신을 불편하게 만드는 것에 대해서는 부정적으로 판단한다. 자신이 교통편을 이용하는데 집단시위 등으로 평상시와 달리 불편하면 집단시위에 대해 긍정적인 평가에 인색하기 마련이다. 한 외국 학자의 연구에 따르면, 노사문제에 대한 정보를 대중매체에 의존하는 청소년 가운데 3분의 2는 노동자 파업이 허용되는 것은 나쁘다고 응답했다.

오늘날 세계화와 시장 개방화에 대한 시각차는 존재한다 해도 대중매체가 노동자, 농민 계급을 왜곡해서 묘사하거나 보도하는 일은 그리 많지 않다. 빈부격차의 심화, 고용상태의 불안정, 농어민의 불이익과 희생에 비해 상대적으로 경제적 이익을 축적하는 자본가 계급의 이익에 대한 사회적 논란은 뜨겁다. 그러나 많은 보도매체들이 등장하다 보니 자본가 계급이나 그와 결탁한 정치권력 등이 대중매체를 조작해서 노동자, 농민 계급을 부정적으로 보도하는 일은 거의 없다. 언론의 자유도 서구 사회 못지않게 확보되어 있고, 노동자와 농민의 권익을 일방적으로 짓밟는 일은 쉽지 않는 정치상황이 되었다.

그러나 보도 매체의 특성, 노동계와 농어촌 문제의 복잡성 등으로 인한 보도의 한계 때문에 발생하는 부정적 효과 등은 결코 간단치 않다. 이런 점을 고려한 시위문화와 집단행동 등에 대한 발상의 전환이 필요한 듯하다. 과거 87년 노동자 대투쟁 시기와 달라진 시대 상황에 대한 적극적 대처의 하나가 TV 등 영상매체의 효과에 대한 인식이다.

8. 미디어와 가족

가정에서 가족 간의 대화가 중요한데 TV가 그것을 가로막고 있다는 지적은 일정부분 타당하다. 가족이 어렵게 모여 앉았는데 TV가 가족의 주인공이 되어 버리면 가족 간의 대화는 생략될 수밖에 없다. 부부 사이도 TV로 가로막히면 곤란하다. 남편이나 부인이 자신이 즐기는 컴퓨터나 TV에 몰두하게 되면 두 사람사이의 대화나 공동생활이 단순해지거나 삭막해진다.

그러나 TV가 가정에서 애물단지만은 아니나. 그것을 가정에서 적절히 활용한다면, 청소년에게 유익할 뿐 아니라 가족 간 유대를 강화한다. 가족들이 TV시청 후 대화를 통해 자녀들의 이해를 돕거나 비판력을 키워줄 수 있다. 컴퓨터도 마찬가지다. TV가 가족 사이를 갈라놓거나 부모를 대신 하게 방치해서는 안 된다. 당연히 노력이 필요하다.

벨슨(Belson, 1967 ; 13)은 TV가 도입된 뒤 저녁시간에 가족들이 집안에 머무는 일이 많아져 외출이 적어지고, 가족들이 함께 지내는 시간이 많아졌다고 지적했다. 그는 그러나 이 같은 변화는 집에서 보내는 시간이 양적인 면에서 많아진 것이라기보다 그 재분배의 성격이 강하다고 말했다. 힘멜웨이트(Himmelweit, 1958 ; 379)는 어린이와 부모는 모두 TV가 가족에 유익한 영향을 미치는 것으로 인식한다고 밝혔다. 즉 TV를 가진 가족은 같이 보내는 시간이 많아지고, 친근감이 더 많아진다는 것이다. 그러나 이 경우에도 TV는 가정의 중심부에 위치하고 가족 간 유대에 대한 감정을 불러일으키지만, 가족관계를 크게 강화하지는 않는다는 것으로 나타났다.

TV를 중심으로 가족관계가 이뤄지다 보니 가족 간의 깊이 있는 상호이해나 감정 교류는 잘 이뤄지지 않는다. 안방에 모인 가족들이 남녀노소를 불문하고 TV에 시선을 고정시키고 시간을 보낼 경우 가족 구성원간의 유대가 강화되기를 기대하기는 어렵다. 갖가지 재미를 제공하는 TV에 몰두하면 시간가는 줄을 모르게 된다. 그러나 그 순간 안방에 모여앉아 있는 가족 친척들은 TV와 연결되었을 뿐 다른 가족 친척간의 감정교류 등은 이뤄지지 않는다. 모두 한자리에 모여 앉아있지만 모래알처럼 흩어져 있는 셈이다.

TV는 설이나 추석과 같은 명절의 주인공이 되는 일이 흔하다. 방송사도 프로를 편성할 때 안방에 모여 앉을 시간대에 모든 연령층이 동시에 시청할 수 있는 그런 것으로 하려고 노력한다. 1년에 기껏 한두 번 자리를 같이 한 전체 가족이 대화나 놀이로 시간을 보낼 수도 있다. 하지만 할아버지, 손자 손녀 등이 모처럼 자리를 같이 하면 공통의 화제나 시간을 보낼 거리를 찾기 쉽지 않다. 그런 틈새를 TV는 맹렬히 파고든다.

명절 때 같이 모여 보낼 수 있는 시간은 짧다. 모처럼 어른, 아이들이 자리를 함께 한 귀중한 시간을 잘 보낼 수 있는 방안을 찾는다면 색다른 경험을 할 수도 있다. 그러나 그것을 찾기는 쉽지 않다. TV의 프로 담당자들이 머리를 짜서 방영하는 프로들보다 더 재미있는 그런 놀이를 찾기 힘들기 때문이다. TV의 위력 앞에 무기력한 현대 가족의 모습이다.

우리 생활에서 흔한 놀이문화는 고스톱이 단연 으뜸이었다. 명절 때 이 놀이로 시간을 보낸다는 가족들이 지금도 적지 않다. 고스톱이나 TV시청의 공통점은 역시 머리 아픈 이야기는 생략하고 가족 구성원들이 부담 없이 즐길 수 있는 매개물에 몰두하면서 시간을 보낸다는 점이다.

미디어가 생활의 중심에 위치하면서 가족들이 거기에 연결될 뿐 가족들 간의 연결이 이뤄지지 않거나 느슨한 경우는 일상생활에서도 흔하다. 일반 가정은 흔히 부모와 자녀 한 둘로 이뤄져 있다. 자녀들이 귀가해서 컴퓨터에 매달리거나 TV를 보게 되번 부모와 대화할 시간을 갖기 힘들다. 공동으로 컴퓨터를 즐기는 기회는 거의 없기 때문에 자녀는 컴퓨터에 빠져 있고, 부모들은 자녀의 그런 모습을 지켜볼 도리 밖에 없다.

일부 가정에서는 가족들이 서로 자신이 좋아하는 프로를 볼 수 있도록 어린이의 방에도 TV를 설치하는 경우가 있다. 이 경우는 한 지붕 두, 세 가족이 사는 것과 같은 환경을 적극적으로 만드는 것과 같다. 깊이 생각해 볼 일이다.

가족 구성원들의 TV시청 시간은 대체로 여성이 남성보다 더 많다. 오늘날 가사노동은 전통 사회에 비해 크게 줄어들어, 전업 주부의 경우 많아진 여가를 TV시청으로 보내는 경향이 더 많아졌다. 우리 TV가 아침부터 연속극을 방영하는 것은 전업주부들을 주로 겨냥한 탓이다.

가족 구성원 가운데 TV 내용을 더 적극적으로 받아들이고 행동하는 경향은 연령이 낮을수록 심하다. 천진난만한 어린이들이 어른들의 춤을 흉내 내고, 성인 유행가를 노래하는 것을 웃음의 소재로 삼는 방송국이 적지 않다. 그러나 이는 어린이 문화를 파괴하는 그런 부작용도 있다.

가정의 일부가 된 TV가 막강한 미디어의 하나라는 것은 다 인정하지만 그것을 어떻게 받아들이는가 하는 것은 사람마다 다르다. 무비판적으로 그것의 존재를 인정해 안방 주인으로 모시는가 하면 아예 TV 끄고 안보기 운동을 벌이기도 한다. TV에 대해 어떤 생각을 갖느냐 하는 것은 시청자들이 왜 TV를 시청하려 하느냐에 크게 영향을 받는다.

9. 드라마와 바보상자

우리 TV에서 드라마는 아침부터 방영된다. 시청자가 좋아하기 때문이다. 젊거나 늙은 사람들의 사랑이야기, 고부간 갈등, 돈 버는 이야기, 성공하는 이야기 등등 내용은 다양하다. 사극도 줄을 잇는다. 오늘날 상상키 어려운 계급사회의 지배와 복종 관계가 묘사되는데도 사람들이 좋아한다. 오늘날 어른들 앞에서 젊은이들이 담배를 빼금거리는 것은 예사라서 윗사람에게 절대 복종하는 사극 속의 생활 풍속과는 판이하다. 그렇지만 시청자들은 이런 저런 드라마를 고루 좋아한다. 사람의 입맛이 다양하듯 드라마에 대한 기호도 그런 것인가?

드라마의 내용이 현재이건 먼 옛날이건 주인공의 설정은 엇비슷하다. 모든 주인공은 흔히 다른 등장인물보다 뭔가 특이한 점이 있는 인물상으로 설정된다. 그 특이한 점은 잘 생긴 외모이거나 인간승리를 거두는 그런 자질 등이다. 우리나라의 경우 주인공은 여간해서 사투리도 쓰지 않는다. 스포츠나 무술과 같은 기예의 달인으로 등장하기도 한다. 그리고 노력 끝에 뭔가 이뤄낸다. 대부분 성공하거나 그 가능성을 거머쥔 '해피 앤드'다.

드라마가 누구나 노력하면 뭔가 이룰 수 있다, 또는 성공할 수 있다는 신념을 강조하는 것을 비판적으로 보는 학자도 있다. 즉 실제 성공한 사람은 엄청난 노력의 과정을 거쳤다는 것을 전제하는 것으로 이는 현실 사회의 빈부 차이, 계급 구조 등을 긍정적으로 받아들이도록 하는 가치관이 저변에 깔려있다는 것이다. 미국 영화에서 성공한 흑인이나 유색인종이 어쩌다 등장하는 경우가 대표적 사례로 거론되기도 한다. 성공과 그것을 추구하는 노력은 개인의 결단과 원칙, 자기 희생, 운명의 개척과 같은 감동적인 과정을 수반하는 것으로 그려진다.

드라마의 존재 의의에 대한 견해 차이에 따라 그 평가가 달라진다. 드라마가 왜 있어야 하느냐에 대한 시각차이가 다양한 평가로 연결된다. 사람에 따라서 드라마는 우선 재미가 있어야 하며 어떤 교훈을 주려하는 것은 그 다음 문제라고 주장할 수 있다. 물론 정반대의 견해를 제시하는 사람도 있다 .이처럼 드라마의 평가는 십인십색일 수밖에 없다.

드라마의 모든 것에 대한 견해나 논란의 성격도 시대에 따라 달라질 것이라는 점 또한 분명하다. 예를 들어 민주화가 잘 되었거나 그렇지 않은 사회에서의 드라마는 큰 차이가 있다. 그에 대한 논의의 내용도 앞으로 계속 달라질 것으로 예상할 수 있다.

흔히 영웅적 주인공은 영화나 드라마의 단골소재다. 영웅이란 한 사회가 가장 바람직스럽게 여기는 문화의 가치체계를 형상화 한 것이기 때문이다. 반면 미디어에서 묘사되는 악당은 사회가 타기 시하는 부정적 가치체계를 상징한다. 악당들은 영웅이 반드시 준수하는 도덕이나 윤리에 구애받지 않으며, 대개 처음에는 거짓말을 하고 속이면서 승승장구하는 듯하다가 결국 정의의 심판을 받는 종말을 맞는 것으로 묘사된다. 선과 악이 다투는 것으로 설정되는 대부분의 영화나 드라마는 결국 선이 승리하고 정의가 지배하는 가치체계가 회복되는 것이다.

예를 들면 미국이 내세우는 대표적인 영웅인 슈퍼맨은 진실과 정의, 힘과 용기를 지향한다는 미국의 가치체계[2]를 대표하는 상징적 의미를 지닌다. 미국의 연예오락 산업은 슈퍼맨 뿐 아니라 배트맨, 스파이더맨과 같은 사회적 상징을 만들어서 돈벌이에도 활용한다. 그러면 우리 사회에서 미국의 슈퍼맨과 같은 상징은 누구일까? 아직 없는 듯하다.

우리 사회에서 여론조사 기관이 역사적으로 실존했던 훌륭한 인물 또는 정치인이 누구인가를 물었을 때 대부분 1등은 박정희 전 대통령이었다. 이러니 드라마나 영화의 소재로써 그는 대단히 적절한 인물로 꼽힌다. 슈퍼맨과 같은 상징이 없는 우리 사회에서 인간 또는 정치인 박정희가 몇 년 전 '영웅시대'의 간판스타로 나왔고, 그 조기 방영이 시끄러웠던 것도 다

2) 미디어 생산물을 분석해 보면 그 사회의 가치체계가 드러난다(Silverblatt, 2001 ; 64-69). 즉 드라마나 영화의 경우 배역설정은 사회적 가치체계를 의인화하는 것이기 때문이다.

이유가 있었다.

한국 드라마, 영화에서 성공한 인물은 대부분 직업이 의사, 정치인, 변호사, 사업가 등의 부유층으로 설정된다. 이들에 대한 선호는 그들의 직업이 사회적으로 비리, 부조리 등으로 많은 물의를 일으키는 것과 별 관계없이 선망의 대상인 것을 반영한다. 이처럼 성공과 실패에 대한 가치체계는 드라마 내용의 큰 줄기가 되어 있다. TV는 현대인의 의식세계를 지배하는 가장 강력한 미디어의 하나다. 그것은 드라마 등을 통해 우리 사회 속의 특정 요소를 두드러지게 부각시키거나 자칫 그것을 짓눌러 억압하는 두 얼굴을 갖고 있다. 그래서 정신 차리지 않으면 아차 하는 사이에 TV는 바보상자가 된다.

3 chapter

미디어와 보도

1. 저널리즘과 아카데미즘

사회적으로 파문을 일으킨 큰 일이 터졌을 때 '언론이 일을 꼬이게 만들었다'는 불만이 터져 나오는 일이 적지 않다. 정치인 등이 흔히 써먹는 수법이기도 하다. 언론이 부정확하게 보도해 일이 커졌다는 것이다. 그러나 그 부정확하다는 것도 자세히 살펴보면 오십보백보인 경우가 흔하다. 일반사람이 볼 때는 미세한 차이에 불과한데도 당사자들은 엄청나게 큰 차이라고 주장한다.

전문가들이나 정치인들은 언론 보도에 대해 비판적인 경향이 있다. 자신들이 오랫동안 쌓아온 전문성에 비춰 볼 때 언론 보도는 부정확하고 무성의하다는 것이다. 어쩌면 그런 면이 있을 수 있다. 대부분의 보도 기사는 기자가 판단해서 간추린 내용을 압축해서 중요하다고 판단되는 순서대로 몇 개 문장 속에 담아 놓은 것이다. 기사 가공 과정에서 어떤 내용은 단어 하나로 표현되거나 아예 빠지는 일도 흔히 있다. 기사는 학술 논문은 분명 아니며, 신문은 지면, 방송은 시간의 제약 때문에 최대한 압축해서 만들어야 하는 한계를 뛰어넘을 수 없다.

전문가들은 자신의 지식을 풀어놓을 때 지면 등의 제약을 받지 않고 상세히 쓴다. 전체 내용 가운데 큰 것은 물론 작은 것까지 다 쏟아놓는다. 이런 표현 방식의 차이가 저널리즘과 아카데미즘의 차이를 상징하기도 한다. 전문가들이 매스컴 기사 형식의 정보에 만족하지 못하는 것은 거의 피할 수 없는 일인지도 모른다.

우리는 매일 많은 신문. 방송을 통해 뉴스를 접한다. 그런데 동일한 주제에 대한 기사라 해서 다 똑같지는 않다. 때로는 기사 방향이 180도 다르기도 하고 엇비슷하지만 자세히 뜯어보면 분명 차이는 있다. 이런 차이가 미디어에 대한 호, 불호의 차이를 만든다. 신문, 방송들의 차이는 미디어 특성, 또는 색깔이기도 하다. 그런 차이에 익숙하거나 거기에 흠뻑 빠지는 사람도 있다. 그것이 신문 시장의 판도를 가르는 요인이다.

그렇다면 우리나라 신문시장의 70% 정도를 장악하고 있는 3개 중앙지는 색깔이 다른 신문들과 어떤 차이가 있을까? 우선 이들 3개지는 반세기만에 정권교체가 이뤄진 이후 집권세력과 각을 세우는 신문 제작을 한 것으로 강하게 인상 지워져 있다. 그리고 과거 집권세력에서 야당으로 입장이 바뀐 세력과 긴밀한 관계를 형성했다. 그러면 이런 정치적 색깔만이 이들 신문의 차별성을 결정지은 요인일까?

이들 신문은 그 기간 동안에도 선풍기, 자전거, 청소기 등을 신문시장에 엄청 뿌리면서 독자 확보에 노력했고, 그런 과정에서 살인 사건까지 터졌다. 이들 3가지가 70%의 시장을 차지하는 과정에서 유지한 신문의 색깔과 차별성, 경품 공세 등 어느 쪽이 더 비중이 컸는지 알 수는 없다. 그러나 앞으로 어쩌면 그것을 알 수 있을 기회가 생길수도 있을 듯하다. 공정거래위원회가 단속의 강도를 높이게 되면 신문사가 경품을 제공하거나, 무가지를 수개월씩 배포하는 일이 사라질 가능성이 크기 때문이다.

그런 불공정 행위가 적발되면 엄청난 신고포상금이 따라붙는다. 자전거, 선풍기, 청소기 등의 경품이 돌려지는 것은 옛이야기가 될지 모른다. 그러니 이들 3개지는 신문시장을 선점했다는 이점은 있겠으나 향후 신문을 어떻게 잘 만드느냐 하는 것으로만 경쟁을 해야 한다. 그러면 자연히 신문들의 색깔 차이가 신문시장 독자들에게 얼마나 영향력이 큰 것인지도 쉽게 판별될 것이다. 그때가 궁금하다.

교과서적으로 말하면, 신문의 상품가치는 기사 작성과 그 편집에 의해 크게 좌우된다. 그러나 우리나라 일간지들은 좌우익의 정치 노선이 공존하는 서구 사회처럼 신문 상품의 질이 다양하지 않다. 신문의 종류는 많지만 정치사회면 등 주요 면의 머리기사가 거의 비슷하다. 그렇다보니 제목달기 등의 편집으로 차이를 나타낼 수밖에 없다. 물론 주요 정치, 경제 정책이나 그 문제에 대한 시각차는 꽤 크기도 했다. 그러나 그것이 과연 신문시장에 결정적인 영향을 미쳤을까? 아직은 이에 대한 확답을 하기는 어렵다.

지난 반세기가 넘는 동안 냉전시대와 독재시대를 겪으면서 다수의 독자들이 그런 시대상황에 오염되었고, 그런 것이 보수 성향의 신문으로 기우는 요인이 되었을지 모른다. 그런 험한 세월 속에서 미디어 교육은 기피의 대상이었다. 정치민주화를 억압하기 위해 미디어를 바로 알 수 있는 기회를 원천 봉쇄할 필요가 있었기 때문이다. 과거 군사정권이 그렇게 한 것이 오늘날과 같은 미디어 문맹상태를 초래한 원인일 수도 있다.

오늘날 우리 사회도 민주화되면서 사안에 따라서 보수지와 진보지가 동일한 보조를 취하는 일도 흔하다. 참여정부 대통령에 대한 예의, 호감도 등에서 차이는 분명히 있지만 그것은 어쩌면 사소한 일이다. 어차피 언론과 정치권력은 건강한 긴장관계를 유지하는 것이 정상이기 때문이다. 최고 권력자를 무조건 좋다 추켜세우거나 억지로 깎아 내리는 것이라면 그것은 이미 정상적인 언론이 아니다.

2. 기사는 기자의 분신

기사 하나가 세상을 바꾸기도 한다. 이런 기사는 특별히 가공을 하지 않아도 그 약발이 대단하다. 그러나 이런 기사가 매일 나오는 것은 아니다. 어쩌다 한 건 터진다. 기자생활을 하면서 희대의 특종을 하는 경우는 행운이라 한다. 열심히 뛰는 기자가 그런 행운의 주인공이 된다.

기자들은 매일 승부한다. 좋은 기사를 발굴하기 위해 전력투구한다. 특종이라면 조상도 판다는 이야기도 있다. 기자에게 기사는 자신의 분신과 같은 것이다. 기사는 상품이다. 그래서 매일 뉴스 소비자들에게 평가를 받는다. 기사의 차이는 결국 기자 자질의 차이로, 소속 언론사의 우열로 연결된다. 동일한 사건, 사고에 대한 기사들이 언론사 수만큼이나 다양하게 쏟아지지만 그 가운데 눈에 확 띄게 두드러진 좋은 기사가 있기 마련이다.

기사를 보면 취재를 어떻게 잘 했는지, 중요한 것 가운데 무얼 빠뜨렸는지 등을 한 눈에 알 수 있다. 그러나 최고였다는 승리감도 하루뿐이다. 시간은 흐르고 사건, 사고는 또 터진다. 평지돌출하는 특종도 있다. 피 튀는 경쟁이 이어지는 것이다. 요즘은 미디어들이 엄청 많아 경쟁은 거의 무한대다.

시장에서 판매되는 신문의 수명은 하루다. 그래서 신문을 하루살이라 칭하기도 한다. 방송 뉴스는 시간의 제약을 더 받는다. 시시각각 변화하는 상황을 담아서 기사화해야 한다. 그래서 기자는 밥을 제 때 먹을 수도 잠을 잘 자기도 어렵다. 한시도 맘을 놓지 못한다. 그만큼 노동 강도가 높다. 기자들의 평균 수명이 다른 직종에 비해 짧다는 통계도 있다.

방송과 신문들은 주요뉴스 시간 첫 기사 또는 1면 머리기사로 매일 승부한다. 인터넷 매체는 실시간대로 새로운 기사를 올리지만 역시 경쟁매체의 기사를 의식치 않을 수 없다. 방송과 신문의 보도 및 편집국장들은 매일 어떤 기사를 그 날 머리기사로 올리느냐로 고민한다. 그들은 머리기사 예비 후보를 여러 개 놓고 씨름한다. 동시에 다른 경쟁매체들이 어떤 기사를 들고 나올 것인가에 신경을 곤두세운다.

신문 머리기사의 전달효과는 그 제목에 의해 크게 좌우된다. 제목은 관련 뉴스 내용을 압축하고 있으며 그날 신문에 대한 첫 인상을 결정짓는다. 미디어 산업의 경쟁 격화 때문에 신문과 TV의 머리기사 제목은 수용자들의 관심을 한 눈에 끌어 모을 수 있게 한다. 때로는 성적 관심 등을 유발하도록 제작되기도 한다.

신문 1면 머리기사 제목은 갖가지 형태로 나타난다. 가로쓰기 신문으로 통일된 오늘날 제목크기가 왼쪽 끝에서 오른쪽 끝까지 차지하는 이른바 '통단 제목'을 활용하는 경우가 많다. 이 때 글자를 검은 글자로 하거나, 검은 바탕에 흰 글자를 쓰는 경우 등 다양한 방식으로 효과를 극대화시키려 한다.

큰 제목으로 기사의 비중을 알리려 매체 종사자가 노력할수록 독자들이 판단할 여지는 적어진다. 서구 신문 가운데 권위 있는 일부 유력지들은 신문 기사의 판단은 최종적으로 독자의 판단에 맡긴다는 취지에서 기사 제목은 가급적 작게 쓴다. 우리나라 신문들이 일면 머리기사 제목을 통 단으로 뽑는 일이 흔한 것은 깊이 자성해 볼 일이다.

제목을 뽑는 편집기자는 가장 적절한 단어와 문장 선택에 노력 한다. 그것이 너무 자극적으로 치달으면 곤란하다. 제목다는 편집 기자와 기사를 쓴 기자가 다르기 때문에 때로는 기사의 내용과 차이가 있는 제목이 붙어 독자를 혼란스럽게 하는 경우도 있다.

특정 신문을 선호하는 소비자는 눈에 띄는 1면 머리기사의 영향을 크게 받지 않는다. 무조건 사서보고 즐기는 식이다. 열혈 독자가 그들이다.

신문의 경우 같은 면이라 해도 기사가 면 위쪽 또는 아래쪽에 실리느냐에 따라 독자들에게 주는 영향에 차이가 있다. 위쪽에 실린 기사를 독자들은 더 중요한 기사로 받아들인다. 거리의 신문 판매대에 신문을 진열할 경우 신문의 절반이 접힌 상태다. 신문의 윗면만이 소비자에게 보이고 아랫부분은 보이지 않는다. 이 또한 신문을 구독하는데 결정적인 영향을 미친다. 많은 신문이 가판대에 진열되었을 때 행인들은 눈에 확연하게 띄는 기사를 보고 어느 신문을 살까를 결정하기 때문이다.

방송 뉴스 담당자들은 시청자들의 주의를 끌기 위해 많은 노력을 한다. 예를 들어 뉴스 시작 부분에 자극적인 음악과 함께 자막과 육성으로 주요 기사들의 중심 내용을 소개한다. 시청자가 채널을 고정시키게 하기 위해서다. 뉴스의 시각적 효과를 살리기 위해 뉴스 내용과 직접 관련이 없는 영상을 '자료화면'이라는 자막과 함께 내보내기도 한다.

뉴스 배치에 따라 수용자에게 주는 영향에 차이가 있다는 점을 매체 경영자들이 악용하는 경우도 있다. 매체 소유주나 매체와 긴밀한 관계에 있는 기업체가 불미스러운 사건 등에 연루되어 사회적인 비판을 받게 되었을 때 관련 기사를 독자나 시청자의 주목도가 낮은 쪽에 배치하는 것이다. 기사를 신문의 주요 면이 아닌 곳이나 방송 뉴스의 뒷부분에 내보내는 방식이다.

보도국장과 편집국장들은 보도국 회의나 편집 회의에서 기사 선정 시 의견이 엇갈릴 때 최종 결정권을 행사한다. 이 같은 결정은 회사 내의 노조나 기사 심의 기구에 의해 사후에 주기적으로 평가를 받는다. 또한 외부의 언론 모니터 기관들이 예민하게 주시하고 있다. 이들은 언론사 안팎으로부터 견제를 받는 힘든 작업을 하고 있다.

3. 인터넷 시대의 언론보도

요즘 언론인은 자신의 기사가 보도된 후가 더 걱정이다. 기사 취재와 작성에 온 힘을 쏟지만 그것으로 끝나는 것이 아니다. 휴식도 잠시 뿐이다. 다시 긴장하고 마음을 가다듬어야 한다. 인터넷으로 쏟아져 들어오는 독자의견 때문이다. 댓글을 올리는 사람이 실명을 밝힐 경우 예의를 갖추지만 그렇지 않은 것도 많다. 오장육부가 뒤집히는 모욕이나 욕설도 튀어나온다. 그것을 보아도 무심히 보아 넘기는 신경을 지니기는 쉽지 않다.

그러나 기사가 보도된 후 아무 반응이 없는 것도 신경 쓰이는 일이다. 언론 시장이라는 벌판에서 고함을 질렀는데 아무 메아리가 없다? 좋다, 싫다 하는 반응이 있어야 하는 것 아닌가? 이것 또한 보통 일이 아니다. 불길한 생각을 떨쳐 버리기 쉽지 않다. 형편없는 기사라서 그런가? 아무도 읽지 않아서 인가? 자신의 기사에 대해 인터넷에서 반응이 없을 때의 적막감은 불안감으로 온다.

기자와 독자의 의사소통이 가능한 인터넷 시대는 긴장감 넘치는 그런 시대다. 그것이 인터넷 시대의 특성이다. 십여 년 전만 해도 기자와 독자 간의 의견교환은 전화나 서신으로만 가능했다. 언론사 전화통을 사이에 두고 고성이 오간 일이 적지 않았다. 또한 서신을 통해 조목조목 기사의 잘못을 지적하는 분들도 있었다. 그러나 그 영향력은 인터넷에 비해 극히 미미했다.

전화는 의견이 교환된다 해도 녹음해 놓지 않으면 눈으로 확인할 흔적이 남지 않았고, 서신은 도착하는데 시간이 걸리는 약점이 있었다. 오늘날 인터넷을 통한 의사 전달은 즉각 이뤄진다. 쏟아져 들어올 때는 서버가 다운될 정도다. 모두가 시각적으로 확인하는 실제 상황의 영향력은 엄청나다.

과거에는 언론의 보도기능이 하나의 특권처럼 인식되었다. 정보 소비자인 독자나 시청자들이 언론에 영향을 미치는 방법이 제한적이었던 탓도 크다. 그러나 인터넷 시대가 되면서 크게 변하고 있다. 대중매체의 높은 문턱이 낮아지고 있다. 언론에 대한 비판이 일상적으로 이뤄진다. 언론은 원래 남을 비판하지만 자신이 비판받는 것엔 인색한 면이 있었다. 언론이 비판받지 않는, 반론을 허용치 않는 불균형적인 자유를 독과점하던 시대는 작은 흔적만 남았다.

언론은 민주사회에서 가장 강력한 영향력을 지닌다. 정치권력도 그 앞에선 무력하다. 우리나라에서 언젠가 고위공직자들이 줄줄이 낙마한 것은 언론이 문제제기한 결과다. 언론의 문제제기에 대해 정부는 '문제될 것이 없다'고 버텼지만 결국 당사자들은 보따리를 싸야 했다. 여론의 힘 때문이다. 여론은 언론을 통해 형성되는 측면이 가장 강하다는 점에서 언론의 콧대는 앞으로 더욱 높아질 가능성이 크다.

언론 권력은 그 내부를 살펴보면 인터넷 대안매체들의 등장으로 큰 구조적 변화가 일어나고 있다. 우리나라의 경우 수많은 온라인매체는 기존의 신문과 방송처럼 모든 정보를 제공하지는 않지만 민감한 사안에 대해 집중적으로 보도, 정보시장의 질적 변화를 선도한다. 신문과 방송의 규격화된 보도 관행에 큰 충격을 주고 있다. 인터넷은 시간의 제약을 받지 않는다. 한 밤중에도 필요하면 기사를 올린다. 또 지면이나 정규방송시간대와 같은 제한도 없다. 방대한 분량의 정보를 거의 동시에, 때로는 동영상을 곁들여서 쏟아낸다.

온라인 매체는 특히 기존 신문과 방송 매체의 주요 사안에 대한 보도를 비판하면서 대안을 제시한다. 온라인 매체간의 상호비판도 활발하다. 네티즌들도 상호검증의 주역들이다. 기사의 정확성 여부를 포함한 자신들의 견해를 언론매체에 신속하게 보내서 모두가 볼 수 있게 하고 거기에서 격렬한 토론이 일어나기도 한다. 이 같은 과정 속에서 언론매체는 물론 기자들은 강한 영향을 받는다. 언론의 질적 변화가 가속화되면서 여론 시장이 활성화되고 있다.

신문과 방송의 보도에 대한 비판은 80년대 말 한겨레신문 창간 직후 매체 비평 란을 통해 국내 일간지 사상 최초로 시도되었다. 당시 독재정권의 하수인으로 전락한 기존언론의 부적절함을 비판해야 한다는 사회적 요구가 높았다. 그러나 그것은 오래가지 못하고 중단되었다. 국민이 직접 투자한 대안언론으로 등장한 한겨레신문도 창간 후 제도언론의 관행에 매몰되는 '불행'을 피하지 못한 것이다.

우리나라처럼 광복이후 적절한 과거 청산의 과정을 거치지 않았던 사회적 특성 속에는 언론과 언론인의 카멜레온적 변신이 숨어 있다. 과거의 잘못된 언론행위에 대해 책임을 묻거나 스스로 책임지지 않는 불합리가 바로 잡히지 않았다. 이로 인해 군부독재를 합리화시키는 논조를 전개했던 언론인이 민주화가 달성된 후 더욱 활개를 치는 비극적 희극이 계속된다. 그들은 오늘날 민주 언론의 우산 밑에서 비뚤어진 논조를 양산하고 있다. 그러나 그들의 앞날이 밝은 것은 결코 아니다. 시대가 변화하고 있기 때문이다.

인터넷 시대가 본격화되면서 비양심적인 언론인들의 잘못된 행적이 공격의 대상이 되는 일이 자주 벌어진다. 해방이후는 물론이고, 일제하에서의 친일 언론인에 대한 사실 확인 작업도 활발하다. 종전에는 특정 언론인이 일제 강점기, 군부독재시절이나 민주화 투쟁기에 얼마나 반민중적인 나쁜 글을 썼는가 하는 것을 널리 알리기가 어려웠다. 그러나 지금은 달라졌다. 당연히 역사를 두려워하고, 책임의식이 강한 글을 써야 하다는 사회적 인식이 정착되고 있다.

인터넷 시대는 투명한 시대다. 언론 상호비판은 더욱 활성화될 것이고 미디어에 대한 소비자들의 견해 표시도 그럴 것이다. 여론시장에서 경험치 못한 변화가 급속히 진행될 것이다. 그 변화는 나날이 격렬해지고 있다. 매우 바람직한 변화다.

4. 기사는 디자인이다

요즘은 디자인 시대다. 제품의 콘텐츠가 아닌 제품의 디자인이 시장에서의 승패를 좌우한다. 과학 기술이 보편화되면서 제품의 질은 메이커들이 다양해도 엇비슷하다. 그래서 제품 내용도 중요하지만 제품이 소비자의 시선을 잡아끌고 결국 사게 만드는 시각, 촉각적인 측면을 매우 중요시 하게 되었다. 제품의 콘텐츠가 아무리 훌륭해도 소비자에게 호감을 주는 외양이 아니면 성공하기 어렵다. 기사도 콘텐츠가 중요하지만 무엇을 앞세우고 강조하느냐를 가장 많이 따지는 상품 가운데 하나다. 언론에서는 오래전부터 그 기법에 대한 고민이 이뤄져 왔다.

기자들은 기사의 첫 문장 쓰기가 가장 힘든 다고 말한다. 첫 문장 때문에 하루 종일 애를 먹기도 한다. 마냥 끙끙대는 사람도 있다. 뉴스의 첫 문장에는 관련 내용의 가장 중요한 정보가 압축되어야 하기 때문이다. 그것만 잘 되면 기사 쓰기의 절반은 끝난 것과 같다는 것이다. 기사 작성 방식은 흔히 주요한 내용 순으로 문장을 배열하는 역 삼각형이다.

이 같은 기사 쓰기 방식은 19세기 통신으로 뉴스를 전달하기 시작하면서 도입되었다. 당시 통신수단은 예고 없이 고장이 나는 일이 많아서 제한된 시간에 가장 핵심적인 내용을 전달하는 것이 중요했다. 주요뉴스의 배경이나 상세한 설명이 포함된 기사는 여유 있는 시간대를 택해 전송되었다.

역삼각형 기사형식은 기사가 계속 쏟아져 나오는 상황에서 특히 유용하다. 기사가 아무리 길다 해도 첫 문장에 필요한 내용을 담고 있어서 그 아래 부분부터 몽땅 잘라버릴 수 있기 때문이다. 기사의 분량을 줄이는 일은 기사 사이에 광고를 끼워 넣기 위해서도 필요하다. 역삼각형 기사의 작성에서, 가장 중요하거나 그렇지 않은 내용을 판단하는 일은 쉽지 않다. 그래서 기자들이 더욱 애를 쓴다.

동일한 사안에 대한 기사를 여러 기자가 쓸 경우 다양한 기사들이 생산된다. 중요하다고 판단하는데서 개인차가 나타나는 것이다. 이와 함께 기사 작성 과정에서의 실수나 취재 부족 등도 그리 드문 일이 아니다. 기사의 제목, 또는 첫 문장이 전체 기사의 내용과 따로 노는 경우도 있다.

기자는 기사로 말한다. 기사는 매일의 역사를 담는 그릇이다. 기사는 역사학자가 쓰는 역사보다 쓰기가 더 어려운 점도 있다. 역삼각형으로 기사를 가다듬어야 하기 때문이다. 역사학자는 연대순으로 잘 정리하면 된다. 그러나 기사는 연구 논문이나 리포트와는 다르다. 기사 두어 문장으로 전체 내용의 중요 부분을 담아내야 한다. 기자는 그런 힘든 일을 하는 사람이다.

기자는 항상 깨어 있어야 하고 취재에서부터 기사 작성에 이르는 과정이 냉정하게 이뤄져야 한다. 기사는 기자의 손을 떠나면 그 성격이 달라진다. 개인의 영역에서 사회적 영역으로 격상되는 것이다. 기사가 사회에 전달되면 그 것은 살아 움직이면서 사람들에게 영향을 미친다. 때로는 전체 사회가 들썩이게 된다. 그래서 기사에 대해서 기자는 무한책임을 요구받는다. 단어 하나부터 신중한 선택이 요구되는 이유가 여기에 있다.

방송 뉴스는 대부분 짧다. 몇 개 문장으로 주요 내용을 담아낸다. 이것은 방송기자들에게 큰 고민이다. 대부분의 사건사고들은 원인과 결과가 그리 간단치 않다. 그러나 그런 것을 방송 전파에 다 실을 수는 없다. 다른 많은 뉴스들이 줄지어서 방송순서를 기다리고 있기 때문이다. 가급적 기사 분량을 줄인다. 시청자들에게 정확한 사실을 간략한 문장으로 전달해야 한다는 것은 매우 어려운 일이다. 때로는 너무 압축하다 보면 6하 원칙을 무시하는 경우도 있다.

TV방송 뉴스 가운데 중요한 것은 현장에서 기자가 기사를 만들어 직접 리포트 한다. 그러나 다 그런 것은 아니다. 크게 중요하지 않은 대부분의 기사는 뉴스 진행자가 읽는 식이다.

온라인 매체 기자들은 행복한 편이다. 자신이 쓴 기사가 실리지 않을 걱정은 안 해도 된다. 그러나 신문이나 방송은 열심히 쓴 기사라 해서 다 보도되는 것은 아니다. 보도되지 않는 경우가 많다. 그것의 생사는 방송 시간이나 지면의 제약에 달려 있다. 또 다른 기사와의 관계, 광고 등의 요인도 주요 고려사항이다.

기사의 생사와 얼마나 비중 있게 보도되느냐 하는 것도 매일 상황에 따라 달라진다. 독자나 시청자 등은 기사 선정과 배제의 과정을 전혀 알 수 없다. 다른 신문, 방송 등과의 비교를 통해 간접적으로 확인할 수 있을 뿐이다.

기자는 자신의 기사의 생사에 관심이 크다. 자신의 생산물이 어떻게 다뤄지느냐에 신경을 곤두세운다. 될 수 있으면 비중 있게 보도되기를 희망한다. 방송의 경우 자신의 뉴스가 앞부분에 나오면 일단 안도한다. 마찬가지로 신문의 경우도 1~4면 등에 나오는 것을 선호한다.

신문 제작의 관행이 점차 바뀌면서 1면에 등장하는 기사메뉴가 과거와 달라지고 있다. 국내일간지들은 스포츠, 기업 경영, 오락물 등을 파격적으로 1면에 자주 올리고 있다. 젊은 독자층이 좋아하는 기사가 기성세대와 달라지고 있기 때문이다. 그래서 이런 분야를 취재하는 기자들의 사기도 올라가고 있다.

5. 상식이 아닌 것이 뉴스

뉴스란 일상적이 아닌 것으로 제한되어 있다. 그것은 상식에서 벗어난 것만을 주로 다룬다.

노무현 대통령의 경우처럼 일반인들의 대통령에 대한 이미지에서 벗어난 언행을 할 경우 그것은 지속적으로 언론의 주목을 받는다. 노 대통령의 파격적인 언행이 역대 대통령의 품격과 동일하지 않거나 못하다고 여겨질 때 언론은 그것을 즐겨 다룬다. 사람들이 그런 기사에 관심을 갖는다는 사실을 잘 알기 때문이다.

사람들은 흔히 자신보다 잘 나가는 사람이 자신보다 열등할 때 그것을 즐기는 성향이 있다. 그런 취향은 자기만족을 얻는 방법가운데 가장 효율적인 것이다. 노 대통령은 이런 점에서 언론과 일반 사람들에게 끊임없이 서비스를 한 셈이다.

노 대통령의 예에서 보았듯이 뉴스는 보통 사람이 어떻게 살아가고 있는지에 대해 거의 관심이 없다. 언론인들은 인기 연예인이나 정치인, 흉악범 등을 다룬다. 또 사회를 사건, 사고를 통해 보려 한다. 평상시에 문제가 발생하지 않는 곳은 신경 쓰지 않는다. 그러다가 문제가 생길 경우 그 문제를 출발점으로 삼아 그것이 발생한 분야를 온통 뒤집어 헤쳐 놓는다.

독자를 놀라게 하지 않는 것은 뉴스가 아니다. 뉴스의 대상은 일상적인 것이거나 상식적인 것이 아니다. 사람들이 뉴스를 원하는 것은 비일상적이고 충격적인 것을 원하는 인간의 호기심과 관련이 있는 듯하다. 인간은 정보 욕구가 있다. 자신이 아는 것은 남에게 알리고 싶어 하고, 언론이나 다른 사람으로부터 새로운 정보를 듣고 싶어 한다. 그것은 즐거움을 준다. 이런 정보욕구 때문에 사람들은 타인과 만나려 하고 집단을 이뤄 생활한다.

정보는 살아가는데 필요한 기초적인 지식이기도 하다. 맹수나 천재지변 등의 위험을 빨리 알아야 생존이 가능했고, 외적의 침입을 알아야 방어나 도피 등이 가능했다. 이처럼 인류는 태초부터 정보를 주고받는데 익숙했고 자본주의가 발달하면서 정보는 부를 증식하는 주요수단이 되었다. 그것은 현대까지 뉴스의 수집과 전달 방식의 개선, 대중매체의 발달로 이어졌다. 대중매체를 중심으로 한 미디어 시대가 도래 하면서 대중매체는 정치권력보다 더 강한 영향력을 행사하게 되었다.

인류의 역사는 정보를 전달하는 방식의 발달에 따라 통치 및 국가형태가 변했다. 입으로만 뉴스를 전하던 시대의 인류는 그 생활영역이 종족별로 나뉘어 사는 형식이었다. 그러다가 문자가 발명되고 정보를 나무판이나 진흙 판에 써서 멀리 전달하는 방법이 개발된 뒤로 그리스와 로마, 중국에서 대 제국의 건설이 가능해졌다. 인쇄기가 대중화되면서 민주주의에 대한 사회적 인식이 확산되었고, 미국 독립전쟁이나 프랑스 혁명도 발생했다.

19세기 초까지 신문은 말이나 배가 달릴 수 있는 속도 이상으로 빠르게 뉴스를 수집하거나 전달하지 못했다. 18세기 초 뉴스가 영국에서 미국까지 도달하는데 걸린 시간은 40여일이었다. 배의 항해 속도가 대륙 간 뉴스 전달 속도였다. 증기기관차의 발명으로 뉴스 전달 속도는 기차 속도만큼 빨라졌다. 전신(電信)이 가능해지면서 혁명적인 변화가 왔다. 전자미디어는 시간과 공간의 개념을 크게 변화시켜 지구촌 시대를 열었다. 세계가 하나의 뉴스 권으로 연결되었다.

뉴스는 라디오, TV, 컴퓨터의 등장으로 큰 변화를 겪고 있다. 라디오는 주요 뉴스들을 즉각 청취자들에게 전달했다. 그때 짧은 문장, 쉽고 명확하고 간결한 단어 사용이라는 뉴스 스타일이 자리 잡았다. 라디오는 간단한 장비로 현장감 있는 뉴스의 전달이 가능한 경제적 매체다. 라디오 뉴스 보도는 초기에는 신문의 보도기법을 모방해 '말하는 신문'으로 여겨졌다. 라디오는 제2차 세계 대전을 통해 뉴스, 선전 매체로서의 위력을 발휘했다. TV가 등장하면서 라디오의 위세가 급격히 약해질 것으로 예상되었으나 지역별로 특화한 라디오 방송 등으로 여전히 강력한 매체로 존재한다.

TV 뉴스는 영상과 함께 보도되는 특성으로 그 전달효과가 가장 높다. TV가 뉴스를 전달하는 형식은 원시시대의 입으로 직접 전달하는 형식과 유사하다. 시대가 변했지만 인류는 가장 원시적이었던 정보 전달 방식을 기계문명으로 재생한 것이다. TV는 제 2차 세계 대전 동안 그 발전이 정지되었다. 미국 CBS, NBC가 1950년대에 자체적으로 필름 뉴스를 제작 방영했고 1960년대는 그 위력이 발휘되기 시작했다.

대통령 후보 케네디와 닉슨의 TV 토론은 영상매체가 정치에 직접적인 영향을 미친 대표적인 사례의 하나다. 이후 정치는 미디어 정치의 영역으로 넘어갔다. 인터넷 매체가 발달하면서 가상 공동체가 존재하는 등 정보 환경은 급격히 변하고 있다. 인터넷의 등장은 과거 신문, 방송 등 거대매체에 장악되었던 보도 시장에 큰 충격을 주었다. 인터넷은 무제한적으로 뉴스를 실시간에 보도하는 특성을 자랑한다. 이처럼 수많은 미디어의 등장으로 정보 과잉시대가 되었다. 그러나 인간은 아직도 더 생생하고, 더 자극적인 정보를 원한다. 인간의 정보 욕구는 그 끝이 아직 보이지 않는다.

6. 미디어는 세계를 다 보여주지 않는다

"대중매체는 의식과 현실 사이에 자리 잡고 있다. 그것은 선택적으로 사회를 반영하기 때문에 사람들은 대중매체에 의해 창조된 세계 속에서 산다. 그 결과 사람들은 자신이 신문과 방송을 통해 정보를 입수하기 전에는 자신의 눈앞에 펼쳐진 현실을 믿지 못하는 경향이 있다.[1]"

위와 같은 미국 학자의 언급은 매스컴이 인간의 현실 인식에 얼마나 직접적인 영향을 미치는가를 지적하고 있다. 대중매체는 대중을 지도, 통제하고 조작하는 기능이 있다는 것이다. 그렇다 해도 오늘날처럼 많은 매체가 공존하는 상황에서 대중 조작을 노리는 일방적인 정보 전달은 불가능하다. 과거 언론의 독과점이 존재하던 시대만큼 왜곡된 정보로 인한 부정적인 영향은 염려할 것은 없다.

미디어는 세상을 두루 비추려 노력한다. 권력만을 뒤쫓아 아양 떠는 해바라기성 미디어는 별로 없다. 이러다 보니 미디어가 민주주의 발달에 기여하고 있다. 민주주의가 미디어의 자유를 보장했지만, 미디어도 민주주의에 영향을 미치고 있다. 미디어는 세계로 열린 창이지만 모든 것을 다 비추지는 않는다. 그것은 현실 사회와 관련이 있다. 독재자가 강건했던 시절은 미디어는 독재자만을 주목했다. 민주화 운동에는 냉담했다. 우리의 참담했던 군사정부 시절의 언론의 상징은 '땡 전 뉴스'였다.

미디어가 전달하는 대상은 사회의 힘의 관계를 반영한다. 그 힘은 정치나 자본의 권력에 국한하지 않는다. 문화 분야도 마찬가지다. 예를 들면 미국 여성잡지의 경우 1970년대에는 페미니스트 운동에 대한 기사가 많이 다뤄졌으나 1990년대 후반

1) 이 같은 대중매체 효과를 Mills는 심리적 문맹(psychological illiteracy)과 같은 상태라고 묘사했다(W. Mills. 1956 ; 311-315)..

에는 그것이 거의 자취를 감췄다. 대신 각종 문화 행사나 개인 일상생활, 점성술 등에 대한 기사가 주류를 이루었다 (Silverblatt, 2001 ; 48-51).

미국 여성 잡지의 남녀관계에 대한 기사도 1970년대의 경우 여성의 행복 또는 남녀의 동등한 행복에 초점을 맞췄다. 그러나 1990년대 후반에는 남자의 시선을 사로잡고 남자를 기쁘게 하는 방법에 대한 것으로 변했다. 이 같은 미국 여성잡지의 내용 변화는 미국 사회에서의 페미니즘 운동의 퇴조를 반영하고 있다. 그것은 또한 발행부수의 증가와 함께 나타나 소비자의 기호와 정치적 관심의 변화를 나타낸다.

미디어 속의 문화는 어떤 고정관념의 성격을 지닌다. 문화적 고정관념은 우리가 무비판적으로 받아들이는 하나의 신념 체계다. 그것이 반드시 진실이 아닐 수도 있으나 그 영향력은 대단하다. 유행가의 주제는 흔히 사랑, 이별, 그리움과 같은 것들인데 이는 한 개인의 정체성이 연인이라는 대상에 의해 좌우될 수 있다는 문화적 고정관념이 바탕에 깔려 있다.

사랑을 노래하는 통속적인 유행가를 뒷받침하는 고정관념에 따르면, 사랑이란 자신을 주체할 수 없게 만드는 신비한 힘이다. 그것은 또 무서운 마력을 지니고 있다. 누구든 사랑에 빠지면 그 대상에 의해 일상생활이 결정되며 심지어 죽음에 이르기도 한다. 즉 사랑은 매우 위험한 일로 사랑이 깨지면 자신의 정체성, 자존심, 때로는 생존의 이유까지 상실한다는 것이다. 이런 고정관념 메시지를 미디어는 지속적으로 재생산한다.

미디어 기술의 발달은 대중문화를 보급하는데 결정적인 역할을 담당한다. MP3가 실용화되면서 음악이, 캠코더가 보급되면서 생활상을 필름에 담는 문화가 활짝 피는 식이다. 그러나 미디어와 대중문화의 역사를 보면 초기에는 그리 순탄치 않았다. 대중문화를 부정적으로 인식한 고급문화 애호가들은 미디어를 정보와 문화의 합리적 전달 수단으로 인정치 않았다.

18세기 유럽에서는 여자들이 소설을 읽지 말 것을 충고했는데 그 이유는 소설이 여인들의 건전한 사고방식을 지닐 수 없게 만든다는 것이었다. 사진 또한 19세기 유럽에서 고급문화 애호가들의 공격을 받았다. 그것은 사진이 예술의 경지를 침범함으로써 예술이 직면한 최악의 적이 되었다는 이유 때문이었다. 수 십 년 전에 구미에서는 팝 음악이 젊은 사람들의 상상력을 파괴하고 정당한 교육에 필수적인 사고방식과 예술관을 지닐 수 없게 만든다고 비판받기도 했다(Silverblatt, 2001 ; 51-61).

오늘날 미디어는 새로운 영역으로 발전을 거듭하고 있다. 뉴미디어 시대는 여러 미디어들의 융합으로 과거에는 상상도 하지 못했던 정보들이 가공, 전달, 활용된다. 뉴미디어 시대의 진전은 지속적으로 미디어 세계가 창출되고 있다는 의미다. 그것은 우리의 의식과 감각의 세계를 지배한다. 그리고 사회에 충격을 주면서 사회의 변화를 촉발한다. 미디어는 세계로 열린 창이면서 그 나름대로의 독창적인 세계를 창조하고 있다. 미디어를 확실히 파악하지 않으면 인간이 미디어에 지배된다. 그것이 정보화 시대의 빛과 그림자다.

7. 미디어 보도는 '하루살이'

언론은 그날그날 발행한 중요 사안만을 집중 다룬다. 국내 정치 경제 등 주요 보도는 최신 상황만을 주로 담는다. 방송, 신문은 제한된 시간과 지면 속에서 보도를 하기 때문이다. 이 같은 기사의 특성 때문에 짧은 기사만으로 복잡한 세상사를 이해할 수 는 없다. 과거에 벌어진 관련내용을 알고 있지 않으면 정확한 이해가 불가능하다. 긴밀하게 돌아가는 대형사건 사고의 경우 하루 이틀 관련 기사를 차분히 챙겨 읽지 않은 사람은 언론매체의 보도만으로 지적 욕구를 충족시키기 어렵다.

신문 독자의 신문에 대한 의존도는 매우 높다. 즉 92%는 전체 신문을 대충 훑어보지만, 일반적으로 대부분의 사람은 신문의 1/5 정도를 읽는 것으로 나타난다. 또한 사람들은 하루에 두, 세 번씩 신문을 찾아 읽는데 이는 영화나 세일즈 광고 등을 보기 위한 것이다((Silverblatt, 2001 ; 166). 신문은 일상생활에 필요한 정보 안내자의 역할을 하고 있다.

우리나라 국민의 매체별 하루 평균 이용시간은 2002년의 경우 TV가 163.7분으로 2000년의 174.1분에 비해 줄어든 반면 신문 37.3분(35.1분), 라디오 70.6분(61.2분), 잡지 13.0분(10.5분), 인터넷 77.0분(42.2분) 등은 늘어났다. 이는 한국언론재단이 한국리서치에 의뢰해 2002년 8월 26일부터 9월 14일까지 전국(제주도 제외)의 성인남녀 1.255명을 대상으로 면접조사를 실시한 결과다(한국일보, 2002년 11월 28일).

일상적인 개인의 습관도 신문을 읽는 방법에서 차이를 나타낸다. 즉 개개인의 취향에 따라 자신이 좋아하는 면, 예를 들면 스포츠 면이나 경제면, 정치면 등의 순서대로 신문을 읽는 방식이다. 사설이나 특정인의 칼럼을 즐겨 읽는 경우는 그 신문에 대한 신뢰도가 높은 경우에 해당한다.

독자들에게 기사 가운데 자신과 직간접적 관계가 없는 외국의 지명과 외국 정치인 등에 대한 것은 낯설다. 더욱이 많은 다른 나라의 정세 또한 복잡해서 간략히 최신 정보만 싣는 외신 기사로는 무슨 내용인지 이해하기도 쉽지 않다. 머나만 외국에서 복잡한 이해관계가 걸린 문제가 매일 양상을 달리하면서 전개될 때는 더욱 이해하기 어렵다. 이러면 관련 기사를 읽지 않게 된다.

기나긴 세월 동안 실타래처럼 얽힌 중동, 아프리카 등지의 사태를 정확히 이해하기 위해서는 특별한 노력이 필요하다. 관련 내용을 인터넷에서 검색하거나 그것을 전문적으로 다룬 단행본을 참조해야 한다. 그래야 입체적인 상황파악과 이해가 가능하다. 그래서 외신 기사는 쉽게 이해가 가능한 대형사건 사고 등을 주로 다룬다. 이것은 독자들이 사전 지식이 없어도 쉽게 읽어 내려가기 때문이다. 예기치 않은 대 참사, 화산 폭발, 지진, 홍수 같은 기사들은 단순한 정보 제공만으로도 독자나 시청자를 만족시킬 수 있다.

중동 사태나 북한 핵문제처럼 그 원인이나 전개과정이 매우 복잡하고 긴 세월에 걸쳐 진행된 국제뉴스일 경우 오해도 생긴다. 기사 속에는 가장 최근에 일어난 것만을 단순화 시켜 표현하는 경우가 많다. 이 경우 독자나 시청자들은 사태의 본질을 이해하지 못하게 되고 자칫 판단착오를 일으키는 경우도 적지 않다.

예를 들어 중동 사태의 경우 팔레스타인인들의 자살폭탄 테러와 이스라엘 군의 보복공격이라는 악순환의 경우다. 이 비극적 사태는 어느 시점에서 기사를 보느냐에 따라 독자나 시청자의 견해는 큰 차이가 나타난다. 즉 자살폭탄 테러가 발생한 기사를 본 사람들은 이스라엘 측에 참혹한 피해를 입힌 팔레스타인 측의 테러 행위를 비판적 시각으로 보게 된다. 반면, 이스라엘 측의 보복 공격에 따른 팔레스타인 측의 민간인 피해 발생 기사를 접하는 경우 이스라엘 쪽에 비판적이 되기 쉽다.

언론은 세계로 열린 창이다. 그러나 그 창은 주로 자국의 이해관계에 초점이 맞춰지는 좁은 창이다. 일반 독자가 국제정세 전반에 걸쳐 관심을 갖고 있을 것이라고 상정하는 것 자체가 무리이기는 하다. 요즘처럼 국내 문제도 다각화, 전문화되는 추세여서 더욱 그렇다. 국제 면에 대한 독자의 관심은 나날이 적어지고 있다. 이에 따라 언론의 국제뉴스 비중은 국내 뉴스에 비해 상대적으로 줄어드는 추세다.

편중된 국제정보 유통 시스템에 대해 3세계권은 신국제정보질서(new World Information Order)운동으로 대항하고 있다. 즉 대부분의 국제정보가 4개의 서방통신사인 AP, UPI, Reuters, AFP 등에 의해 지배되어 정보종속현상이 초래되기 때문에 제3세계가 운영하는 별도의 통신기관이 필요하다는 것이다. 실제 이들 서구통신사들이 전달하는 뉴스의 80%가 선진국에 관한 것이었고 세계인구의 75%를 차지하는 제3세계 정보는 20%에 불과했다. 그러나 AP, UPI는 그들의 고객 중 50%이상은 미국 내에 있고 5%만이 제 3세계에 있다고 항변하고 있다(오택섭 등, 2003 ; 118-119).

외신의 외면은 뉴스가 지닌 역 삼각형 기사 작성법에 의한 사실 전달 방식에 그 책임의 일부가 있다. 외신기사의 작성에서부터 전면적인 검토가 필요하다. 독자들이나 시청자들은 복잡한 사안에 대한 기사를 접하면서 이해가 잘 안될 때 그것을 외면한다. 이를 시정하려는 노력을 해야 한다. 서비스 강화만이 대중 미디어가 살아남을 수 있는 최선의 방법이다.

8. 신문과 TV뉴스가 왜 똑같지?

"그 신문이 그 신문이다. 기사가 똑 같다. 방송도 마찬가지다. TV뉴스 시간에 보면 같은 기사가 동시에 나온다. 왜 이런 일이 일어나는가?"

우리나라에 여러 제호의 신문이 나온다. 이들 신문을 보수와 진보로 나눠 살펴보면 때때로 그 기사들이 엇비슷하다. 1면 머리기사부터 큰 사진까지 비슷한 경우가 적지 않다. 방송도 마찬가지다. 지상파 TV 가운데 두 곳에서 밤 9시에 주요 뉴스를 방영한다. 이때 신경을 써서 두 방송의 뉴스를 비교해 보면 같은 기사가 동일한 시간대에 방영되는 것을 쉽게 발견할 수 있다.

왜 이런가? 혹시 외부에서 누군가 뭐하는 것 아니냐? 과거 군사정권 시절 같으면 관에서 내려오는 보도지침이 그렇게 만든 것이라고 할 것이다. 그 때는 흔히 그렇게 했다. 땡전 뉴스라는 말이 그래서 생긴 것이니까. 그러나 오늘날에는 어림없는 말이다. 결코 외부의 통제나 조정 때문이 아니다. 그러면 무엇이 그렇게 만드는 것일까?

그 해답은 간단하다. 뉴스 산업에 종사하는 보수, 진보 쪽 언론인들의 사고방식이 자기가 속한 부류와 거의 동일하기 때문이다. 몸담고 일하는 언론사는 서로 다르다 해도 좋은 뉴스를 발굴해서 국민에게 잘 알리자는 목표는 모두 동일하다(J. Curran & M. Gurevitch, 2000 ; 177-195). 그들은 같은 것을 보고 들으면 거의 비슷한 판단을 하면서 기사를 쓴다.

우리의 경우 보수, 진보 쪽 언론이 민주화, 남북문제와 외세 부분을 보는 시각차가 있다. 궁극적 목표도 차이가 있다, 그래서 이들 두 그룹의 언론은 어느 사물이나 현상을 보았을 때 유사한 판단기준에 따라 각각 비슷한 결론을 내린다. 항상 그렇지는 않지만 대체로 그런 경향을 나타낸다.

미디어 종사자들은 서로 다른 매체에 소속되어 일한다 해도 비슷한 작업 기준과 가치체계를 지니고 있다. 외국의 한 학자가 일간지 편집인들에 대해 조사한 결과 모두 같은 방향을 향해 노력하고 있다는 결론을 얻었다. 이들 편집인들은 어떻게 해야 신문이 좋게 되고 매력적이 되는지에 대해 놀랄 만큼 의견일치를 보이고 있었다(Bogart, 1980 ; 254).

언론의 닮은 꼴 현상은 우리나 외국도 마찬가지인 모양이다.

동일한 직종에서 오랜 기간 일을 하면서 서로 닮아버린 언론의 그 같은 현상을 문화적 동질성이라 한다. 같은 사회 속에 공존하다 보니 그런 현상이 나타난 것이다. 이러니 독창적인 미디어를 만들어나간다는 것은 꽤 힘든 일이다. 매체의 닮은꼴 정도가 심해지면 시장에서 경쟁이 비뚤어진 모습으로 전개된다. 경품 제공과 같은 비정상적인 경쟁방식으로 변질된다. 한참 전에 신문지국간에 칼부림 사건이 난 것도 그 근본적인 이유는 신문이 엇비슷했다는데 있다. 신문 내용이 별 차이가 없으니 신문 질을 가지고 싸우지 않고 엉뚱한 방향에서 폭발한 것이다.

미디어 종사자의 문화적 동질성이 나타나는 이유는 복잡하지 않다. 매스 미디어는 문화적 환경 속에서 가동되고, 문화적 상징을 활용하려는 속성을 지닌다. 모든 사회는 문화적 특성을 유지하려는 특성이 있다. 마찬가지로 미디어 종사자들도 미디어 소비자들이 향유하는 문화적 특성을 재생산하는 경향이 강하다.

언론인의 뉴스 판단은 한 사회를 지배하는 문화적 전통과 상징을 통해 이뤄진다. 그러다 보니 TV뉴스의 순서가 방송사가 다른데도 유사하거나 신문들이 비슷하게 만들어진다. 한 학자(Rachlin, 1988 ; 12)는 이런 일치현상이 매스 미디어 종사자들이 같은 문화 속에서 사회화되기 때문이라고 말했다. 그것은 개인에 대한 조직간 압력이 아니며 좀 더 광범위한 사회적 세력들에 대한 반응이라는 것이다.

뉴스 생산은 현실을 원재료로 한 사회적 가공물이면서, 동시에 미디어 산업의 독창적인 생산물로 설명할 수 있다. 이는 미디어가 사회를 비추는 거울과 같은 역할을 하지만, 동시에 의제 설정을 통해 민주사회에서 여론을 주도하는 기능도 한다는 것을 말해 준다.

미디어가 생산하는 뉴스는 매스 미디어와 사회와의 상호관계에서 나온다. 그것은 문화적 현상으로, 정치경제적 관계 속에서, 그리고 언론조직의 특성 등으로 나눠 접근할 수 있다. 이들 접근법은 나름대로의 가치를 지니고 있어 유익하다. 그러나 미디어 생산품이 비슷하면 곤란하다. 그것은 서로 다르고 차이가 있어야 한다. 그래야 언론시장에 생기가 넘친다. 그렇지 않으면 엉뚱한 경쟁 논리 때문에 불필요한 갈등이 생긴다.

9. 진실보도는 존재해?

우리나라 언론인들은 공정하고 진실하게 보도할 것을 사명으로 삼고 있다. 공정보도는 객관적 보도원칙을 준수함으로써 이뤄질 수 있고, 진실추구는 시대적 소명감과 책임 및 사명감을 통해 이뤄지는 것으로 기자윤리강령에 규정되어 있다. 이처럼 기자윤리강령에는 진실을 추구하는 것을 지상목표로 제시하고 있지만 현실은 그렇지 못하다. 언론 매체마다 추구하는 진실이 다른 것으로 나타나는 수가 적지 않기 때문이다.[2)]

2) 한국기자협회윤리강령을 그대로 옮겨 적어보면 다음과 같다 - 기자는 국민의 알 권리를 충족시키고, 진실을 알릴 의무를 가진 언론의 최일선 핵심 존재로서 공정 보도를 실천할 사명을 띠고 있으며, 이를 위해 국민으로부터 언론이 위임받은 편집-편성권을 공유할 권리를 갖는다.

진실추구는 모든 사람이 인정하는 진실이 항상 존재한다는 것을 전제로 하고 있다. 물론 일반인들은 모두가 인정하는 진실이 존재한다는 믿음을 가지고 산다. 그러나 자연과학이 아닌 사회과학 분야에서는 모두가 인정하는 진실이란 존재하기 힘들다. 자연과학에서의 진실은 이른바 특허제도가 존재하는데서 찾아볼 수 있다.

기자는 자유로운 언론 활동을 통해 나라의 민주화에 기여하고 국가발전을 위해 국민들을 올바르게 계도할 책임과 함께, 평화통일-민족화합-민족의 동질성 회복에 기여해야 할 시대적 소명을 안고 있다. 이와 같이 막중한 책임과 사명을 갖고 있는 기자에게는 다른 어떤 직종의 종사자들보다도 투철한 직업윤리가 요구된다. 이에 한국기자협회는 회원들이 지켜야할 행동 기준으로서의 윤리 강령과 그 실천 요강을 제정하여 이의 준수와 실천을 선언한다.

1. 언론 자유 수호 : 우리는 권력과 금력 등 언론의 자유를 위협하는 내-외부의 개인 또는 집단의 어떤 부당한 간섭이나 압력도 단호히 배격한다.
2. 공정 보도 : 우리는 뉴스를 보도함에 있어서 진실을 존중하여 정확한 정보만을 취사 선택하며, 엄정한 객관성을 유지한다.
3. 품위 유지 : 우리는 취재 보도의 과정에서 기자의 신분을 이용해 부당 이득을 취하지 않으며, 취재원으로부터 제공되는 사적인 특혜나 편의를 거절한다.
4. 정당한 정보 수집 : 우리는 취재 과정에서 항상 정당한 방법으로 정보를 취득하며, 기록과 자료를 조작하지 않는다.
5. 올바른 정보사용 : 우리는 취재 활동 중에 취득한 정보를 보도의 목적에만 사용한다.
6. 사생활 보호 : 우리는 개인의 명예를 해치는 사실 무근한 정보를 보도하지 않으며, 보도 대상의 사생활을 보호한다.
7. 취재원 보호 : 우리는 어떠한 경우에도 취재원을 보호한다.
8. 오보의 정정 : 우리는 잘못된 보도에 대해서는 솔직하게 시인하고, 신속하게 바로 잡는다.
9. 갈등-차별 조장 금지 : 우리는 취재의 과정 및 보도의 내용에서 지역-계층-종교-성-집단간의 갈등을 유발하거나, 차별을 조장하지 않는다.
10. 광고-판매활동의 제한 : 우리는 소속 회사의 판매 및 광고 문제와 관련, 기자로서의 품위를 손상하는 일체의 행동을 하지 않는다.

자연과학에서는 한국에서 진실인 것은 미국이나 중국, 러시아 등에서도 진실이다. 한국에서 특허를 출원하고 다른 여러 나라에 같은 조치를 취하는 것도 같은 원리에서이다. 그러나 자연과학적 사실 또한 언론이 보도할 경우 그것이 과연 진실한 것이냐에 대한 의문이 제기된다.

TV의 기상 관련 보도의 경우 최고, 최저 온도나 습도, 비가 올 가능성 등을 전달하지만 지역마다 약간씩의 차이가 있는 것이 현실이다. 그것은 평균치이거나 확률에 불과하다. 인접 지역이라 해도 고도차이나 주변에 늪이나 숲이 있는지의 여부 등에 의해 차이가 있게 된다. 이처럼 자연과학 정보도 상대적인 한계를 지니는데, 사회과학은 그것에 훨씬 미치지 못한다.

사회과학적 업적은 저작권은 인정되지만 특허 대상은 아니다. 예로 들면, 독도나 동해의 경우 우리나라에서 진실인 것은 일본에서는 그렇지 않다. 사고방식, 관습 등에서 차이가 있는 동·서양 사회는 다양한 사회적 원칙, 정의를 지니고 있지만 모두에게 공통적으로 적용되는 것을 찾아보기 힘들다.

서구식 민주주의 제도는 책으로 펴낼 수 있고, 그것을 제3세계 국가가 도입할 수는 있으나 실제 민주주의라는 이름의 정치제도는 나라마다 차이가 있다. 이처럼 사회과학 분야에서 모두가 인정하는 진실을 찾기 힘들다는 점이 대중매체의 어려움으로 등장한다. 동일한 사회현상에 대한 보도에서 보수매체와 진보매체가 전달하는 정보가 판이한 경우가 흔한 것도 그 때문이다.

언론인들이 가장 중요하게 여기는 진실보도는 가급적 주관성을 배제한 객관적 보도를 통해 성취 가능하다. 그러나 객관적 보도 또한 완전무결한 것은 아니다. 거기에 대해서도 일정 부분 의문을 제기하지 않을 수 없다. 가장 이상적인 객관성이라는 것이 존재할 수 없기 때문이다. 일부 학자들은 언론인의 보도 행위가 지닌 주관적 성격의 특성상 객관적 보도라는 개념이 비현실적이며 바람직스러운 일도 아니라고 주장한다. 한 학자는 언론인의 보도행위는 기본적으로 가치판단의 영향을 받는다고 주장한다(Bagdicakian, 1990 ; 63). 그에 따르면, 보도 행위의 모든 기본적 단계는 가치판단에 따른 개인적 결정이 포함된다는 것이다. 기자 개개인들의 개인차가 존재하는 한 모두가 인정하는 객관적 사실이란 존재하기 어렵다는 것을 말하고 있다.

그렇다면 언론을 통한 진실 추구와 객관적 보도는 달성 불가능한 것인가? 오늘날처럼 여러 매체가 공존하는 상황에서 순전히 주관적 영역 안에서의 보도 행위를 상정키는 어렵다. 다들 객관적으로 진실을 추구하는 보도를 한다고 주장한다. 거기에는 대화와 공존의 틈이 보이지 않는다. 그렇다고 해서 실망할 필요는 없다고 본다. 실망해서도 안 된다.

다양한 보도와 진실 추구는 사상의 자유, 정치적 견해의 자유라는 개념에 비춰 접근할 문제기 때문이다. 개개인이 자유스럽게 사고하고 행동하는 기본권은 헌법에서 보장한다. 모두가 합법의 틀 안에서 다양하게 생각하고 행동하면서 살아갈 권리가 있다.

언론매체들이 추구하는 진실과 객관보도는 결코 동일할 수도 없고, 그래서도 안 될 것이다. 그것은 숙명적으로 서로가 차이가 있을 수밖에 없다. 겸허하게 받아드려야 한다. 모두가 동의하는 진실과 객관보도만이 존재한다는 것은 개인차를 인정치 않는 사회를 의미하기 때문이다. 획일적인 언론은 전체주의적 언론이다.

그러나 언론의 다양성을 인정한다 해도, 무절제하거나 무원칙적인 것까지 관용의 대상이 되는 것은 아니다. 서로 주장하는 바가 다른 차이를 인정하는 지적 풍토가 이뤄져야 한다. 그러나 그 차이에 대해 옳고 그름을 언론 시장에서 가리는 작업이 생략되어서는 안 된다. 언론매체 간 상호 비판은 더욱 활성화되어야 한다. 이 작업도 물론 기본적인 원칙과 예의를 지키는 선에서 이뤄져야 한다. 그런 과정에서 진실 추구나 객관적 보도를 추구하는 노력은 하루도 멈출 수 없다. 그것은 언론의 절대적 의무다.

10. 기사 속에서 발견되는 구멍들

"일본군이 도망가면서 어마어마한 보물을 숨겨놓은 장소가 바로 거기란다."

해방 반세기가 훨씬 넘은 시점에서 우리 언론은 난데없는 '보물섬 이야기'에 열을 올리는 일이 있다. 그러나 시간이 훌쩍 지나가도 그 뒷얘기가 나오는 법은 거의 없다. 사람들은 궁금해 하지만 후속 보도가 나오지 않으니 어쩔 도리가 없다. 1~2년 지난 뒤에야 그것이 사실이 아니라는 보도가 나오기도 한다.

또 신문, 방송 등에서 보도하는 기사 가운데 동일한 사건이나 사고인데 발생 사실 등을 전달하는 내용이 180도 다른 경우도 있다. 이런 기사를 동시에 접한 미디어 소비자는 혼란에 빠진다. 그러나 시간이 지나면서 어느 내용이 올바른 것인지 판명된다. 진실은 시간이 지나면서 더 뚜렷해지는 것인가?

모두의 무관심 속에 스쳐 지나가는 잘못도 있다. 독자나 시청자가 큰 관심이 없거나, 얼핏 분간키 어려운 그런 작은 잘못이다. 그러나 사소한 것이 쌓이면 좋지 않다. 자칫 대형 사고로 연결되기 때문이다.

언론의 보도기능에 문제가 생기는 이유는 뻔하다. 취재 과정 등에 문제가 있는 것이다. 취재원이 그럴 듯하게 거짓말을 하거나 기자가 시간에 쫓겨 실수하는 경우도 있다. 하지만 때로는 기자가 의도적으로 '작문'을 하기도 한다. 기자에게 봉급을 주는 언론 사주나 특정 독자 등을 의식해서 잘못인줄 알면서도 눈 딱 감고 저질러 버리는 것이다. 이처럼 언론인이 기사 작성 과정에서 빠지기 쉬운 함정이 적지 않다.

먼저, 기사거리를 제공하는 취재원에서 비롯되는 경우다. 언론을 이용해 개인적인 이익을 챙기려는 취재원일수록 기자에게 큰 '떡밥'을 던진다. 너무 그럴싸하면 일단 의심해야 한다. 그러나 '양심에 털이 난' 취재원은 다른 경쟁사에 정보를 넘겨줄 것처럼 기자를 압박할 때 어떤 효과가 있는지 잘 알고 있다.

기자는 항상 시간에 쫓긴다. 눈앞의 특종을 경쟁사에 빼앗긴다는 것은 참을 수 없는 일이다. 조바심에 일단 터뜨리고 보는 것이다. 부정과 불의를 고발하려는 기자 정신이 특종욕심으로 치달으면 곤란한 일이 생긴다. 제보 내용을 심층 취재하지 않고 제보자의 주장에만 의존할 때 자칫 큰 실수를 저지르게 된다. 세상을 놀라게 할 만한 충격적인 것일수록 신중한 확인 절차 등이 필수적이다.

기자가 기사의 신뢰성을 높이기 위해 의도적으로 취재원을 '선택'하는 경우도 있다. 기사가 주장하는 쪽만을 지지하는 취재원만을 기사 속에 동원하는 것이다. 기사가 주장하는 방향에 반대하는 견해도 당연히 존재하지만 이를 외면한다. 어떤 때는 가상의 취재원을 '익명' 형식으로 동원하기도 한다. 기자가 확신을 갖는 어떤 사실을 전달할 때 흔히 쓰는 방식이다. 이는 기자 개개인의 양식의 문제다. 하지만, 양식 있는 언론사일 경우 내부에서 철저한 사후 기사 점검 과정 등을 통해 진위를 가려내기도 한다.

기사 작성을 하면서 기자의 주관적 판단이 과도한 경우도 문제다. 선거 입후보자나 대형 사건의 피의자 등에 대한 취재에서 다양한 정보가 확보되었지만 그 가운데 일부만을 기사에 쓰는 경우다. 이 때 어떤 내용을 선택해 기사화 하느냐는 일반인들의 선입견 형성에 결정적인 영향을 미치기도 한다.

선거 입후보자가 여러 번 정당을 바꾼 경력이 있을 때 그것을 아무 설명 없이 기사 속에 포함시킬 때 당사자들은 불리한 입장에 처하게 된다. 정당을 여러 번 바꾼 것이 그 후보자의 자질 탓인지 아니면 소속 정당의 탓인지가 기사 속에서 밝혀져야 한다. 그것이 생략되면 일반인들은 그런 정치인을 철새정치인이라고 판단할 가능성이 크다. 그런 기사는 그 후보자를 부정적으로 평가할 여지를 제공하는 셈이다.

대형사건의 피의자에 대한 기사를 쓰면서 평소 주위 사람과 관계가 좋지 않았다는 내용을 포함시키는 경우가 많다. 우리 사회에서 피의자로 공개된다는 것만으로도 당사자에 대한 사회적 인식은 부정적인 쪽으로 기운다. 평소 성격이 좋지 않다는 내용이 포함되면 그 피의자에 대한 부정적 평가를 더 심화시킬 것이 확실하다. 취재한 많은 정보 가운데 어떤 것을 선택해 기사 속에 포함시킬 것인지를 결정하는 판단은 신중해야 한다.

언론이 과거 기록물을 인용할 때 문제가 생기는 일도 있다. 뉴스의 주요인물에 대한 과거를 밝힐 때 그에 대한 각종 기록물을 참조한다. 이 경우 기록물에 나와 있는 내용을 사실 관계를 확인하지 않고 인용해서 보도하면서 때때로 문제가 발생한다. 기록물이 부정확한 것인데도 그것을 확인치 않고 그대로 보도했을 때 명예훼손혐의로 피소되기도 한다. 특정인에 대해 악의적으로 보도할 경우 부정확한 기록물을 액면 그대로 인용하기도 한다. 그것이 당사자에게 불이익을 주는 내용인줄 뻔히 알면서 적극적으로 인용하는 일도 있다.

기사 작성에서 부적절한 용어 사용도 문제다. 기자가 선택하는 용어는 독자나 시청자에게 직접적인 영향을 미친다. 예를 들어 TV 뉴스에서 리포터가 "......는 말이 되지 않습니다"

라고 말할 경우 이는 타협의 여지를 남기지 않는 부정적, 배타적 견해를 강하게 표현하는 것이다. 이런 극단적인 표현은 논쟁이 진행되고 있는 주요 현안 등의 보도에서 신중을 기해야 한다.

기사 문장도 중요하다. 그것이 능동태냐, 수동태냐에 따라 전달되는 의미가 달라진다. 능동태로 작성된 기사의 경우, 그 주어가 문장 속의 행동에 대해 전적으로 책임을 지는 형식으로 전달된다. 그러나 "중대한 실책이 발생했다"라는 수동태로 쓴 기사 문장일 경우, 거기에는 행위자가 밝혀지지 않았거나 그 행위자를 모두가 알고 있다는 의미가 담겨있다. 또한 행위 주체를 직접 거론하기 않기 위한 편법으로 쓰일 때도 있다.

보도사진이 고개를 갸우뚱하게 하는 일도 적지 않다. 보도사진이 갖는 의미는 매우 크다. 백 줄의 기사보다 사진 한 장이 더 위력적일 때기 많다. 따라서 사진을 보도용으로 사용할 경우 매우 신중해야 한다. 인물 사진의 경우 당사자가 60대인데도 40대 전후의 사진을 버젓이 쓰는 일이 허다하다. 이는 언론매체의 부주의하고 무성의한 보도 자세에서 비롯된다.

정치적으로 입장이 다른 정치인들이 어떤 행사에 참석했을 때, 일부러 이들이 서로 다른 방향을 바라보고 있는 순간을 포착해 보도하는 일이 흔하다. 사진 설명도 그 순간을 비유적으로 설명하는 식으로 제시한다. 이는 독자들에게 좋은 서비스라는 측면도 있다. 그러나 한 쪽 방향으로 몰고 간다는 비판에서 자유로울 수 없다.

언론사 사주 등이 참석한 행사의 경우 자사 사주 등이 찍힌 사진을 보도하는 경향이 많은 것도 객관적 보도의 원칙에서 재고해 볼 사례이다. 오늘날 디지털 카메라가 일반화되면서 사진 내용을 조작하는 일도 일어나고 있다. 이는 사후에 그 진상이 드러날 경우 공신력에 치명적인 상처를 입게 된다.

언론은 강하다. 그것이 잘 쓰이면 약이 되지만, 잘못 쓰이면 독이 된다. 누구나 아는 말이다. 언론이 신중해야 한다는 것을 모르는 기자는 없다. 보도하는 입장에서 벗어나 보도 되는 입장에서 생각하면 실수나 후유증은 줄어든다. 어린이는 장난삼아 연못에 돌을 던지지만 개구리에게 치명적인 상처를 준다. 언론보도도 마찬가지다. 일단 잘못 보도되면 후에 그것을 바로잡는다 해도 그로 인한 피해는 엄청나나.

보도에는 신중을 기해야 한다. 어떤 언론인은 기사를 쓸 때 마음을 가라앉혀 객관적 입장에서 쓰려 노력하고, 데스크에 넘기기 전에 수십 번을 읽는다고 한다. 한두 번 읽어서는 무엇이 흠인지 눈에 들어오지 않아서란다. 오랜 시간 정성을 들여 살펴야 잘못을 최소화 할 수 있단다. 이는 시공을 뛰어넘어 모든 기자들이 명심할 말이다.

11. 파수 견과 오보

민주주의 사회에서 매스 미디어는 정치권력을 감시, 견제한다. 그것은 개가 도둑을 지키는 것과 같다 해서 파수 견 역할(watchdog role)이라 한다. 매스 미디어는 정부의 잘잘못을 감시하고, 선거 시 유권자들에게 정당과 정치인을 판단해 선택할 수 있게 한다. 매스 미디어의 영향력은 막강하다. 그것은 국민에 의해 선출되는 정부 못지않다. 때로는 더 강하다.

언론 권력이 정치권력을 견제하는 것은 민주주의에서나 가능한 일이다. 독재국가나 그와 비슷한 나라에서 매우 어렵다. 독재자들은 자신을 신비의 장막으로 싸는 식으로 통치력을 발휘하기 위해 대중매체를 철저히 통제한다. 지배자 자신에 대한 정보가 대량으로 유포되면 우민 정치에 필요한 카리스마가 생기기 어렵기 때문이다. 매스 미디어는 권력의 통제에 따라 권력 홍보용 메시지를 전달하도록 강요받는다.

비민주적 국가는 언론이 한 목소리로 권력을 홍보할 것을 요구한다. 그래서 다양한 언론이 존재하는 것을 금한다. 방송도 그렇지만 신문업 신규 진입이 철저히 차단된다. 우리나라도 군사독재 시절 일간신문의 발행에 따르는 정부의 인허가 벽이 매우 높아 새로운 신문의 등장이 불가능했다.

매스 미디어는 파수견과 같은 환경감시를 통해 사회 전반에 대해 일상적으로 어떤 경각심과 예방 의식을 제공한다. 단순한 사실보도 차원을 넘어서 사설, 논평, 해설 등을 통해 사건 사고의 의미를 해석하고 대응책을 처방한다. 민주사회에서 매스 미디어의 그런 기능의 효용성은 매우 크다. 때로는 정부의 그것을 능가하기도 한다. 그래서 미디어는 실질적인 권력기구의 성격을 지녔다.

언론이 총칼로 무장한 것은 아니다. 단지 보도 논평기능이 주 무기이다. 그것을 통해 사회에 기여한다. 그렇지만 정부만큼 국민에게 법률적인 책임을 지지 않는다. 정부는 심각한 과오를 범했을 때 대통령이 물러나기도 한다. 장관 하나 물러나는 것은 일도 아니다. 그러나 언론은 그렇지 않다. 보도를 통해 엄청난 사회적 충격을 주고, 그것이 잘못된 보도라 해도 언론사 사장이 감옥에 바로 가거나 기자 목이 하루아침에 날라가지 않는다.

물론, 민주사회에서 언론은 오보 등으로 인한 법률적 책임을 져야 한다. 언론이 끼친 사회적 피해에 대해 대가를 치른다. 하지만 거기에 찬바람만 쌩쌩 도는 것은 아니다. 사회가 언론사를 너그럽게 포용한다는 '포근한' 원칙이 적용된다. 언론이 비록 잘못했다 해도, 파수 견 또는 사회의 목탁 역할을 하려다기 실수했나 보디 하는 식의 사회적 관용이 베풀어진다.

언론의 파수 견 기능이 활성화 될수록 언론의 실수도 많아진다. 오보로 인한 피해자도 다수 발생한다. 당연히 언론의 사회적 책임문제를 지적하거나 비판하는 목소리도 높아진다. 국민이 합법적 절차를 거쳐 뽑은 정부도 책임을 지는 만큼 언론도 그래야 하지 않느냐는 주장도 만만치 않다. 그러나 언론에 대한 관용이 강조되는 이유는 단순하다. 언론이 막강한 정치권력을 견제하는 일이 너무 중요하기 때문이다. 언론의 그런 역할을 어느 다른 기관도 대신할 수 없다.

언론이 권력형 비리 등을 추적할 경우 많은 어려움이 있다. 정치권력이 언론의 취재에 비협조적이었고 그로 인해 오보가 발행했다면 국민의 입장에서 판단이 복잡해진다. 정치권력 비리와 관련한 오보일 경우 언론만 책임을 져야하는 것인가? 정부는 국민을 위해 존재한다면 국민의 알 권리를 위해 뛰는 언론 취재에 정치권력이 모르쇠로 일관해서 될 일인가? 그렇다면 오보에 정치권력도 일정부분 책임이 있는가? 이런저런 논리를 떠올리면 언론만 몰아치는 것은 무리라는 결론도 가능하다.

대중매체가 공익적 차원에서 사실을 확인하고 공정한 자세로 보도한다는 원칙을 준수했다면, 오보로 인한 책임이 상당부분 가벼워질 수 있다는 논리가 지배적이다. 언론이 잘못하면, 사회적 혼란과 명예손상 등의 심각한 문제가 야기된다. 하지만 그 같은 오보가 악의적인 것이 아니면 언론에 치명적인 손상을 줄만큼 책임을 묻지 않아야 한다는 것이다.

매스 미디어의 파수 견 역할은 21세기 미디어 시장의 논리에서 자유롭지 못하다. 미디어 소비자들은 정치, 경제 기사와 같은 경성 기사보다 스포츠 오락, 연예와 같은 연성기사를 더 선호하는 쪽으로 입맛이 변하고 있다(Curran et al., 1980). 공공의 이익과 직결된 기사는 점점 덜 좋아하는 쪽으로 간다. 이에 따라 권력형 부정부패를 파헤치려는 기자 지망생들도 줄어든다.

그렇다 해도, 대중매체의 파수 견 역할은 더 강화되어야 한다. 우리 사회의 민주화가 가속화 되고 있는 만큼 정치권력에 대한 감시의 노력을 게을리 하지 말아야 한다. 우리 민간기업의 국제 경쟁력은 세계적 수준이다. 그러나 공직 사회는 아직 멀었다. 민주화는 국민에 대한 서비스와 직결되어 있다. 공공기관 서비스의 질이 아직은 선진국의 그것과 거리가 멀다. 국민의 피부에 따스한 감동으로 와 닿지 않는다. 이런 점을 언론은 지속적으로 지적해야 한다. 우리 사회의 민주화 장래는 언론의 파수 견 역할에 좌우될 것이다.

12. 기자의 무한 책임

기자들은 기사가 잘 못 나갔을 때 죽고 싶을 만큼 괴롭다고 한다. 특히 신문 1면에 대문짝만하게 보도가 되었거나 큰 비중으로 방송 전파를 탔는데 그것이 오보로 결론 났을 때의 참담함이란 무어라 말할 수 없다. 부랴부랴 그 기사를 들어내거나 일부를 수정하느라 법석을 떤다. 또는 사과 방송을 내야 한다. 그런 상황에서는 기사를 쓴 기자 뿐 아니라 기사를 점검, 수정했던 데스크 진 모두 책임을 면키 어렵다. 징계에 회부되는 등 인사조치가 취해지기도 한다.

문제는 거기서 끝나지 않는다. 언론사의 공신력 추락이다. 언론은 정확한 정보 전달이 생명인데 그것을 망쳐버렸으니 오보를 낸 언론의 위신은 땅에 떨어져 엉망이 되어버린다. 그것을 어떻게 만회할 것인가? 오보를 낸 언론은 사회를 깜짝 놀라게 할 큰 기사를 찾아 동분서주하게 된다.

이상에서의 경우는 오보와 그 이후에 대한 일반적인 언론사 내부 움직임에 대한 것이다. 현실은 꼭 이렇지만은 않다. 기사 전체가 문제가 되어도 굳건하게 또는 뻔뻔스럽게 버티는 언론도 있다. 결국 소송으로 비화되어 재판을 통해 시비가 가려진다. 우리 언론의 경우 오보 인정에 인색한 편이다. 그것은 일제의 한반도 강점과 군사정권을 통해 이뤄진 언론 통제 탓이다. 언론은 권력의 나팔수로 여겨졌기 때문에 언론 현장의 책임 추궁이 상대적으로 가벼웠다. 부당한 권력의 강압과 통제 속에 언론은 거짓 보도를 하도록 강제당한 일이 무척 많았다. 그러나 그것이 나중에 밝혀져도 참회하거나 수긍할 만한 책임을 지는 언론은 보기 어렵다.

언론의 횡포 가운데 가장 심한 것이 거짓 기사를 쓰는 것이다. 언론의 거짓 보도에 대해서는 우리나라에서도 문제를 삼는 일이 종종 있지만 미국에서도 그런 기만행위가 그치지 않는다. 미국의 권위지 뉴욕타임스는 몇 년 전 엄청난 곤욕을 치렀다. 이 신문은 날조기사를 남발해온 자사기자를 해고하면서 사과기사를 1면에 게재하고 이 사건과 관련해 이 신문의 편집인, 편집국장이 책임을 지고 사임했다. 이 신문은 문제가 된 기사와 정정내용을 2개면에 걸쳐 게재했다. 해고된 기자는 허위기사로 들통이 나기까지 약 8개월 동안 쓴 70여건의 기사 중 절반을 날조해온 것으로 알려졌다.[3)]

뉴욕 타임스가 뼈를 깎는 고통 속에 참회하는 모습을 보일 즈음 오마이뉴스는 "80년대 왜곡보도 반성 없는 한국 언론에 뉴욕타임스 사태는 강 건너 불구경인가"라는 기사를 게재했다. 오마이뉴스는 민주언론운동시민연합이 '80년 신군부 부역언론

---

3) 미국 언론에서는 뉴욕타임스 사건 이전 ▲워싱턴 포스트의 제닛 쿡 기자가 지난 1981년 8세짜리 마약중독 소년의 이야기를 꾸며내 퓰리처상을 받은 사건 ▲월 스트리트 저널의 포스터 위넌스 기자가 자신의 칼럼에 나갈 정보를 미리 돈받고 팔아 유죄평결을 받은 사건 ▲NBC방송이 '데이트라인'에서 트럭 충돌로 인한 화재를 조작한 사건 등이 대표적인 기만 사례로 꼽혀왔다(문화일보, 2003년 5월 12일/ 중앙일보, 6월 5일).

인들에 대한 모니터보고서'를 통해 밝혀진 부적절한 언론인들에 대한 문제제기에 침묵하는 우리 사회의 무관심을 개탄했다(http://www.ohmynews.com).

민주언론운동시민연합은 광주항쟁 23주기를 맞아 지난 1980년 5월 17일~8월 31일까지 당시 6대 일간지(경향, 동아, 서울신문, 조선, 중앙, 한국일보)에서 5·18 광주민주화운동을 왜곡, 폄하하고 전두환 정권의 출범을 찬양하는 언론인들의 명단을 고발한 바 있다. 미국과 우리나라 언론의 과오에 대한 태도가 너무 차이가 나지만 그것은 언론 산업의 후진성이 그 원인이다. 우리 언론은 언론의 사회적 책임이 얼마나 막중한 것인가에 대해 인식이 아직도 부족한 듯이다.

날조 기사는 아니지만 언론의 사회적 책임을 다시 생각하게 한 사례 하나를 소개한다. 도올 김용옥 기자는 2003년 6월 문화일보 지면을 통해 "노 대통령, 당신은 통치를 포기하려는가"라는 질문과 함께 "그는 애써 대통령 됨을 거부하는 짓만을 골라하고 있다, 깊게 뉘우치고 대통령이 무엇인가를 하루속히 배워야 한다"고 질타했다. 그러나 그는 그보다 두 달 전 대통령 단독회견의 감격에 젖어, "노무현은 대상(大象)의 인간이었고, 대도(大道)의 인간이었다"며 노 대통령을 극찬해 '노비어천가'라는 비판을 받았다.

기자가 두어 달 만에 극단적 차이가 나는 기사를 쓴 것을 놓고 당시 논란이 분분했다. 즉 도올 기자가 문제인가, 아니면 노 대통령이 문제인가라는 것이었다. 그러나 언론의 시각에서 볼 때 해답은 간단하다. 언론은 언론 고유의 영역이 있다. 대통령은 언론의 영역이 아닌 정치의 영역에 속한다. 언론은 정치와 건강한 긴장관계가 최선이다. 따라서 독자를 놀라게 한 판이한 기사를 쓴 도올 기자와 그것이 실린 신문의 사회적 책임문제가 대두된다. 기자의 기사 작성에는 과학적인 정확한 관찰과 분석, 그리고 예측이 필수적이다.

도올 기자가 두 달 사이에 동일인에 대해 판이한 내용의 글을 썼다면 그 것은 도올 기자의 취재 부족, 기사 작성에 문제가 있었다는 결론으로 갈 수 밖에 없다. 도올 기자는 그 후 기자를 그만 두었는데, 언론은 기자가 붓 가는 대로 써 갈기는 그런 직업이 아니라는 것을 절감했는지 모른다.

한번 보도된 기사에 대해서는 무한책임을 지는 것이 언론이다. 따라서 취재는 기자의 주관적 범위를 버리고, 객관적으로 최대한 많은 정보를 발굴해서 적절히 기사로 가공한다는 기본적 자세가 전제되어야 한다. 기사는 개인의 감상문이나 수필은 아니다. 그것이 불가피하게 잘못되었다면 즉시 바로잡고 사회를 향해 사과해야 한다. 언론 내부적으로 책임을 지는 모습도 보여주어야 한다. 이런 자세가 아닌 언론이면 사회가 혼란스럽다.

13. TV 공개 토론 감상법

TV나 라디오의 토론 프로는 일반인들에게 풍부한 지식을 전해 준다. 또 무엇이 문제인지, 어떤 점에서 의견이 부딪치는지 등을 알 수 있게 해주는 최상의 프로다. 앞으로 그 인기는 더 치솟을 전망이다.

TV 등 영상매체는 누가 얼마나 조리 있게 말을 잘 하는지, 상대방을 어떻게 공격하고 방어하는지 등을 가감 없이 전달할 수 있다. 이 점이 가장 돋보인다. 라디오도 생생한 긴장감 등을 주는 것은 마찬가지다. 음성만으로도 전달효과는 만족한 수준이다. 라디오에서는 시사 대담 또는 토론프로를 출퇴근 시간대에 맞춰 집중 편성한다. 그것에 대한 인기가 높다.

TV와 라디오의 대담 프로는 정치사회적으로 큰 의미가 있다. 그것이 얼마나 활성화 되어 있느냐는 민주화의 척도가 될 만하다. 일반 시청자나 청취자등이 직접 참여할 기회가 어느 만큼이냐 하는 것도 풀뿌리 민주주의를 가늠 할 수 있게 한다. 오늘날에는 인터넷이 대중화 되면서 인터넷을 통한 토론이나 대담도 큰 관심을 끈다.

우리 사회가 민주화되면서 정착한 대중매체의 공개토론 프로는 아직 더 가다듬어야 한다. 프로 진행자의 역할은 가장 중요하다. 전체 내용이나 그 질을 좌우할 만큼 중요하다. 토론 출연자들의 태도도 더 세련되어야 한다. 그들은 자신의 견해만을 고집하거나 주장하면서 상대방의 발언 기회를 가로막는 일이 흔하다. 공개 토론의 장을 자기들의 권익을 옹호하면서 상대방을 묵사발로 만드는 절호의 기회로 악용하려는 경우도 적지 않다.

이럴 때 시청자나 청취자들은 토론 주제에 대한 파악도 어렵고 무엇이 문제인지 헷갈리게 된다. 그것이 되풀이 되면 그 프로에 대한 흥미를 잃게 된다. 부적절한 태도를 보이는 출연자들은 아직 공개 토론할 역량이 갖춰져 있지 않은 사람들이다.

우리나라의 민주화 투쟁사를 보면 토론 문화가 자리 잡기 어려운 시대가 매우 길었다. 독재체제는 일방통행식이라 다양한 견해나 주장을 인정하지 않는다. 토론은 아예 없고 일방적인 설득이나 주입만이 존재한다. 오늘날 우리 일부 언론 가운데 독자들에게 일방적으로 주입하는 식의 칼럼, 사설 등을 내보내거나 기획물을 보도하는 일이 적지 않은데 이는 독재 시절의 언론에 체질이 굳은 탓이다. 너는 내 말만 들으면 된다는 식이다. 이런 자세는 건전한 토론문화와 거리가 한참 멀다.

그러면 어떤 점을 토론 프로에서 신경을 써야 하는가? 그것을 모두 거론키는 어려우나 가장 흔한 몇 가지 점을 전문가들의 견해를 중심으로 소개해 본다(Silverblatt, 2001 ; 140-145).

우선 TV, 라디오 등에서의 공개 토론은 일상생활의 대화와 같이 들리도록 하는 것이 최선이다. 자칫 싸우는 식으로 언성을 높이거나 감정 표시를 하는 것은 피한다. 사람들은 부담 없이, 가능하다면 유쾌한 기분으로 듣기를 원하기 때문이다. 토론자의 흥분의 금물이다.

목소리의 높낮이나 말의 속도 등은 전달과정에서 중요한 영향을 미친다. 목소리가 너무 클 때 청취자의 균형 감각이 깨지고, 목소리가 너무 작을 경우 청취자가 그 의미를 잘 이해하지 못한다. 말의 속도가 지나치게 빠르면 듣는 사람이 그 의미를 따라잡기 힘들다. 너무 느리면 듣는 사람이 답답함을 느낀다.

목소리가 기쁜 감정을 나타내는지, 아니면 슬픈 감정을 나타내는 지도 의미 전달에 큰 영향을 미친다.

대담은 매우 빨리 진행되기 때문에 청취자들은 자칫 그 의미를 잘못 이해하기 쉽다. 진행자가 대본에 없는 대사를 즉흥적으로 언급하는 애드-립(ad-lib)은 그래서 매우 중요하다. 진행자는 시청자나 청취자가 정확히 이해하지 못하고 있는 사안에 대해 최종적인 평가 또는 호・불호를 나타내는 말을 하면 청취자들이 그대로 받아드릴 가능성이 높다. 균형감 있는 정보를 전달해 청취자가 판단할 수 있도록 하는 것이 최선이다.

TV토론에서는 말이 아닌 몸짓 같은 비언어적 의사표시도 중요하다. 눈동자의 움식임, 제스처 등에 신경을 써야 한다. 말을 하면서 눈동자를 자주 움직이는 것은 금물이다. 눈동자는 사회자 등 한 대상에 고정시키는 것이 최선이다. 시선이 이리저리 움직이면 시청자에게 부정적인 이미지를 전달할 우려가 있다. TV카메라 앞에서 큰 동작을 하는 것은 적절치 않다. 카메라가 커버할 수 있는 행동영역은 매우 좁기 때문이다. 표정과 고개 짓 등도 중요한 의사전달 수단이다.

대중매체에서의 토론도 일상생활에서의 그것과 매우 유사하다. 토론을 보고 듣는 사람이 많고 적은 차이만 있을 뿐이다. 토론 문화가 정착되어 있다면 어느 때, 어디서든 생산적인 토론이 가능하다. 우리 사회가 더욱 민주화되어 살맛나는 세상이 되도록 TV 등의 토론 프로가 좀 더 많아지고 다양해지면 좋겠다. 민주화와 공개토론은 수레의 두 바퀴와 같기 때문이다.

4
chapter

미디어와 정치

1. 미디어가 정치의 중심

민주사회에서 대통령, 국회의원 등에 대한 정치관련 정보는 스포츠 오락과 같은 흥미위주의 정보와 경쟁관계에 놓이게 된다. 대중매체가 돈을 많이 벌어야 한다는 자본주의 논리를 최우선으로 할 때 정치뉴스는 특별대우를 받을 수 없다. 그것은 다른 많은 분야의 뉴스와 함께 취사선택의 대상이 될 뿐이다.

오늘날 정치 정보가 뉴스로 보도되기 위해서는 미디어 소비자인 대중에게 상품 가치가 있어야 한다. 일상생활과 직결되는 큰 정보력이 있거나, 흥미를 끌 수 있는 내용이 아니면 쓰레기통 속에 버려진다. 정치관련 정보가 항상 모든 사람에게 환영받는 것은 아니다. 개개인의 정치적 성향이나 이해관계에 따라 선호도가 달라진다.

미디어는 이런 점을 고려해서 정치관련 정보를 가급적 압축해 여러 가지를 전달하려 한다. 대중이 선호하지 않는 내용은 과감히 지워버린다. 그러나 흥미위주 또는 희화화 시킬 수 있는 정보는 놓치지 않는다. 정성들여 가공하는 경우가 많다. 정치가 훌륭한 코미디 소재가 될 수 있기 때문이다.

정보사회에서 매체의 다양화는 정치관련 뉴스에 대한 다양한 형식의 보도를 촉발한다(Silverblatt, 2001 ; 265-269). 정치 뉴스는 시청자들에게 쉽게, 가볍게 다다갈 수 있는 형식으로 제작된다. 이해하기 어려운 정보는 아무리 중요하다 해도 대중으로부터 외면당한다. 그 결과 정치 뉴스는 독자와 시청자에게 부담 없는 정보 또는 흥미거리로 제공되는 추세다. 정강, 정책 등 정치의 핵심적인 사항보다 정치인의 언행 등에 초점을 맞추는 식의 보도 형태로 옮아가고 있다.

정치 커뮤니케이션의 새로운 전달방식은 정치문화의 대중화로 더욱 가속화 된다. 유권자를 즐겁게 하는 기법이 거기에 도입되고 있다. 정치는 과거와 같이 일반인과 거리가 있는 경외의 대상이 아니다. 또한 정치의 영역이 확장되면서 정치인은 일상사의 모든 것을 정치적인 것으로 고려하고 판단해야 한다. 말 한마디, 행동 하나에도 신경을 써야 한다. 공인으로서 준수해야 할 영역이 미디어의 발달로 더 넓어지고 있다. 사소한 말 한마디, 행동 하나에도 대가를 치러야 한다.

현대사회에서 정부, 정당은 정책 관련 정보의 전달 확산을 미디어에 의존하고 있으며 그 정도는 더욱 심화되고 있다. 이 때문에 정부와 정당조직 내의 미디어 전문가 비중이 커지고 있다. 정치집단은 유권자들의 지지를 획득하기 위해 미디어에 접근하고 활용할 방안과 기법을 전문화시키기 위해 노력한다. 우리 행정부의 일부 부처들이 민간인 정책홍보 전문가를 채용하는 것도 그런 노력의 일환이다.

정치 정보의 수용자가 계층, 연령에 따라 세분화 되면서 정보 전달 방식도 다양해지고 있다. 정치 정보를 전달하는 미디어는 정론지와 삼류 대중문화 매체까지 그 범위가 광범위하다. 미디어의 우열을 따지면서 차별대우 하다가 큰 코 다치는 일이 벌어진다. 대중 미디어가 자기 영역 안에서의 이익에는 피 터지게 싸우다가도 미디어 영역 밖에서 오는 위협적 행위에 대해서는 공동대처하는 생리를 지니고 있다. 대중매체가 이익 집단화 한 것을 말해 준다.

계층이나 연령별 정보 전달 매체의 선정에 따라 정치 정보 가공 방식도 달라진다. 우리 사회 유권자는 네티즌 세대와 컴맹 세대로 갈리는 등 그 구성이 매우 다양하다. 세대에 따라 전달 매체 선정과 뉴스 가공 방식이 차이가 있다. 한편으로 대중을 즐겁게 하는 연예 오락 기법을 동원하지만 소수의 전문가 그룹도 당연히 챙겨야 한다.

민주주의 사회에서 미디어는 정치로부터 독립한, 자율적 존재로 인식된다. 한 이탈리아 학자(Mazzoleni)는 이를 정치 커뮤니케이션에서의 코페르니쿠스적 혁명이라고 일컬었다(G. Mazzoleni, 1995 ; 10, 308). 과거에는 정치권력을 중심으로 모든 것은 움직였지만 지금은 그것이 역전되었다는 것이다. 그의 지적대로 오늘날 정치를 포함한 많은 권력이 언론을 중심으로,

또는 언론의 영역 안에서 움직인다.

정치인들이 정치관련 정보를 확산하기 위해 자신이 출연하는 TV, 라디오 방송 프로그램에 맞춰 일정을 조정한다. 과거 같으면 언론이 정치 쪽의 요구에 따라야 했다. 미디어가 정치를 공격할 때가 종종 있는데 그 위력은 대단하다. 이 같은 상황이 연장되면 미디어 권력이 정치권력의 상위에 위치한다는 평가가 제기되기도 한다.

정치의 미디어화(化)는 저널리즘이 시민사회의 대변자의 역할을 할 수 있으며, 정치의 권위와 그 힘에 대적할 수 있다는 것을 의미한다. 이런 상황이 갖는 그늘도 있다. 미디어 정치가 그것이다. 미디어에 어떻게 비춰지느냐 하는 것이 가장 중요한 고려 요인이 될 때 부적절한 일이 생긴다.

정치가 일관성을 지키면서 중장기적인 효과를 목표로 하기보다 단기적, 때로는 즉흥적인 이벤트를 중시하는 쪽으로 간다. 정치가 항시 뉴스에 목말라 하는 미디어 생리에 젖어버린 탓이다. 이런 상황에서 대중의 인지도가 높은 탤런트, 방송인, 대중문화인 등이 정치인으로 쉽게 선출된다. 능력이 뛰어나다 해도 대중적이 아닌 정치 지도자는 설자리가 좁아진다. 정치의 감성화가 심화된다. 미디어 정치 시대의 부산물이다.

2. 악어와 악어새

정치는 대소 선거나 정치행사를 연중 개최한다. 그 과정에 언론이 활용된다. 정치인들이 언론매체를 통해 전달하려는 메시지의 목표는 정치적 지지세력 규합과 정치자금 확보 등이다. 언론이 중개하는 국가적 행사, 연두 기자회견 등은 정부에 대한 정보를 널리 전달한다. 그와 함께 권력에 대한 경외감을 확산 한다.

정치권이 효과적인 캠페인을 수행하기 위한 방식으로 여론조사 등 많은 방법이 있다. 여론조사를 통해 정치인과 정치적 주제에 대한 유권자들의 감정 상태를 확인한 뒤 그것에 파고들 수 있는 메시지를 작성한다. 유권자들은 정치 메시지를 통해 자신의 정치적 신념이나 희망을 재확인하고 싶어 하기 때문에, 이를 정치인들은 적절히 활용하려 한다.

정치인에세 가장 중요한 정치행사인 선거선은 주로 영상매체를 통해 전개된다. TV가 그 역할을 주로 맡으면서 정치인의 이미지가 가감 없이 전달된다. 언론매체를 이용한 정치적 이미지 제공과 확산이 선거의 승패를 좌우한다. 영상매체의 특성은 감성매체다. 그 때문에 선거 전략도 유권자들의 이성보다는 감성에 호소하는 쪽으로 기우는 경향이 있다.

입후보자들에 대한 뉴스는 정치 광고와 유사해지면서 정치광고도 뉴스와 점차 닮아가고 있다. 대통령이나 국회의원 선거시 TV에서 유료광고를 통해 정견발표가 가능하고 후보자 합동 토론이 벌어진다. TV뉴스 시간에는 이들 정치 행사가 다시 편집되어 시청자에게 전달된다. 신문에도 정치광고가 실리고 정치 기사가 보도된다.

정치적으로 민감한 사안이 터지면 '언론 때문이야' 하는 불만이 터져 나온다. 그러면 언론은 '잘 되면 내 탓, 못되면 네

탓이냐' 하면서 발끈한다. 이렇게 되면 국민은 멍해진다 '왜 저럴까? 누가 더 잘못 한 거지?' 그러나 그 결론은 쉽게 내려지지 않는다. 그러면서 세월은 간다.

정치와 언론의 관계가 항상 정상적이거나 원만한 것은 아니다. 정치가 무책임하거나 정보 소비자에 대한 서비스가 원만치 않을 때가 있다. 정치권이 확고한 철학과 원칙을 상실했을 때 책임정치가 실종한다. 한편 언론이 특정 정파를 노골적으로 지지, 성원하는 쪽으로 가기도 한다. 언론이 정치집단과 정보를 핑퐁식으로 주고받으면서 특정 이슈를 키우거나 여론화하는 일이 벌어진다. 언론이 먼저 보도하면 정당이 그것을 당론으로 받아서 정치쟁점화 하는 방식이다.

언론과 정치의 관계는 갈등과 협력, 지원과 반대가 혼재된 복합적인 것이라 할 수 있다. 그래서 언론과 정치는 너무 멀어도, 가까워도 좋지 않으며 적당한 긴장관계를 유지하는 것이 최선이다. 이 둘은 공존하면서도 가는 길이 서로 다르다. 이런 원칙이 지켜질 때 국민이 편하다.

그러나 현실을 보면 교과서적으로 가지 않는다. 정치는 언론을 손아귀에 넣어 이용해 보고 싶어 하는 욕구를 억제하지 못한다. 언론도 정치를 흔들고 싶어 한다. 인간의 권력 욕구는 자제하기 힘든 것인가? 정치가 정치에 열중하지 않고 언론의 영역에 지나치게 신경을 쓰면 정치권의 국민에 대한 서비스가 허술해진다. 한편 언론이 정파적으로 치우친 보도를 하다보면 균형감 있는 정치에 대한 보도를 소홀히 하고 심지어 왜곡 보도로 문제가 된다.

정치와 언론의 관계를 중장기적으로 살피면 그것은 공생의 관계로 나타난다. 서로를 필요로 하는 그런 관계다. 악어와 악어새 같다고나 할까? 물론 그 공존 양식은 훨씬 복잡하다. 위의 동물과는 달리 때로는 서로 다투기도 한다. 그러나 결국 둘 다 이익을 챙긴다. 심하게 으르렁 대는 것도 관중을 의식해서 벌이는 '제한 전쟁'인 경우가 많다. 결국 서로가 필요로 하는 관계임을 확인한다.

정치권의 유권자에 대한 서비스는 각별하다. 선거철에는 간까지 빼줄 것처럼 극진하다. 선거가 끝나고 다음 선거철이 되기까지 물론 그렇지 않다. 그러나 정치권은 완전히 손을 놓지는 않는다. 그랬다가는 낭패를 보는 일이 많기 때문이나. 그래서 갖가지 정치 이벤트를 내놓으면서 언론을 통해 유권자에게 접근하려 한다. 정치 라이벌을 의식할 때 더욱 그렇다.

대중 미디어도 자체 상품의 소비자이기도 한 유권자를 위한 서비스에 소홀하지 않다. 정치에 대한 정보를 가능한 한 많이 제공하려 한다. 언론은 정치의 계절을 맞으면 시청자나 독자를 만족시키기 위해 정치관련 보도량을 크게 늘린다. 언론이 독자적으로 정치관련 행사를 주도해 경제적 이익도 챙기면서 소비자층을 넓혀간다.

언론과 정치는 이해관계가 서로 얽혀 있어서 그 관계는 더욱 긴밀해지고 있는 추세다. 그러나 그 관계가 아무리 가까워진다 해도 둘은 한 몸이 될 수 없다. 언론이 정치의 연장선상에 위치해서는 결코 안 된다. 그렇다고 너무 멀리 떨어져 앙앙대는 것도 곤란하다. 서로 정도를 지켜야 한다.

3. 정치, 언론과 유권자

언론과 정치는 서로를 이용하는 긴밀한 관계다. 그러나 언론은 다 똑같지 않고 약간씩 색깔이 다르다. 특정 정치이념에 대해 좋아하고 싫어하는 데 차이가 있다. 정치를 이용하는 방식 또한 똑같지는 않다. 그러나 큰 틀에서 보면 언론은 정치를 통해 언론 소비자를 더 확보하려 하고, 정치는 언론을 통해 지지 세력을 결집시키거나 공격할 대상에게 타격을 입히려 한다.

일반인이 접하게 되는 정치 정보는 대부분 언론매체에서 선정하고 압축하거나 가공한 것이다. 실제 상황과 차이가 나는 경우가 적지 않다. 언론이 객관적으로 보도한다고 하나 그 '객관성'이라는 것이 문제가 되기도 한다. 모두가 인정하는 객관성이란 존재하기 어렵다.

언론사 스스로 설정한 기준을 객관성이라고 내세우고 그에 따라 보도함으로써 갈등이 빚어지기도 한다. 언론이 여론을 주도하고, 주요 의제설정을 통해 정치에 영향력을 행사하려 시도할 경우 그것은 더 심해진다. 정치인들이 여야를 막론하고 언론보도에 대해 불만을 표시하고 항의하는 일이 이어지는 것도 이 때문이다.

정치 쪽은 정치 기사를 찾아 헤매는 언론의 생리를 잘 알고 있다. 그것을 현실 정치에 활용한다. 자신에게 우호적인 언론에게만 정보를 주거나 인터뷰를 허락하는 것이다. 정치인의 선택적인 언론접촉은 드문 일이 아니다. 미국의 닉슨, 부시 대통령과 우리나라의 노무현 대통령 등을 예로 들 수 있다. 노 대통령은 집권 후 상당기간 동안 자신에게 비판적인 일부 보수 언론과의 인터뷰를 하지 않았다.

언론의 정치 보도 성향은 대체로 흥미를 끄는 쪽으로 기운다. 전문가가 아니면 이해하기 어려운 것은 잘 다루려 하지 않는다. 대부분의 독자는 복잡한 정책이나 정치 강령 보도 보다 소프트한 것을 더 선호한다. 언론은 이런 입맛을 살펴 거기에 보도의 기준을 맞춘다. 그러다 보니 언론속의 정치는 오락, 웃음거리로 만들어지기도 한다.

언론은 독자와 시청자들을 많이 확보해야 광고 등 수입이 증대된다. 언론으로서는 매우 긴요한 과제다. 정치 보도에 상업주의 색채가 자꾸 짙어지는 이유다.

지역 대표를 뽑는 선거의 경우 언론보도는 중앙당에서 누가 내려가서 어떻게 지원유세를 했느냐 하는 것에 초점이 맞춰졌다. 당과 당의 힘겨루기나 세 대결이 부각되고 전국적으로 특정당의 과반수 의석이 유지되느냐, 저지되느냐 하는 것이 주관심사다. 지역 대표를 뽑는데 정작 지역대표 후보들에 대한 정보 제공은 인색했다. 입후보한 개개인들에 대해 유권자가 판단할 자료는 보도 속에서 찾아보기 어려웠다.

노무현 대통령에 대한 언론 보도의 경우를 상기해 보자. 집권 초 그의 독특하고 파격적인 언행이 언론의 집중적인 보도 대상이 되었다. 언론은 대통령이 제시하는 새로운 정책 방향, 개선책의 내용보다는 과거 대통령들이 전혀 사용하지 않았던 말과 말투를 1면 톱이나 사이드 기사로 보도하는 일이 많았다.

청와대쪽은 언론이 적절치 않은 보도태도를 보인다고 공개적으로 서운해 했다. 그러나 언론이 이를 다시 되받아 치는 식의 공방이 노 대통령에 대한 탄핵가결 시기까지 계속되었다.

일부 언론은 대통령이 말을 조심해야 한다고 주문했으나 대통령은 그 같은 요구를 정면에서 거부하는 방식을 택했다. 공무원 초청간담회 등과 같은 공개적인 대담이나 연설 기회를 더 늘렸고, 그 같은 기회를 통해 자신의 독특한 언어 구사 등을 지속하는 직접홍보 방식을 선호했다. 그런 일이 되풀이되고 시간이 흐르면서 노무현 대통령의 독특한 언행에 대한 사회적 관심의 정도가 시들해졌다. 대부분의 언론도 '말꼬리 잡는 식'의 보도에 매달리지 않게 되었다. 같은 메뉴를 되풀이하는 대신 다른 메뉴를 찾으려했다고 할까? 언론의 대통령에 대한 탐색은 지금도 계속되고 있다.

독재정권 시절 언론은 권력 앞에만 서면 한없이 약해지는 그런 존재였다. 언론은 당연히 독재자를 미화하는 수단으로 활용되었다. 민주화가 되면서 상황은 변했다. 정치는 소수에게 독과점 된 상태에서 벗어났다. 과거 정치는 두려움의 대상이었지만 점차 그 높이가 낮아지고 급기야 일반인이 '경시'하는 대상으로 변화했다. 언론도 변했다. 한때 권력의 나팔수였지만 시대가 변하면서 정치권력을 자기 입맛에 맞게 창출한다는 의욕을 불태우기도 했다. 언론의 보도도 그 같은 변화를 반영했다.

정치와 언론은 동일한 사회에 뿌리를 내리고 산다. 정치와 언론은 동일한 대상을 놓고 친밀하거나 적대적인 공존관계를 이루기도 한다. 힘겨루기를 하는 때도 많다. 국민의 입장에서는 정치와 언론이 정상적인 관계를 유지할 때가 최선이다. 그 정상적인 관계는 물론 국민 개개인의 정치적 입맛에 따라 다르다. 그러나 시대와 사회를 관통하는 큰 원칙에서 벗어나지 않는 정치와 언론의 관계는 분명히 존재한다. 그것을 찾아 정착시켜야 우리의 미래가 밝다.

4. 정치권력과 언론 권력

민주국가에서 대통령과 언론은 흔히 사이좋게 지내기 어렵다. 서로 으르렁거린다. 왜 그럴까? 서로 힘이 센 탓인가? 대통령은 정치권력의 최강자이고 언론은 사회적 영향력에서 막강하기 때문인가? 동물의 세계에서 강자들이 공존하기 어렵고 꼭 힘겨루기를 해서 최강을 가리던 자연의 법칙이 인간세상에서 적용되고 있는지 모른다.

노무현 대통령은 역대 대통령 가운데 언론 때문에 마음고생을 가장 많이 한 경우다. 언론이 자신을 우스개 거리로 삼거나 정부 정책에 대해 특정 부분만 끄집어내서 비판하는 것을 참지 못했다. 그래서 청와대 브리핑과 국정 브리핑을 만들어 자신의 연설문이나 정부 정책의 전문을 싣도록 했다. 공무원들에게 그것을 읽어보라고 강조했다. 국민이 다 보고 판단해야 한다는 것이다. 언론은 왜 일부분만 꼬집어 내서 난리를 피느냐 하는 불만을 그치지 않았다.

노 대통령은 박정희나 전두환과 같은 독재자 방식으로 언론을 대하지 않았다. 변호사 출신 답게 대했다. 박정희나 전두환은 언론에 대한 테러를 서슴지 않았다. 긴급조치 등을 만들거나 악법을 앞세워 언론에 재갈을 물렸다. 그것도 부족해 보도지침을 매일 언론사에 내려 보내고 기관원을 상주시켜 문제 언론인을 가려내 불이익을 주었다. 지금 생각하면 호랑이 담배 피던 시절 같지만 그리 오래전도 아니다.

노 대통령은 언론의 오보 등에 대해서는 언론중재위나 법원에 문제를 제기했다. 정부 부처에 대해서도 오보에 대응하라고 독려했다. 노 대통령은 언론에 대한 불만을 기회만 있으면 쏟아냈다. 그러다 보니 언론도 맞대응을 삼가지 않았다. 민주사회라서 언론이 대통령에 대해 온갖 심한 말을 쏟아내도 되는 세상이라서 청와대와 언론의 전쟁은 지루한 장기전으로 계속되었다.

만약 노 대통령이 언론 보도에 대해 '관대'했다면 어땠을까? 임기 내내 대통령과 언론의 싸움을 보면서 그런 경우를 상상해 보게 된다. 다음 대통령은 노 대통령과 언론의 관계에 대해 반드시 검토를 하고 방법을 달리 해야 국민이 편할 것 같아서다. 대통령과 언론 권력은 용과 호랑이처럼 절대 상대에게 지려 하지 않을 것이기 때문이다.

노 대통령이 언론의 속성에 대해 이해했다면 아마 청와대 브리핑 같은 것을 만들지 않았을지 모른다. 정치권력과 언론은 관심의 영역이 서로 다르기 때문이다. 정치권력은 엄청난 예산을 집행하고 막강한 인사권을 행사한다. 그것은 민주 사회에서 가장 강력한 힘이다. 언론은 정치권력과 같은 힘은 없다. 대신 여론과 의제 설정을 통해 사회 전반에 영향을 미친다.

정치권력은 거미줄 같은 행정 조직 등을 통해 정책을 집행하게 된다.

정부 정책은 여러 선택 가능한 대안 가운데 하나를 고르는 식이다. 정부의 이념과 국민에 대한 공약 등에 따라 그 선택 원칙이 정해진다. 그러니 어떤 정부 정책이고 간에 비판 앞에 자유스럽지 못하다. 성숙한 정부라면 이런 점을 잘 알고 있어 정부 정책에 대한 비판에 관대하다. 비판이 들끓는다 해도 일과성 행사로 여기고 그 바람이 지나가기를 기다린다. 언론의 비판에 대해서도 당연히 그런 것으로 받아들인다.

언론 권력은 정치권력에 대한 비판을 즐긴다. 같은 권력끼리 힘겨루기 하는 맛도 있지만 언론 소비자인 독자나 시청자가 그것을 좋아한다. 정치 관련 기사는 잘 팔리는 언론 상품이다. 그러니 정치권력에 대한 기사 발굴에 힘을 쏟는다. 그러나 정부 정책 등은 잘 다루지 않는다. 그것은 너무도 전문적이어서 일반 국민은 잘 이해하기 어렵다. 그래서 국민들이 쉽게 알 수 있는 것, 설명이 필요 없는 정치 관련 기사를 즐겨 다룬다. 정치인의 스캔들이나 부정, 부패가 주 대상이다. 정치인의 잘못된 언행과 같은 일탈 행위도 좋은 메뉴다.

노 대통령은 언론이 애타게 찾는 보도 대상의 조건을 갖췄다. 그는 말을 자제하지 않는다. 즉흥 연설을 좋아한다. 점잖빼는 언어가 아닌 일반인들의 가다듬지 않은, 때로는 거친 말을 즐겨 쓴다. 이런 것은 다 좋은 뉴스거리다. 그래서 노 대통령은 임기 내내 언론에 좋은 상품 거리를 제공했다. 수구언론은 특히 정략적으로 대통령의 언행을 비틀거나 짓뭉개 정치 노선이 다른 언론 소비자들을 만족시켰다. 이런 언론은 참여정부 내내 장사를 잘 한 셈이다. 그러나 노 대통령은 그 보도 때문에 많은 손해를 보았다.

노 대통령이 언론의 생리를 이해하고 관용했다면 그에 대한 세간의 평가는 크게 달라졌을지 모른다. 다음번 대통령은 언론의 이해가 필수다. 자본주의 사회에서 언론이 다루는 정보는 전부 상품이다. 시장에서 상품이 잘 팔려야 돈 벌이가 된다. 노 대통령처럼 훌륭한 기사거리를 양산하는 대통령을 언론이 얼마나 즐길 것인가는 자명하다. 정치권력과 언론의 영역이 다르다는 것을 다음 대통령은 꼭 인식해야 한다. 우리 사회가 민주화 될수록 언론의 생리 즉 정치권력에 도전하고 정치권력을 우스개로 만드는 시도는 더 강해질 것이기 때문이다.

우리나라는 민주주의의 역사가 짧아서 언론이 정치적 억압에서 벗어나 자율적인 공정 보도를 한 역사도 길지 않다. 독재세력은 '언로를 장악하면 천하를 얻는다'면서 수단과 방법을 가리지 않았다. 권언유착관계가 상당기간 지속되었다. 그러나 대학가와 시민사회의 투쟁 속에 민주화가 꾸준히 진전되어 50여 년 만에 정권교체가 이뤄지기도 했다. 권위주의 정권의 청산과정에서 제도권 언론에 대한 사회적 비판이 컸다.

제도권 언론은 권력에 장악되어 통치 수단의 하나로 악용되었다. 권력은 권력에 저항적인 언론을 순치시키기 위해 언론인 강제해직, 언론사 통폐합 등의 불법적 방법까지 동원했다. 그 같은 타격을 받은 언론은 보도지침과 자기 검열 등을 통해 권력에 예속되었다.

한국 민주화는 민중들의 줄기찬 투쟁과 제도권 언론에 대항적인 정보 전달 수단이 기여한바 컸다. 70년대 말까지는 등사기가 재야 세력의 유일한 정보생산 수단이었다. 권력은 민주화운동 이념 확산 등을 막기 위해 등사기를 압수했다. 그러다가 80년대 들어 등장한 신종 전자기기들이 반독재 투쟁의 주요 무기가 되었다. 비디오테이프에 민주화운동 관련 정보가 담겨져 널리 보급되었다. 또한 복사기는 소책자 등 각종 민주 투쟁 유인물의 대량 제작과 배포를 가능케 했다.

정보 전달 수단의 다양화는 대중매체가 외면한 민주화 관련 각종 뉴스를 신속, 광범위하게 확산시켰다. 우리 사회의 민주화는 문민정부, 국민의 정부를 거쳐 참여정부 들어서도 계속 상승추세다. 그러나 민주화와 인권문제를 둘러싸고 언론계는 보수, 진보라는 두 가지 방향으로 갈려 있다.

언론은 문민정부 이후 정치권력보다 영향력이 더 강하게 되었다. 언론과 정치권력의 힘의 관계가 변한 것이다. 권위주의 정부에서 언론은 합법, 불법적인 탄압에 길들여졌다. 그러나 정치군인들의 세력이 약화되면서 언론에 대한 외압의 정도도 허약해졌다. 문민정부 들어서는 언론에 대한 강압이 아닌, '술과 돈'으로 언론에 영향을 미친다는, 회유와 매수라는 방식이 등장했다. 거기에 안기부 자금 등 검은 돈이 동원되었다.

국민의 정부 들어서는 정권 중반까지 IMF금융위기 극복, 각종 개혁시도, 여소야대 국면의 대처 등으로 정치권력과 언론과의 관계는 문민정부와 크게 다를 바 없었다. 그러나 분명한 차이는 안기부 자금과 같은 덩어리가 큰 검은 돈이 더 이상 존재하지 않는다는 점이었다. 국민의 정부 중반이후 언론사에 대한 대대적인 세무조사가 실시되어 많은 언론사가 많게는 수백 억원의 세금을 추징당했다. 또한 사주가 구속되면서 정치권력과 언론의 관계는 날카로운 대립적 관계로 변했다.

이후 언론과 권력의 관계는 권력에 대한 비판 공세를 무차별적으로 행한 〈조・중・동〉과 언론의 정당한 비판기능이 필요하다는 논조를 편 〈한・경・대〉로 나뉘어졌다. 이 같은 정치권력과 언론의 관계는 2002년 대통령 선거를 전후해 선거 보도에서 명확하게 차별성을 보였으며 참여정부 출범이후 상당기간 동안 비슷한 추세가 지속되었다.

정치인은 언론의 검증을 통과해야 정치를 계속할 수 있는 상황이 되었다. 대소 선거에 출마한 정치인은 언론이 기획한 공개토론 방송이나 탐사보도의 대상이 된다. 거기에서 자신의 사생활, 재산 상태 등에서 문제가 드러나면 정치 생명이 끝나기도 한다. 언론은 국민의 알 권리와 공인의 청렴성, 개혁성에 대한 검증 필요성을 앞세워 고위공직자의 부적절한 과거나 재산 증식 과정 등에 대한 집요한 탐사보도를 행한다.

문민정부 이래 수많은 공직자나 정치지망생 등이 언론의 검증 과정에서 부적격으로 판정되었다. 김영삼 정권은 언론이 제기한 각료들의 비리 등으로 정권 출범 후 열흘 만에 개각을 해야 했다. 김 정권의 등장과 때를 같이 한 언론의 정치권력 검증은 그 후 지속적으로 이뤄졌다. 공개적으로 낙인찍히면 더 이상 상향 이동을 하지 못한다.

언론의 영향력이 정치권력보다 더 우위에 있다는 평가는 김대중 정권 하에서도 지속되었다. 참여정부에서도 큰 변화는 없다. 언론의 권력에 대한 검증작업이 때로는 사생활 침해나 명예훼손의 논란을 불러오기도 한다. 그러나 투명한 리더십을 요구하는 사회적 요구가 더 강하다. 시민의 민주화 의식이 상승하면서 권력에 대한 검증 수준은 더욱 높아지고 있다.

언론의 공직자들에 대한 검증, 즉 탐사보도는 앞으로 계속될 것이다. 털어서 먼지가 날 사람은 공직에 접근하지 않아야 할 것 같은데 현실은 그렇지 않다. 공직에 대한 욕심만 자제하면 꽤 거드럭대면서 살았을 사람이 자신과 가족을 망신시키는 일이 그치지 않는다. 권력이 지닌 매력은 대단한 보양이다. 언론이 두드러지게 보이는 것은 역시 공정하게 권력에 대한 검증작업을 할 때이다.

5. 대통령 만들기에 바쁜 언론

우리나라 사람들은 정치에 관심이 대단하다. 누구나 정치에 대해 일가견을 가지고 있다. 자연 언론도 대통령에 대한 관심이 크다. 대통령 선거가 1~2년 앞으로 다가오면 언론은 바빠진다. 선거열기를 돋우기 위한 군불을 지피기에 바쁘다. 앞장서 분위기를 고조시키면서 일찌감치 '대통령 만들기'에 앞서 나간다. 여당과 야당, 그리고 무소속의 원로급 인사 등을 대권과 연결시키거나 개헌 논의 등을 비중 있게 보도한다.

특정인과 특정 정당에 대해 '고칠 것은 고치고 잘 해보라'는 우정 어린, 또는 따끔한 충고도 아끼지 않는다. 차기 대통령이 누가 유망하다는 여론조사 결과와 함께 칼럼 등을 통해 '다음에는 이런 대통령이 되었으면 좋겠다'고 노골적으로 방향을 제시한다.

언론의 자유가 보장되는 사회라서 어떤 정치적 견해를 표하든 문제될 것은 없다. 그것이 허위사실이나 부정확한 사실관계를 전달하는 것이 아니라면 의사 표현이 많아서 나쁠 것은 없다. 요즘은 신문들도 많이 세련되어있어서 덜컥 문제가 될 만큼 잘못 쓰거나 누구의 눈에도 확실한 실수는 하지 않는다. 언론중재위나 소송을 피할 수 있는 정성을 들인 것이 행간에 잘 나타나기도 한다. 언론도 프로의 시대로 가는가 보다.

미디어는 사회의 거울과 같은 기능이 있어서 사람들의 관심이 많은 사실을 보도하게 된다. 그러나 그 거울이 똑같지는 않다. 어떤 거울은 수구적이거나, 어떤 거울은 그 반대의 것이라서 언론 마다 크고 작은 특성이 드러난다. 그런 거울의 차이는 옳고 그르다는 것이 아니고 단지 서로 다르다는 것으로 받아들여야 할 일이다. 그것이 민주사회의 언론에 대한 자세다. 어느 미디어가 사용하는 거울이 싫으면 그 미디어를 외면하거나 사지 않으면 된다.

미디어가 어떤 내용을 싣고 안 싣느냐 하는 것은 미디어 자율권에 속한다. 외부의 조직이나 개인이 콩 놔라, 팥 놔라 할 수는 없다. 신문의 경우는 방송 보다 훨씬 더 자율성이 보장된다. 신문사가 민·형사 소송에 걸릴 내용이 아닌 신문을 만들어 팔면서 세금 꼬박꼬박 내면 아무도 어떻게 할 수 없고, 해서도 안 된다. 미디어 담당자의 권한은 이럴 때 하나의 권력으로 비춰지기도 한다. 설령 공익성 등을 거론하면서 그 권한에 대해 밖에서 시비를 건다 해도 결론이 쉽지 않다. 논리의 세계란 바다처럼 넓고 넓어서, 편집권 등을 놓고 일단 논쟁이 붙으면 말이 많아지는 것을 피하기 어렵다.

그러나 미디어의 권한이 무소불위는 아니다. 거기에는 막중한 책임이 따르고 요즘은 특히 시민사회단체의 비판의 눈길이 날카로워 그냥 지나치는 법은 거의 없다. 외국에서는 언론사가 명예훼손 소송에 휘말려 파산하는 일도 적지 않다. 우리나라는 아직 기사 때문에 언론사가 무너질 만큼 손해배상을 물게 하는 일은 없어서 언론의 보도가 가끔 상궤를 벗어나기도 한다. 그러나 이런 일도 요즘처럼 민주화가 잘 진행되는 사회분위기면 머잖아 바로잡힐 것 같다.

사실 미디어의 담당자도 매일 고민하면서 신문, 방송 같은 상품을 만든다. 그들은 우선 시대 상황을 고려한다. 시대의 흐름과 관계없는 엉뚱한 것을 내세울 수는 없다. 대중매체의 담당자는 보도할 정보 수집과 가공, 배포 등에서 자신이 처한 시대 상황의 영향을 외면할 수 없다. 이러다 보면, 정치의 계절에는 정치 관련 기사가 주류를 이루고 경제적으로 어려울 때 관련 기사들이 줄을 잇는다. 그 결과 미디어 생산물은 그것이 생산된 시대상을 이해할 수 있게 해준다. 오락이나 광고도 역시 시대 상황과 연관된 내용으로 제작되어야 소비자에게 쉽게 다가갈 수 있다.

그러나 미디어는 객관적 상황에만 시선을 고정시키지 않는다. 자사의 색깔을 유지하는 쪽으로 노력하면서 사회가 요구하는 변화도 조금씩은 반영한다. 사건, 사고를 보도할 때 자사가 표방하는 보도원칙 등에 비춰 평가하고 비판한다. 메시지에 따라 비판적 논리에 큰 차이가 나는 경우가 많다. 그에 따라 일반인들의 반응이나 전개될 상황에 대한 전망이 크게 다르게 나타난다.

미디어는 매일매일 발생하는 사건, 사고에서 언론 시장의 소비자가 주의를 기울일만한 것들을 고르면서 고민한다. 얼마만큼의 비중으로 싣느냐 하는 것은 미디어가 부여하는 중요성과 같은 의미다. 이런 작업을 통해 정치·사회 등 각 분야별로 중요한 것들이 간추려지고 가공된다.

독재국가에서 모든 미디어가 동시에 같은 목소리를 낼 때 그 효과는 적지 않다. 한 방향으로 심하게 쏠린 여론이 형성되기도 한다. 그러나 민주사회는 다르다. 다양한 시각을 지닌 미디어가 존재하고 여러 가지 견해가 제시되면서 여론 시장에서 검증을 받는다. 앞으로 차기 대통령에 대한 갖가지 견해들이 제시될 터인데, 중요한 것은 언론 소비자들의 취향이다. 언론 소비자들의 희망을 읽어낸 미디어는 사실상 '대통령 만들기'를 하는 것과 다르지 않은 영향력을 행사할 수 있다.

6. 정치 풍자와 해학

우리 사회에서 정치풍자나 해학이 아직 외국의 수준만큼 가지는 않았다. 정치인들을 나체로 등장시키거나 총으로 저격하는 그런 정치 패러디가 등장하면 소동이 일어난다. 그냥 지나가는 일은 거의 없다. 방송국의 해당 프로에 손질이 가해지기도 한다. 사상의 자유, 표현의 자유를 둘러싼 논란도 그치지 않는다. 유명화가의 작품이나 문필가의 작품을 모방해서 만드는 패러디는 인터넷의 보급, 정치 민주화의 진전과 함께 풍자와 해학의 선두주자로 자리 잡았다. 앞으로 그 행진이 멈출 것 같지는 않다.

정치 패러디를 둘러싼 논쟁은 공인에 대한 비판과 공인의 인권존중이라는 두 개의 잣대가 충돌하면서 빚어진다. 한편에서는, 공인은 일반인과 달리 국민의 알 권리를 충족시키는 차원에서 일정부분 그에 대한 비판과 사생활 폭로 등이 불가피하다고 주장한다. 성역 없는 상상과 표현의 자유가 보장되어야 한다는 것이다. 다른 쪽은 아무리 그렇다 해도 소중한 인권을 침해하는 일이 있어서는 곤란하다는 것이다. 풍자도 좋고 비판도 좋은데 모욕적이거나 명예훼손에 해당하면 곤란하다는 것이다. 두 개의 잣대가 어느 선에서 만나야 적절한 것인지 분명치는 않다.

우리나라에서 정치 권력자들은 대중의 웃음 소재가 되는 것을 싫어했다. 군사 정부 시절 신문의 한 칸과 네 칸짜리 그림판에 대통령이 정치 풍자나 해학의 대상이 되는 일은 상상할 수조차 없었다. 5공화국의 철권통치 속에서 민주세력이 만들던 지하유인물에는 당시 광주학살 원흉 등이 철저한 비판의 대상이 되었다. 신문에서 권력자에 대한 금기 사항이 깨지기 시작한 것은 6월 항쟁 이후다. 민주화가 진전되면서 최고 권력자의 풍자물이 일간지의 그림판에 쉽게 오르는 주요 메뉴가 되었다.

사상과 표현의 자유가 모든 나라가 똑 같지 않다. 문화와 역사적 전통에 따라 약간씩 차이가 있다. 미국처럼 표현의 자유가 보장된 사회에서도 부시 대통령의 머리에 총을 겨눈 가짜 우표가 미술인들의 전시회에 등장하자 백악관에서 조사를 해 논란이 일었다. 그 직후 노무현 대통령을 저격하는 내용의 패러디가 인터넷 매체에 등장해 경찰이 수사에 착수하는 등 파문이 일었다. KBS 2TV '생방송 시사투나잇'이 한나라당 의원 두 사람의 얼굴을 누드 그림에 합성한 패러디를 방영한 뒤 정치문제화 되기도 했다. KBS 사장이 해당 프로를 개편토록 하는 등 후유증이 길었다.

우리 TV의 코미디 프로에서 아직도 힘이 센 직종, 권력을 휘두르는 그런 분야는 코미디 소재로 삼지 못한다. 어쩌다 코미디 프로에 등장하게 되면 해당 분야에서 '묘사가 적절치 못하다'는 식으로 심하게 항의해 코미디 소재로 재등장하지 못하게 한다. 그런 탓일까, 힘이 센 분야에 대한 풍자나 해학은 아직도 부자연스럽다. 그런 곳의 노골적인 주문이나 압력이 없다 해도 자기 검열이 행해지는 징후가 전혀 없는 것은 아니다.

우리 TV의 코미디 소재가 매우 제한적이다. 단순한 말장난, 과장된 몸짓에만 의지해 웃음을 끌어내려 한다. 연륜 있는 희극배우는 무대에서 사라졌고, 중년층에게 낯선 언어와 국적 불명의 의상, 분장들이 설친다. 가장 많이 등장하는 형식은 가학적인 것이다. 상대를 심하게 몰아붙이거나 창피를 주어 육체적, 정신적으로 고통 받는 것을 보고 즐기는 인간의 심리를 파고드는 내용이다. 야릇한 음성으로 하는 말이나 동물의 행동을 흉내 내는 것으로 웃음을 자아내게 하는 것도 많다. 이런 쪽으로 관객을 즐겁게 하려는 코미디언은 대개 수명이 길지 않다. 그런 소재를 지속적으로 발굴하는 것이 어렵기 때문이다.

코미디나 개그 등을 스포츠와 비유하는 시각도 있다. 스포츠처럼 코미디도 부담 없이 즐기려 한다. 선수와 팀의 행동에 몰두하듯 개그에서도 자신을 잊고 즐거워하고 흥분한다. 생각하면서 그 의미를 찾아야 하는 식의 '복잡한' 코미디는 싫다는 것이다. 웃고 즐기다가 채널을 끄면 말끔히 머릿속에서 사라지는 코미디가 더 좋다고 한다. 그러나 이런 웃음은 메아리가 없이 허공에 흩어지는 그런 것이 아닐까? 웃음과 함께 짙은 감칠맛이 나는 그런 코미디가 더 생활의 활력소가 되는 것은 아닐까?

우리의 '웃음'은 이런 것이면 좋겠다는 식으로 단정할 수는 없다. 하지만, 코미디와 개그 등의 소재가 지금보다 다양해져야 할 필요는 있다. 그 영역이 확대되려면 역시 잘 나가는 힘 있는 분야로 진출하는 방법일 것이다. 당연히 발상의 전환이 필요하다. 민주사회에서 권력층이나 공인의 반열에 오르면 대중의 요구에 응해 그 대가를 치른다는 사회적 공감대가 더 넓어져야 한다. 신분 상승 이전의 보호막 속에서 안주한다는 특권의식을 버려야 한다. 코미디와 패러디의 대상이 되는 것을 받아들일 태세를 스스로 갖춰야 한다. 그 만큼 속이 넓지 않다면 공인의 자격이 부족한 것일 게다. 외국만큼 우리도 힘 있는 분야가 대중적인 풍자와 해학의 소재로 더욱 많이 활용 되었으면 좋겠다.

7. 영상 미디어와 선거

선거와 같은 큰 정치 행사에서 TV 등 영상 미디어의 역할은 매우 중요하다. 현대 정치는 여론의 지지를 받을 수 있는 정치적 이슈를 언론을 통해 제기하기 위해 노력한다. 아무리 훌륭한 정치적 의제라 해도 TV 등 대중매체를 통한 전달에 적절치 않으면 영향력은 제한적일 수밖에 없다.

미디어 가운데 대통령 선거에 미치는 영향력은 TV가 단연 손꼽힌다. 이는 16대 대선 결과에 대한 분석에서 나온 결론이다. 한국언론재단의 '2002년 대통령선거와 미디어'라는 보고서에 따르면 TV가 이용시간, 신뢰도, 평가, 영향력 등에서 압도적인 우위를 나타냈다. 유권자들은 TV를 가장 중요한 정보원으로 여겼으나 투표와 직접 연결될 가능성은 신문과 인터넷이 더 높은 것으로 나타났다. 인터넷은 특정한 집단에서 선거 전반에 걸쳐 영향을 미쳤으나 일반 유권자 차원의 이용도와 신뢰도를 고려할 때 기존 TV, 신문을 대체할 정도는 아닌 것으로 평가됐다(미디어 오늘, 2003년 6월 18일).

2004년 4 · 15 총선의 특징은 그보다 앞선 2002년 대선의 영향 탓이었을까? 감성 자극과 이벤트로 점철된 선거였다는 평가를 받았다. 미디어를 의식한 이벤트성 메시지 전달이 홍수를 이뤘다. 후보자의 자질이나 능력, 정책 공약은 당 지도부와 후보들이 연출한 이미지나 이벤트에 가려 보이지 않았다. 역대

선거에서 흔치 않았던 단식, 삭발, 3보 1배, 경로당과 대한노인회 상대의 사과 순례, 천막 단식 유세, 쓰레기 차 유세, 인라인 스케이트 유세 등이 법정 선거 기간 동안 미디어 속에 등장했다(한국일보, 2004년 4월 14일).

국회의원 지망생들의 감성에 호소하는 선거 전략은 미디어의 선거 보도 성향과 밀접한 관련이 있는 것으로 추정할 수 있다. 당시 지상파TV의 총선 관련 뉴스에 대한 사후 분석 결과 이미지 보도와 정치인 동정 보도에 치중해, 책임 있는 언론으로서의 기능을 상실했다는 평가를 받았다(미디어오늘, 2004년 4월 23일). 이런 보도 태도가 정치 현실과 무관치 않은 듯하다. 정치권에서는 미디어가 선거철에 선호하는 메시지가 무엇인지 꽤뚫어 보고 있으며 그에 맞는 메시지를 생산하고 있는 것은 아닐까?

선거 때만이 아니라 평상시에도, TV로 전달되는 메시지는 인상적이며, 기억이 쉽게 될 수 있도록 가급적 단순하게 가공된다. 정치인이 행하는 TV 뉴스 속의 대담은 길어야 10여초 이내로 단축된다. 정치권은 영상매체의 영향력을 활용하기 위해 가급적 정치적 메시지를 간단히, 자극적으로 만든다. 내용이 복잡하거나 메시지 수가 너무 많은 것은 기피의 대상이 된다. 일부 '아마추어' 정치인은 선거에 출마할 경우 수십 개의 정치적 이슈를 알리려는 '과욕'을 부린다. 그러나 일반인들은 많은 것이나 복잡한 것을 기억치 못한다. 전문가들은 1~3개 정도의 선거 이슈가 적절하다고 충고한다.

TV를 통해 전달되는 정치적 이슈는 깊이가 부족하다는 한계를 벗어나기 어렵다는 평가를 받는다. 일반 유권자들도 복잡한 정치문제에 대해서는 TV보다 신문 등을 통해 해답을 구하는 경향이 있다.

TV 정치의 얄팍한 한계 때문에 덕을 보는 정치인도 적지 않다. 머릿속은 텅텅 비었는데 그럴싸한 외모나 말재간으로 과대평가되는 혜택을 누리고 있다. 영상 미디어 정치가 대세로 자리 잡은 시대적 상황에서 발생하는 기현상이다. 정치는 결코 호감을 주는 외모나 그럴싸한 말 재주로 해결될 수 있는 분야가 아니다. 미디어 시대에 맞는 정치적 옥석을 가릴 방법이 개발되어야 한다.

정치가 이미지만으로 승부하려는 쪽으로 치달으면 그 부담은 결국 국민의 몫이 된다. 정치적 역량이 아닌 정치적 포장만이 미디어의 정치 메시지에서 주요 메뉴가 된다면 국민의 판단을 흐리게 한다. 이미지 정치, 감성 정치가 심화되면 거짓말 정치. 과대 포장된 정치가 판을 치게 된다. 언론이 중심을 잡아야 한다.

미디어는 민주화 시대의 시민 사회 역량을 고려해 정치 현실에 임해야 한다. 선거 감시단체들은 정치인이 선거 과정에서 제시한 갖가지 공약 사항에 대해 당선이후 얼마나 이행하는지를 지속적으로 감시한다. 실현 불가능한 공약을 제시한 것이나 공약을 어기는 것에 대해 시민사회단체들은 집중적으로 문제를 제기하는 추세다. 쇼맨십이 강하거나 속과 겉이 다른 정치인은 점차 설자리가 없어진다. 미디어도 그런 정치를 앞당기는데 기여했으면 한다.

8. 미국식 정치상품과 언론

미디어 활용은 모든 정치인들의 공통 관심사다. 그들은 자신의 이미지 관리를 위해 TV방영, 사진 보도 등에 자신이 원하는 정치적 메시지가 전달될 수 있도록 노력을 한다. 친근한 가장의 면모를 강조할 경우, 가족들에게 둘러싸인 장면을 연출한다. 또한 유권자와의 유대를 보여주기 위해서는 자신의 지지계층과 함께 대화하는 모습을 사전에 기획하는 등 애를 쓴다.

정치인들은 미디어 전문가의 조언을 중시한다. TV카메라나 대중 앞에서 어떤 표정을 짓고 미소를 보내야 하는지, 어떤 단어와 표현이 적절한지, 안경을 쓰는 것이 좋은지, 쓸 경우 어떤 것이 좋은지 등에 대해 전문가로부터 도움을 받는다. 정치인들은 정치적 사안을 언급할 때 용어 사용에 신중을 기함으로써 전달 효과를 극대화시키려 한다. 이 경우 직설적 표현보다 함축적 의미가 담긴 용어를 쓰는 경우가 많다. 예를 들면 범죄와의 전쟁이라는 캠페인에서 '전쟁'은 모든 수단을 동원해 범죄를 퇴치한다는 의지가 담겨있다.

정치와 언론의 관계는 민주주의가 얼마나 시행되느냐에 따라 여러 가지 형태를 나타낸다. 미국의 정치인들은 깜짝 쇼를 연출하듯 자신의 이익을 관철하기 위해 언론을 이용하는 방식을 개발하고 있다. 예를 들어 로날드 레이건 대통령이 언론을 활용하기 위해 실행한 방식은 정보 관리, 즉 정부와 언론과의 관계설정을 통해 정치적 이득을 실현하려는 노력 이었다. 한참 오래되기는 하지만 오늘날도 큰 차이가 없는 백악관의 홍보방식이라서 소개한다(Silverblatt, 2001 ; 267-269).

레이건 정부는 언론 매체가 정부를 가장 중요한 정보소스로 의존하고 있다는 점을 인식해 정부쪽에서 보도되기를 원하는 정보는 제공하고, 반면에 정부가 보도되는 것을 원치 않는 정보는 감추거나 축소했다. 미국 정부는 언론이 원하는 정보를 제공하거나, 침묵하는 원칙 하에서 일상적으로 다음과 같이 대처했다. △매일 아침 대통령의 이미지를 높이기 위해 무엇을 어떻게 해야 할 것인가를 숙고한다. △정치적 의제 설정을 한 뒤 대중에게 영향력을 강하게 미칠 수 있는 방식을 강구한다. 기자 회견 등을 한 뒤 언론사를 순방하면서 주요 메시지에 대해 설명해 오보 등을 방지 한다. △언론에 보도된 각종 기사가 정부에게 어떤 영향을 미칠지 점검하고 대책을 수립하며 부정적 측면은 그것을 최소화할 조치를 취한다. △기자가 대통령에게 접근해 질문할 기회는 가급적 극소화하되 사진만을 찍는 것은 권장한다(결과적으로, 레이건 대통령은 언론 접근이 용이하다는 이미지가 유지되었다). 이는 대통령의 입을 통해 정보가 알려지면 정부 차원에서 주요 정치 의제를 조정하기 어려워지기 때문이다. △모든 정부 관리들은 통일된 내용의 공식적 정보만을 제공토록 했다. 이는 정부의 신뢰성과 일관성을 유지하는데 기여했지만 백악관이 정보 유출을 얼마나 두려워했는지를 반증 한다. △레이건 홍보팀은 언론에게 제공할 정보를 항상 미리 준비했다. 이는 정부가 원하는 식으로 가공된 정보를 제공함으로써 정부측이 얻게 되는 이득이 크고, 언론이란 보도할 정보가 없으면 무엇인가를 찾아내기 위해 노력한다는 점 등이 고려된 대비책이다. △TV나 신문 등의 언론 매체가 지닌 특성을 활용함으로써 정치적 의제 설정, 그 영향력 강화에 노력했다. 예를 들어 TV에 대통령이 자주 등장해 뉴스 가치가 약화되는 것을 방지하기 위해 대통령의 정책 발표 때 신선감을 줄 수 있게 노력하면서 TV화면 배경까지 신경을 썼다.

레이건 전 대통령만이 아니라 모든 정치인들은 미디어에 신경을 쓴다. 얼마나 극성스러운가, 그렇지 않은가 하는 차이 뿐이다.

정치인들은 언론을 통해 대중에게 제공되는 정보를 통제할 수 있는 수단이 풍부하다. 정치인은 언론이 필요로 하는 뉴스거리를 제공하는 방식으로 자신이 원하는 정보를 통제할 수 있다. 즉 기자 회견, 연설, 정당 행사 등을 통해 언론의 보도 기능에 접근할 수 있다.

정치 커뮤니케이션은 정밀한 생산방식을 통해 정치나 정치인을 최대한 부각시키려 시도한다. 그러나 정치 메시지의 생산방식이 세련될수록 유권자들이 정확히 판단할 수 있는 여지가 좁아지는 부작용이 있다. 정치 정보의 홍수 속에서 유권자들은 냉정하게 평가하면서 반론을 펼 기회가 적어진다. 현대 정치가 지닌 비정상적인 모습이다.

현대인은 미디어를 통해 전달되는 정치 정보를 비판적으로 판단할 수 있는 능력이 필요하다. 미디어 교육의 목적이 그런 데 있다. 정치인들이 행하는 미디어 정치의 실체를 꿰뚫어 볼 수 있게 하자는 것이다. 정치가 대중 설득 형식에만 치중할 때 발생하는 위험을 방지할 수 있는 것이 미디어 교육이다.

9. 여론과 정치

여론조사는 두 가지 기능을 지니고 있다. 하나는 여론의 흐름을 알아내는 과학적 수단의 기능이다. 다른 하나는 사회현상을 굳혀버리는 강력한 결정력의 기능이다. 여론조사의 두 기능은 현실 정치에서 수시로 바뀌어 나타난다. 그것을 미디어가 더욱 부채질하는 경우가 많다.

여론조사의 기능을 좀더 자세히 살펴보면 아래와 같다. 첫째, 정치적 상황이나 정치인의 선호도에 대한 여론의 흐름을 조사하기 위함이다. 정치적 의제를 설정해 대처하거나 대중의 관심을 긍정적으로 유도할 방안 마련이 그 목적이다. 둘째, 여론조사 결과가 공표됨으로써 여론조사 결과자체가 하나의 현실로 굳어지는 경우다. 예를 들어, 유권자의 선거 후보에 대한 선호도는 상황에 따라 출렁이는데 어느 시점에서 발표된 여론조사 결과가 그것을 굳혀 버리는 경우다.

여론조사 기능 가운데 널리 인정되는 기능이 현상 파악 능력이지만 이것은 기본적인 원칙을 지키지 않으면 엉뚱한 부작용을 낳는다. 여론조작이 최악의 사례다. 부적절한 방식으로 의견을 조사하거나 엉뚱한 방향으로 결과를 가공할 때 나타난다. 권위주의 정부 시절은 관공서에서 국민의 세금으로 여론조사를 하지만 그 결과를 아전인수식으로 악용하는 일이 잦았다. 수년전까지 그런 일이 적지 않았다. 민주사회에서 반드시 시정되어야 할 부조리다. 미디어의 감시 기능이 그것을 방지할 수 있다. 그러나 미디어가 무관심하거나 알고도 모른 척하면 일반 대중이 큰 손해를 본다.

한편, 여론조사 결과가 현실에 강한 영향력을 미치는 경우다. 실제 상황이 어떤 상태인지 애매했는데 여론조사 결과로 그것이 해소되면서 그 여론조사결과가 현실 속에서 강한 지배력을 행사할 때가 있다. 이런 현상은 선거철에 많이 나타난다. 후보에 대한 선호도 조사가 선거 판세를 굳혀 버린 경우다. 여론의 흐름을 알려준다는 본래의 방향에서 벗어나 여론의 방향을 고착시키는 것이다. 미디어가 여론조사를 보도할 때 잘못인 줄 알면서 눈감고 저지르는 경우도 있지만 실수로 그런 경우도 적지 않다.

미디어 보도에 등장한 여론조사가 선거의 판세를 좌우한 대표적인 경우의 하나가 16대 대선이다. 이는 16대 대선과 미디어 관계에 대한 한국언론재단의 '대통령선거와 미디어'라는 보고서에 잘 나와 있다. 즉 대통령 선거가 그 정점을 향해 치닫던 2002년 8월 9일부터 11월 30일까지 10개 중앙일간지의 대선 여론조사 보도를 분석한 결과, 여론조사가 16대 대선 판세를 좌우하는 주요한 변수로 작용한 것으로 나타났다(미디어 오늘, 2003년 6월 18일).

여론조사방법의 결과를 보도할 때 지켜야 할 기본사항, 해석 등에 많은 문제점이 드러났다. 언론의 신뢰성에 먹칠을 한 셈이다. 여론조사 결과를 흥미 거리나 게임으로 전락시키는 보도행태도 있었다. 오차한계를 고려하지 않거나 자의적인 해석 또는 근거 없는 추정 등의 오류가 발견된 기사가 59.3%에 달했다. 통계적으로 의미 없는 수치까지 순위를 매겨 유권자를 혼란에 빠뜨리거나 판단을 오도했다는 비판도 받았다. 대선 이후 미디어의 여론조사 보도에서 나타나는 잘못을 바로 잡기 위한 노력이 다각도로 행해졌지만 큰 성과가 아직 없다.

미디어에 여론조사 결과가 보도되었을 경우 유심히 살펴야 한다. 그래야 정확한 정보 해석이 가능하다. 우선 여론조사가 실시된 시점을 보아야 하는데, 가장 최근에 실시된 조사일수록 좋다. 선거 결과에 대한 것이면 투표일에 임박해 실시한 것이 최상의 것이다.

여론조사 대상의 크기도 중요하다. 가장 적은 단위는 1백여 명이지만, 지나치지 않을 정도로 적정 수준이어야 한다. 누구를 대상으로 조사했는지가 중요하다. 선거관련 조사이면 일반 유권자인지, 아니면 정당원 인지, 또는 단순히 성인인지 등이 중요하며 이들 조사 대상에 따라 그 조사결과가 크게 다를 수 있다.

여론조사 문항의 표현 양식이 매우 중요하다. 질문 내용이 피조사자에게 어떤 결론을 강요하거나 유도하는 식으로 표현되었다면 적절치 않다. 그리고 피조사자가 선택할 수 있는 답지(答枝)가 적절하지 않는 지도 살펴야 한다.

여론조사의 비용을 누가 대고 무슨 목적으로 하느냐가 중요하다. 정당이 조사 주체일 경우 때때로 정치적 목적을 합리화시키는 조사 결과로 조작되기도 한다.

여론조사는 선정된 표본 집단에 대한 통계학적 조사를 통해서 전체 집단의 경향성을 파악키 위한 것이다. 따라서 오차 범위, 신뢰구간 등에 유의할 필요가 있다. 예를 들어 선거관련 여론조사에서 한 후보가 2% 앞섰지만 오차범위가 ±3일 경우 그 2%는 통계적으로 무의미하다. 즉 그 후보는 5% 앞섰거나, 1%뒤졌다고 설명할 수 있을 뿐이다.

여론조사는 도깨비 방망이와 같은 만능은 아니지만 상당한 과학성을 지니고 있다. 어떻게 잘 조사하고 활용하느냐의 여부가 중요하다. 미디어는 이 점을 잘 살펴 소비자에게 서비스하면 그 효용성이 크다. 민주사회의 현주소와 나아가야 할 방향성을 알게 해주는 수단으로 과학적인 여론조사만한 것도 없다.

10. 정치기사가 바뀌어야 한다

정치인은 말로 먹고 산다. 그럴 수 있는 것은 정치인의 말을 즐겨 다루는 언론의 생리적 특성 탓도 크다. 정치인의 말이 점잖고 깊은 여운이 있건, 오장육부를 긁어대는 막말이건 언론은 별로 가리지 않는다. 말로써 말이 많아진다고 하지만, 정치판의 말싸움이 벌어지면 언론은 그것도 싫어하지 않는다. 말의 정치는 언론이 가장 즐겨 찾는 메뉴의 하나다.

정치 쪽에서 나오는 말은 그 종류가 여러 가지다. 때로는 예리한 비수보다 더 섬뜩하고, 때로는 봄날 해질녘 가랑비 내리는 호수의 정취를 자아내기도 한다. 정치권이 열을 받는 상황이 되면 독한 말이 튀어나오는 일이 흔하다. 막말 정치가 펼쳐지는 것이다. 최근 몇 년 동안 널리 알려진 막말은 대부분야권이 그 생산지다. 야당의 한과 서러움을 표현했다고는 하나 그 판단은 유권자들의 몫이다.

"대통령 입을 공업용 미싱으로 박아야 한다" "나라가 편하기 위해 대통령이 하야해야 할 것" '등신 외교' '공산당식 국정운영방식'

섬뜩한 막말 정치가 지닌 효용성을 정치인들이 모를 리 없다. 정치권에서 생산한 막말로 가슴 후련한 대리만족을 느끼는 유권자들이 있기 마련이고 그런 기여로 정치적 생명이 길어질 것이라는 셈법이 동원되었을 법하다. 그러나 그런 식의 긍정적 효과만 있을 것 같지 않다.

막말 정치와 달리 점잖은 말의 정치도 정치권에서 큰 몫을 한다. 압축된 말로 많은 사람의 심금을 울려 머리를 끄덕이게 하는 정치인도 적지 않다. 깊은 뜻을 지닌 옛 말이나 속담 등으로 정치 상황이나 자신의 심경을 나타내면 그 또한 효용성이 크다. 때가 되면 그럴싸한 고사성어를 언론을 통해 알리던 대표적인 인물이 김종필 씨였다. 그 밖에 많은 정치인이 옛 글귀로 자기의 정치적 소신 등을 표현하고 있다.

'종용유상(從容有常·무슨 일이 있어도 어긋나지 않게 살다)' '줄탁동기(모든 일에는 때가 있다)' '화이부동(和而不同 조화를 이루되 휩쓸리지 않는다)' '해현경장(解弦更張·거문고 줄을 풀어 팽팽하게 다시 맨다)'

정치인들의 말도 유행을 탄다. 돌림병과 같은 그런 모습을 보인다. 점잖은 말과 섬뜩한 말이 마구 섞여 나오기보다 어느 한 쪽으로 쏠리는 경향이 있다. 그것은 정치적 상황과 무관치 않기 때문인 듯하다. 정치적 상황이 팍팍해지면 말을 칼 대신 쓰기 때문일까?

정치인의 말과 그에 대한 언론의 보도는 상승작용을 일으킨다. 말로써 말이 많아지는 쪽으로 간다. 정당 대변인들이 막말 정치의 진원지라면서 서로 그러지 말자고 다짐하는 일도 간혹 있지만 크게 달라진 것 같지 않다. 만약 언론이 말 같지 않은 말에 대해 거부반응을 보이거나 아프게 비판하면 정치 쪽의 말은 점잖은 수준을 유지할 수 있을지도 모른다. 그러나 현실은 그렇지 못하다.

우리 언론의 오랜 관행이 말 중심의 정치 보도이기 때문이다. 이는 해방이후 우리의 정지사와 밀섭한 관련이 있다. 독재체제, 장기 집권 속에서 언론의 정치영역에 대한 관심과 보도는 극히 제한적이었다. 정권이 바뀔 가능성이 차단되어 있는 상황에서 정치적 이념, 제도는 언론이 감히 다룰 수 없거나 다룰 필요가 없는 분야였다. 고정된 정치적 틀 속에서 정치인의 부침 또는 말만이 큰 뉴스였다.

민주화가 크게 진전된 오늘날 언론은 아직도 과거의 관행에서 탈피하지 못하고 정치인의 말을 듣기 위해 뛰어다닌다. 정치 이념과 제도는 즐겨 다루는 영역에 속하지 않는다. 민주정치는 사람이 아닌 시스템이 하는 정치다. 언론도 사람만 따라다니지 말고 시스템을 주목해야 한다. 과거의 정치 보도 관행은 이제 벗어나야 한다. 그래서 정치보도는 정치인의 말이 아닌 정책이나 정치적 행동을 중심으로 이뤄져야 한다.

11. 말로 하는 정치의 허실

노련한 정치인은 언론의 생리를 잘 알고 있다. 그래서 언론을 향해 어떻게 말해야 자신에게 유리한지 미리 헤아려 본다. 함부로 말했을 때 어떤 대가를 치러야 하는지 알고 있다. 여간해서 준비 안 된 말을 하지 않는다. 자신의 말을 언론이 어떻게 다룰 것인가를 미리 계산하지 못하는 정치인은 아직 아마추어다.

정치인이 언론을 향해 하는 말은 상황에 따라 다른 형식을 취한다. 우선 언론이 덥석 보도할 수 있는 모양으로 제공한다. 언론의 무비판적 보도를 유인하는 정치인의 말재간은 현란하다. 아 차 하는 사이에 정치인에게 언론이 놀아나는 꼴이 된다. 언론이 미리 대비하고 언론 소비자를 위해 최대한 서비스한다는 자세로 임하면 어떤 경우에도 큰 문제는 없다. 말 정치의 사례와 그 노림수는 아래와 같다(Silverblatt, 2001 ; 289-290).

정적을 풍자해 공격하는 방식이다. 이는 공격하는 내용을 구체적으로 언급하지 않으면서 타격을 입히려 할 때 주로 나타난다. 풍자가 지닌 일반화된 내용으로 상대에게 피해를 입히려는 노림수가 숨어 있다. 이런 공격을 당한 당사자는 실제 명예훼손에 해당하는 피해를 입지만 고소 등 법적으로 맞대응하기가 쉽지 않다.

목소리를 높여 일방적으로 주장하는 경우다. 구체적인 설명이나 논거를 제시하지 않으면서 자신이 주장하는 방식만이 유일한 대안이라고 주장하는 형식이다. 이는 자신이 처한 정치적 곤경에서 벗어나려 하거나 상대방을 궁지에 몰아넣기 위한 수법이다. 이 경우 "진실은 바로 .....이다"라거나 "......은 의심할 나위가 없다"는 식의 어법을 쓴다.

정치적 의제설정을 시도할 때이다. 정치인은 자신이 제시하는 정치적 제안 등이 중요하게 인식되고 처리되도록 노력한다. 대부분의 성공한 정치인의 경우, '정치적 메시지 관리'에 능숙했다. 선거에 임해서건, 평소에 자신들이 원하는 메시지를 부각시키고 그것을 정치적 의제로 설정하는데 성공했다.

과장해서 주장하는 경우다. 정치인들은 대중들이 큰 충격을 받도록 자신의 주장을 부풀려 언급하는 일이 많다. 자주 하면 허풍쟁이로 낙인찍히지만 가끔 쓰면 언론이 깜박 넘어가 준다.

정치가 꼬일 때 그 책임을 언론에 미루는 방식이다. 정치인은 자신 또는 자신이 속한 정당의 실수 등으로 궁지에 몰렸을 때 희생양을 찾는다. 그 가운데 하나가 자신의 언행을 보도한 언론에 문제가 있다는 식으로 책임을 전가하는 수법이다. 흔히 동원되는 방식이다.

핵심을 피하기 위해 딴전을 피우는 방식이다. 정치인들은 기자 회견에서 매우 민감한 문제에 대한 질문을 받았을 때 초점을 빗겨간 답변을 하거나 아예 언급을 피하기도 한다. 기자회견장에서 같은 문제에 대해 반복해서 질문하는 사례가 드물다. 언론사간 경쟁이 심해서 질문 순서 등을 놓고 다투고 고민하고 있기 때문이다. 이런 사정을 꿰뚫어본 정치인은 자신에게 유리한 답변만 선택적으로 하는 경우가 있다.

정치 토론에서 상대 토론자에 대한 비판에 열을 올리는 방식이다. 토론 주제가 민감하고, 그 주제에 대해 심층 토론을 할 경우 자신에게 이로울 것이 없다고 판단하면 써먹는 수법이다. 토론 상대방에 대한 인신공격성 발언 등을 함으로써 관심을 분산시키려 시도한다. 토론 주제에서 멀리 달아나려는 계산의 결과다.

중요한 정치적 이슈에 대해 애매하게 묘사하는 트릭을 쓴다. 직설적으로 언급하기보다 귀에 걸면 귀걸이 코에 걸면 코걸이 식으로 말하는 방식이다. 예측하기 힘든 사태에 직면했을 때 어느 방향으로 상황이 전개된다 해도 위태로운 처지에 빠지지 않으려는 데서 비롯된다.

이상에서 살펴본 정치인들의 말재간에 대해 언론이 비판적으로 대응하는 경우는 매우 드물다. 정치인의 말 한마디라도 놓칠세라 기를 쓰면서 취재경쟁을 벌이는 쪽으로 가는 일이 흔하다. 정치적인 수사를 액면 그대로 보도 하는 일이 되풀이 된다.

정치인들이 중요한 뉴스 메이커이고, 그들의 말 자체가 중요하기 때문에 이해가 가는 측면도 있다. 그러나 언론의 이런 경향은 종종 비판의 대상이 된다. 정치인의 말이 주요 보도 대상이 될 때 언론의 보도는 피상적인 것에 머물고, 때로는 언론 소비자가 갈피를 잡기 힘든 상황에 처하기 때문이다.

정치인이 말을 함부로 하지 못하도록 언론이 노력해야 한다. 정치인의 말 내용을 분석해 거짓말, 말 바꾸기, 대중 기만 등을 밝혀내는 노력이 유용한 방식이다. 언론이 정치인의 말을 단순 중개한다면 국민의 정치 불신과 정치적 무관심을 초래하기 쉽다. 이제 말의 정치 시대는 쓸어내자. 언론의 중심잡기가 최상의 청소기다.

12. 정치광고

정치 광고는 미디어에 돈을 주고 정치적 메시지를 전달하는 방식이다. 그것은 다양한 노림수를 지니고 있다. 일반인들이 특정 정치인이나 정당 또는 정책에 대해 호감을 갖게 하려는 것이다. 정치에 무관심한 유권자를 지지층으로 끌어들이거나, 투표하도록 동기를 부여한다. 정적에 대해서는 혐오감, 증오심을 불러 일으켜 유권자가 외면토록 하는 것이 목적이다. 유권자들의 감성을 자극하려다 보면 튀는 식의 충격적인 광고가 제작되는 일이 흔하다.

정치 광고를 통한 정치적 이미지 제공과 확산이 선거의 승패도 좌우 할 수 있다. 그것은 긍정 또는 부정적 감성을 유발하는 두 가지 방식으로 나타난다. 정치 광고가 긍정적 감성을 유발하기 위해서 유권자에게 희망, 애국심, 안정감을 느낄 수 있게 만든다. 정치광고의 또 다른 형태인 부정적인 정치 광고는 비판적 감성을 유발하기 위한 것으로 유권자들에게 분노, 불만족, 좌절감을 부추겨 득표하는 것이 목적이다(Silverblatt, 2001 ; 291).

긍정적인 정치 광고는 정치 현실보다 미래상에 초점을 맞춰 제작된다. 대다수가 희망하거나 지향하는 이상적인 사회상 또는 참신한 정치인상을 강조한다. 이런 내용을 담기 위해 정치인 본인이나 유명 연예인, 대학생이나 상인과 같은 일반 유권자를 등장시킨다. 정치인 자신의 광고 내용은 밝고 미소를 자아내게 만든다. 그러나 부정적인 정치 광고에서는 정적에 대해 매우 부정적인 메시지를 강조하는 형식을 취한다.

위에서 살펴 본 정치 광고의 두 가지 방식은 현실 정치에서 흔히 등장한다. 어떤 방법이 선거에 주효하느냐 하는 것은 선거 때마다 다르다. 정치, 경제, 사회적 상황에 따라 변화무쌍한 결과가 나타난다. 정치광고 전문가가 머리를 싸매고 고민하는 부분이다. 지난 2002년 대통령 선거에서의 TV와 신문정치 광고를 보면, 당시 민주당은 한나라당에 비해 긍정적 광고 전략을 구사했다(한국일보, 2002년 12월 10일).

민주당은 선거 초반부터 TV 광고전에서 기선을 제압했다. 민주당 TV 광고 1탄은 노무현 후보가 눈물 흘리는 모습을 클로즈업해 시청자들의 감성을 자극했다. 노 후보의 두 번째 광고인 유쾌한 정치개혁편도 기본적으로는 긍정적 정치광고이다. 당초 과격하다는 평가가 많았던 노 후보는 각종 홍보물에서 미소를 짓고 부드러운 단어를 사용하는 후보의 모습으로 부각되었다.

한나라당은 첫 TV 광고인 '난폭 버스운전사'에서 노무현 후보의 불안정하고 과격한 이미지와 대비되는 이회창 후보의 안정 이미지를 강조했다. 이 후보 진영의 두 번째 정치 광고는 민주당의 실패한 교육 정책을 이회창 후보의 교육, 여성 정책과 대비시키는 내용을 담았다.

신문광고에서는 대체로 두 당의 광고 기조가 부정적 광고 전략이었다. 노 후보 측은 "의혹에 휩싸인 사람이 대통령이 되려는 것은 낡은 정치, 부패정치의 연속일 뿐입니다"와 같은 인신공격형 광고나 단순히 노 후보의 이미지를 광고하는 수준이었다. 한나라당은 DJ의 실정과 노무현 후보를 동일시하면서 이회창 후보의 정책을 대안으로 제시했다. 또 노무현 후보가 민주당 소속이라는 사실을 강조하거나 색깔론, 부동산 투기의혹 제기 등에 무게를 실었다.

정치 광고에서 중요한 것은 짧은 시간 또는 좁은 지면 안에 전달하고자 하는 정보를 최대한 축약해서 시청자들이 정확하게 이해할 수 있게 하는 것이다. 그 내용은 ' 광고하고자 하는 정치인의 소개 → 그 정치인이 다른 정치인보다 우수한 점을 부각 → 상대 후보에 대한 집중적인 공세 → 광고하고자 하는 정치인이 최선의 선택이라는 점을 강조'하는 방식으로 전개된다. 정치광고 제작 시 고려사항은 정치광고가 시청자를 즐겁게 하면서, 전달되기 원하는 정보를 정확하게 인식하도록 하는 것이다(Silverblatt, 2001 ; 299-314).

정치인이 권위 있게 보이게 하고 싶을 때 의사당 건물 등 정치관련 건축물을 배경으로 삼는다. 또 사진 찍는 각도를 밑에서 위로 향하게 해 정치인이 크게 보이도록 조작하기도 한다. 정치광고의 중심인물이 움직이는 모습으로 소개되는 것은 정치활동에 분주하거나 어떤 목적을 가지고 성실하게 노력하는 인상을 준다.

정치광고의 배경 색깔은 긍정적 효과를 유발하려 할 경우 밝은 색을 쓰는 것이 일반적이고, 네거티브 광고의 경우 어두운 색을 쓴다. 광고 속에서 정적과의 대비를 할 때, 상대방은 흑백필름을 쓰고 자신은 컬러로 방영하는 등 시각적으로 차별화 하는 방법도 있다.

정치 광고는 이미지를 강조하면서 상대를 공격하는 무기로 활용되는 부정적 측면으로 기우는 경향이 있다. 감성 정치에 호소하게 되면 정치적 무관심과 수동적, 소극적 태도를 심화시켜 정치적 상징이나 이미지 등을 정치의 본질로 착각하게 하는 부정적 효과가 크다. 정치광고가 정치적 냉소주의로 가지 않도록 정책 중심, 쟁점 중심 광고로 간다는 사회적 노력이 필요하다. 광고가 정책 대결의 장이 된다면 그것이 최상이다.

5
chapter

언론인 연구

1. 기자들의 직업의식

우리나라 기자들이 자꾸 샐러리맨처럼 되어간다고 걱정하는 사람들이 있다. 과거 기자들은 국가와 민족을 걱정하면서 통크게 놀았는데, 지금은 그렇지 않다는 것이다. 소시민처럼 자신의 문제에만 신경을 쓴다고 한다. 사회문제 등을 포함한 시대 상황에 관심이 없다는 것이다.

더 신랄한 비판도 있다. 기자가 문제의식과 비판 의식이 없다보니 출입처에서 제공하는 자료나 베끼고 있다는 것이다. 정말 그럴까? 아마 그렇지 않을 것이다. 대다수의 기자는 절대 그럴 리 없을 것이다. 다들 고민하면서 언론을 통한 사회정의 수립을 위해 노력하고 있을 것이다. 소시민 의식을 가진 기자라면 기자를 오래 할 수가 없다. 자신의 적성에 맞는 일을 찾아 떠날 것이기 때문이다.

기자라는 직업은 고되고 힘들다. 다른 직업 못지않다. '기자 고시'라는 말처럼 선망의 대상이기도 하다. 그러나 밖에서 보는 것과 안에서 보는 것이 다른 경우가 많다. 기자세계도 마찬가지다. 그들이 밖으로 비춰지는 것과 그들 자신이 느끼는 것이 동일하지 않을 수도 있다. 그렇지만 기자의 직업세계가 풍기는 '어떤 것'은 분명 존재한다. 기자 전체 집단에 의해 만들어진 어떤 것, 그것이 기자들의 직업의식 이다.

그 의식은 기자 개개인에 의해 만들어지겠지만 그것은 개개인에게 다시 영향을 미친다. 우리나라 기자들의 직업의식에 대한 연구도 적지 않다. 자주 한다. 그러나 전체 사회와 연결 짓는 설문조사가 대부분이다. 차기 대통령 감으로 누가 유력 하냐, 경제가 어려운데 언론에 계속 몸담을 것이냐 이런 식이다. 기자들의 의식 세계를 밑바닥까지 뒤집어보는 그런 내용은 구하기 쉽지 않다. 그런 조사는 외국 학자들의 것이 많다. 그들의 연구결과가 우리 기자들의 그것과 똑같지는 않겠으나 크게 틀리지도 않을 듯하다. 우리 사회도 민주화 되면서 서구 언론과 엇비슷한 방향으로 가고 있기 때문이다. 아래와 같은 분석은 참조할 만하다(Tunstall, 1971)

우선, 언론인들은 자신들의 생산품에 대해 냉소적인 태도를 보인다. 이는 겉으로는 언론인 자신들의 직업 품위를 떨어뜨리는 행동처럼 보인다. 하지만, 그것은 2중의 의미를 함축하고 있다. 자신들의 생산품인 기사가 이번에는 만족스럽지 못하다 해도 자신들의 재능은 훨씬 뛰어나다는 것을 은연중에 과시하는 것이다.

언론인들은 자기도취적 경향이 강하다. 즉 자신이 속한 미디어보다 자신이 더 우수하다는 생각을 한다. 예를 들어 신문기자들은 신문 자체보다 자신들의 기사에서 자부심을 맛보는 경우가 많다. TV의 경우도 마찬가지다. 방송인들은 자기 방송사 전체의 프로그램에 대한 것보다 자신의 프로그램에 더 큰 의미를 부여한다.

다음, 기자들의 허위의식이다. 그들은 자신의 출입처가 행정부처 일 경우 장관이 지닌 위세를 지닌 것처럼 행동하기도 한다. 출입처의 소속 원들에 대해 지휘권을 행사하는 식의 행동을 한다. 당하는 쪽에서는 겉으론 암말 안한다. 하지만 속으로 무슨 욕을 하고 있을지 뻔한 일이다.

언론인은 자신이 속한 조직의 통제에 반발하는 성향이 강하다. 청개구리 비슷한 체질이다. 언론인들은 저널리스트의 지위와 전문성을 보호하는 노조 등에 가입하기도 한다. 언론사 조직이 행하는 통제에 저항할 강력한 무장을 갖추는 것이다.

언론인은 비타협적일 때가 많다. 자신이 언제나 옳다는 식이다. 그런 비타협적인 태도가 때로는 큰 일을 해내기도 하지만 항상 좋은 것은 아니다. 기자는 자신의 경험과 지식만을 믿다가 때로는 큰 실수를 저지르게 된다. 세상사가 간단한 것은 없다. 모든 것이 조금씩 차이가 있어서 항상 신중해야 한다. 그렇지 않을 때 문제가 발생한다. 그것은 저널리즘에 필요한 창조성의 걸림돌이 된다. 뉴스 가치를 판단할 때 과거 유사한 사건의 그것으로 대처하려 하기 때문이다.

미디어 내의 통제에 대한 언론인들의 반응은 다른 매체의 언론인들과 은밀한 거래를 주고받는 모습으로 나타나기도 한다. 즉 이들은 자신들이 수집한 정보를 비공식적으로 교환함으로써 자신의 조직 내에서 가해지는 낙종이나 오보 등에 대한 질책과 압력으로부터 벗어나려 한다. 경쟁 관계에 있는 언론사 기자들 사이에 이뤄지는 비공식적인 정보 교환은 공식적인 조직체 내의 관계를 능가하기도 한다(Tunstall, 1971 ; 233).

언론인은 창의성과 독립성을 유지키 위해 프리랜서를 하는 방식 등을 택한다. 예를 들면 프리랜서로 활동하면서 TV와 영화제작에 참여하거나, 신문기자를 하면서 저술을 하거나 다른 매체에 기고하는 경우 등이다.

일부 언론인들은 완전한 자율성을 확보하기 위한 방식으로 독립적인 생산품을 창조하는 길을 택하기도 한다. 출판사를 운영하는 등의 방식이다. 이런 창조자들은 커뮤니케이션의 일부인 기업적 역할은 타자에게 의존하지만 완전한 창조 역할은 자신이 직접 수행한다. 극소수의 유능한 작가나 연출자들이 이런 범주에 해당한다.

언론인들은 자신의 기사가 어떻게 수용자에게 받아드려지는지 잘 알지 못한다. 일반 대중을 접하는 기회가 그리 많지 않다. 이 때문에 언론인들은 자신들의 동료나 대중매체 비평가, 전문직종의 사람들에게 자신들의 작품의 판정을 의뢰한다(Tunstall, 1971 ; 252).

직업의식은 고정불변이 아니다. 자꾸 변한다. 기자가 몸담고 살아가는 사회가 변하면서 언론도 변한다. 기자도 항상 똑같은 모습을 지니지 않는다. 민주사회에서 언론은 과거에 비해 더욱 강한 사회적 책임과 전문성이 요구된다. 기자도 이런 변화를 수용할 수밖에 없다. 그래서 오늘도 기자의 직업의식은 조금씩 변하고 있다.

2. 기자의 자질?

기자로 어떤 기질의 사람이 적절한가? 그 답은 십인십색이겠다. 머리가 명석해야 하고, 문제의식이 강하며, 대인 관계가 원만하고, 건강해야 한다. 등등......

기자는 사회를 살필 때 비판적 시각으로 넓게 깊이 살핀다. 무엇이 문제인지 짚어내려면 '다 그런 거지 뭐'라는 고정관념부터 털어내야 한다. 문제가 눈에 띄게 널려 있는 것은 아니다. 교묘하게 숨어 있거나 시치미를 떼고 엎드려 있다. 기자가 평소 노련한 사냥꾼처럼 표적을 살피다 보면 기회가 온다. 일단 문제의 실마리를 잡으면 집요하게 물고 늘어진다. 쉽게 단념하거나 포기해선 안 된다. 이런 성향을 지녀야 험한 언론계를 버텨 낸다.

기자가 명심할 사항은 기사를 완성해서 상급자에게 넘긴 뒤에는 잠시 그것에 대해 잊어버리는 것이다. 자신의 기사가 얼마나 뜯어 고쳐지는지, 어느 면에 얼마만한 크기로 실리는 지에 관심을 갖지 말아야 한다. 자신의 기사도 하나의 단순한 상품 재료라고 생각하고 특별대우를 기대하지 말아야 한다.

기사를 자신의 분신과 같이 여기는 어떤 기자가 있었다. 그는 자신의 모든 것을 바쳐 만든 기사라면서 상급자가 단어 하나 고치는 것도 가슴 아파 했다. 기사가 어떻게 신문 지면에 반영 되느냐 하는 것도 그에게는 엄청난 관심사였다. 비중 있게 다뤄지지 않으면 두고두고 서운해 했다. 이러다 보니 많은 마찰이 생겼다. 그는 결국 기자 생활을 오래 하지 못하고 전직했다.

기자는 자신이 쓴 기사에 대해 큰 애착이 있기 마련이며 그것이 중요하게 다뤄지기를 바란다. 그러나 자신의 기사는 동료, 선후배의 기사와 경쟁관계에서 평가되는 과정을 거치기 마련이다. 따라서 자신의 기사는 제작과정에서 잘리고, 압축되거나 심지어 보도 대상에서 제외된다. 상업주의를 앞세운 매체에서는 기자는 이 같은 과정을 냉정히 받아들일 줄 알아야 한다. 그렇지 않고는 오래 버티기 어렵다.

기자가 기사를 작성하는 것은 자신이 취재한 여러 가지 정보를 간추려서 의미 있는 하나의 완성된 상품을 만드는 과정이다. 기사는 과학자가 연구 끝에 내놓는 발명, 발견과는 다르다. 기사는 아직도 많은 사람이 관심을 갖지 않은 일들에 대해 사회적 경각심을 불러일으켜 그 해결을 시도하기 위한 노력을 촉발하는 계기가 된다.

과학자의 학문적 성과는 철저한 검증과정을 거친 법칙이나 이론 등의 형식으로 제시된다. 그러나 기자는 아직 과학적으로 입증되기 이전의 단계에서 문제제기 형식으로 기사를 생산하는 직업이다. 그 같은 문제제기가 항상 정확한 것이 아닐 수 있다. 또한 오보 등 부정확한 보도를 생산하는 경우도 적지 않다. 기자는 그러기 때문에 항상 깨어 있어야 한다. 언제나 주위를 살피고 남들이 별것 아니라며 지나치는 것을 꼼꼼히 살피면서 다각도로 탐색하는 자세가 필요하다.

기자는 사회 이곳저곳에 흩어져 있는 요인들을 한데 모아 연결시켜 하나의 인과관계로 설명하는 것이 본업인 지적 노동자다. 올바른 기사를 작성키 위해 기자가 반드시 고려해야 할 사항은 아래와 같다.

첫째, 기자는 우선 냉정해야 한다. 기사를 취재·작성할 때 자신의 이해관계나 자기가 소속한 집단 또는 자신의 정치적 이해관계 등에서 초연해야 한다. 대부분의 기사를 내용 분석하면, 기자 자신의 가치관이 기사 저변에 깔려 있다. 그러나 기사 작성 시 철칙으로 삼아야 할 객관성의 준수가 지켜지지 않는 경우도 적지 않다.

둘째, 어떤 정보를 기사 속에 포함시키고 어떤 정보를 버려야 하는지 고민해야 한다. 정보의 취사선택이라는 과정을 수반하는 기사 작성은 다양한 정보를 중요한 순서에 따라 배열하는 작업이다. 그 순서를 정하는 것은 기자 개인의 판단에 의한 것이다. 하지만 그것은 객관적으로 그 타당성이 인정되는 것이어야 한다. 이 같은 작업을 수행하는 원칙과 윤리 문제에 대한 일차적 책임은 기자에게 있다.

셋째, 어떤 관점에서 기사를 작성해야 하는가가 매우 중요하다. 이 사회는 다양한 사고방식과 가치체계를 지닌 사람들이 존재한다. 이 같은 개인차는 하나의 사건, 사고에 대해 다양한 견해를 반영하는 관점의 차이로 나타난다. 기자가 취하는 관점의 선택은 취재원의 선택으로 귀결된다. 기사의 객관성을 담아내기 위해서는 취재원에 의존할 필요가 있기 때문이다. 예를 들면 보수적 관점에서의 정치기사를 쓰려는 기자는 보수정치인을 취재원으로 택한다. 그 같은 의존은 결국 기사의 바탕이 되는 가치관, 정치적 이념 차이 등의 선택과 같은 의미이다.

넷째, 기사의 분량도 중요하다. 기사는 단 한 줄만 써도 충분할 경우가 있고 작은 책자의 분량이 될 만큼 방대할 수도 있다. 그러나 너무 간략한 내용의 기사는 당연히 중요하게 인식되기 어려워 사람들의 관심을 끌기 어렵다. 적당한 분량이 최선이다.

기자는 특정 독자나 시청자를 사전에 의식하고 기사를 취재·작성치 않는다. 뉴스라는 상품을 정해진 원칙과 방법론에 따라 만든다. 독자나 시청자는 선택적으로 그것을 접하게 된다. 즉 모든 독자와 시청자가 모든 기사를 다 접하는 것은 아니다. 독자와 시청자가 기사를 접하는 방식은 자신의 취향에 맞거나 눈길을 끄는 내용인 경우, 우연히 뒤적이다가 훑어보는 경우 등이다.

우리나라에서는 수년 전부터 신문 기사에 기자 이름을 써넣는 기사 실명제가 실시되고 있다. 반론을 제기하고 싶은 독자가 바로 해당기자를 찾을 수 있다. 보도된 기사의 사후관리를 기자가 책임지라는 의미다. 독자에 대한 서비스 차원에서 타당한 조치다. 그것은 기자에게도 성취감을 맛보게 한다. 고무줄처럼 질긴 기자가 대어를 낚았을 때 자신의 이름이 기사 아래에 붙여지는 것은 매우 기분 좋은 일이다. 그것은 역사의 기록으로 남는다.

3. '샐러리맨 언론인'의 비애

미디어 소유구조나 경영 특성은 그 구성원들에게 큰 영향을 미친다. 그 조직이 위에서 지시하고 아래에서는 위의 눈치나 보는 식의 관료주의가 강해질 때 뉴스 담당자들의 창의성과 독창성에 큰 제약을 받는다. 우리나라의 일부 매체는 경영진의 기호나 정치적 입장 등에 따라 정보를 생산한다. 그러다 보니 다른 정상적인 매체와 뉴스 내용과 방향에 큰 차이를 보이기도 한다. 그것이 상식에 너무 어긋나기도 해 한 때 '조폭 언론'이라는 말이 만들어지기도 했다.

오늘날 미디어 종사자들이 가장 우려 하는 것은 사주 등의 내부 통제다. 기자들이 힘들여 만든 중간 생간품인 기사가 미디어 조직의 요구에 맞춰 중간 관리 층인 게이트 키퍼(gate-keeper)에 의해 조정되거나 그 생사여부가 결정된다. 대중매체의 정보처리 통제 메커니즘을 담당하는 게이트 키퍼들은 많은 비공식적인 방법으로 그 발행인의 정책에 순응토록 요구를 받는 경우가 많다. 이들은 자신이 속한 미디어 소유주에 대한 충성이 자신의 장래를 결정할 것이라는 것을 잘 알고 있다. 즉 신분상승에 유리한 쪽으로 자신의 역할을 선택한다.

대중매체 조직의 통제는 먼저 신입사원들을 미디어 기업의 정책과 소유주의 기대에 맞게 훈련시키는데서 시작된다. 그런 과정에 적응하지 못하는 사람은 내부적 위치가 약화되거나 조직에서 거부된다. 한 외국 학자는 미디어 조직원에게 주입되는 논리에 대해 연구했는데 그것을 우리 현실에 맞게 조금 수정해 소개하면 아래와 같다(Breed, 1955 ; 326-335).

우선, 상급자를 향한 복종과 존경이 강조된다. 그것이 가장 중요한 덕목으로 강조된다. 조직 논리에 순응하는 사람들이 어떻게 대우 받는지에 대한 사례가 강조된다. 조직에서 성공하려는 조직원의 욕망이 강조되면서 조직 일탈자를 지원하려는 어떤 감정적 동조도 금지된다. 조직 내에서 사주로부터 성공이 보장되는 비공식적 소그룹에 속한 것을 감사하게 여기게 한다. 다른 구성원들과 눈에 보이지 않는 차별의식을 갖게 한다. 우리 일부 언론에서도 그런 조직이 있다. 고속 승진이 보장되는 등 조직 내에서의 성공이 보장된 비공식 그룹에 속한 조직원을 '로얄 패밀리'라고 부르기도 한다. 사회 각 부분으로부터 수집되는 정보를 자신이 속한 대중매체의 정책에 맞게 다루는 것이 매우 가치를 지닌 것으로 인식케 한다.

위와 같은 상황은 우리의 일부 언론에서 발견되는 실제 상황이다. 그런 조직에서 기자는 살아남기 위해 미디어의 권위조직에 적응해야 한다. 조폭 언론사의 철학과 경영전략은 철저히 주입된다. 그것은 기업의 기풍을 형성한다. 그리고 일상적으로 확인하는 절차가 교육, 인사 등으로 이뤄진다. 업무의 평가와 추진에 포함되기도 하는데 때로는 충성경쟁을 유도하는 추동력이 된다. 그것은 특히 신입사원들에게 미치는 영향이 크다.

기자들은 조직의 정책과 업무의 표준 등을 익힌다. 예를 들어 그들은 자사가 생산하는 뉴스를 되풀이 해 읽으면서 뉴스 생산 지침을 익힌다. 조직은 공식적인 조직과 비공식적인 조직, 이른바 학연, 지연, 혈연에 의한 조직으로 이뤄진다. 조직에서 생존하고 성장하기 위한 '비법'은 공식적인 내부교육과정에서는 그다지 강조되지 않는다. 은밀히 이뤄진다. 소수가 그 혜택을 볼 뿐이다.

조직과 자신의 논리를 조화시키지 못하거나 공존시키지 못한 조직원은 결국 그 조직을 떠나거나 배제된다. 결국 대중매체 조직 내부의 생존논리는 일상적인 업무 추진 과정에서 조직의 논리를 얼마나 철저히 실현하느냐 하는 것과 같은 조직문화에 의해 이뤄진다.

언론사의 새로운 조직원은 자신이 지니고 있는 언론인으로서의 직업관과 윤리관이 무엇일 지라도 대중매체 조직이 요구하는 내부 규범에 순응하게 된다. 대중매체 내부규범은 기득권과 계급적 이해를 보호하기 때문에 조직 논리에 순응한 결과는 자신의 성공을 보장받는 것으로 나타난다.

우리의 일부 미디어에서는 조직의 철학과 규범 등이 때로는 사회전체의 그것과 엇박자를 이루기도 하는데 조직원은 자기 회사 것을 따른다. 언론의 사회적 책임을 고려할 때 이해하기 어려운 일이지만 우리 사회에서는 드물지 않게 일어난다. 극심한 자회사 이기주의다. 몇 년 전 일이지만 언론사 사주가 검찰에 출두할 때 기자들이 검찰청 앞에 도열해 '사장님 힘 내세요'라고 외치던 모습이 대표적인 경우의 하나다.

이 같은 과정을 거친 대부분의 기자는 조직의 논리에 이질감을 느끼지 않게 되고 결국 자신이 받아들인 내부 규범 속에서 만족감을 맛보게 된다. 이처럼 조직과 자신의 행위를 동일하게 하는 현상을 '행복한 공존'이라고 묘사한 학자도 있다. 그러나 모두가 그렇게 되는 것은 아니다. 기자라는 직업 자체가 사실 '조폭'과는 가장 거리가 먼 직업이기 때문이다. 거기에 기자의 고민이 있다. 일부 조폭언론에서 기자 이직률이 무척 높은 이유가 거기에 있다.

4. 기자와 가수

기자나 가수나 창조적인 직업에 속한다. 둘 다 피나는 노력을 피할 수 없다. 그러나 한번 뜬 가수와 기자는 큰 차이가 있다. 어떤 가수는 같은 노래를 평생 부르면서 산다. 사람들에게 익숙한 자신의 히트곡을 멋지게 선사하면 만족할만한 반응이 돌아온다. 같은 곡을 수십 년 부르기도 한다.

시사문제를 글로 쓰는 직업은 다르다. 매일 새로운 일거리를 찾아 공을 들여야 한다. 어제 써놓은 것을 오늘 써먹을 수는 없다. 하루 사이에 변한만큼 고치고 가다듬어야 한다. 그래서 어떤 기자는 가수라는 직업을 참 부러워했다.

그러나, 기자라는 직업이 지닌 매력의 하나로 같은 일을 되풀이 하지 않는다는 것을 꼽는 사람도 있다. 시시각각 변하는 세상사를 다루는 것이 얼마나 멋진 일이냐 하는 거다. 매일 해가 동쪽에서 떠서 서쪽으로 지지만 항상 새로운 일을 하는 것이 신선하고 흥미진진하다는 것이다. 취재 대상이 달라지는 것도 그렇고 기사를 새롭게 쓰는 것도 멋진 일로 여긴다. 그는 기자가 하는 일은 도전과 응전의 연속이라서 좋단다.

기자에 대한 상반된 시각이 있지만 그 직업이 힘들다는 점에 모두 동의한다. 평생 동일한 작업을 되풀이하는 직업인이 보면, 기자는 매우 번잡스럽고 딱한 직업이다. 어쨌든 기자는 예술가와 비슷한 측면이 있다. 새로운 것에 도전하고 무언가를 창조하는 과정을 되풀이 한다. 도전의 대가는 항상 달콤하지 않다는데 창조적 작업의 고충이 있다.

기자의 창의성은 기본이다. 그것은 언론인의 직업의식에서 중심적 요소다. 그러나 그것은 언론 조직 속에서 이뤄진다. 그것이 언론인이 감수해야 하는 기본적 한계다. 기자의 창의성은 미디어 내부 논리와 어긋날 수 없다. 그러나 예술가의 창의성은 제약이 거의 없다는 점에서 차이가 있다.

기자가 누리는 창의성에도 차이가 있다. 미디어마다 그 정도가 다르다. 창의성은 미디어 조직에 의해 사전에 인정을 받아야 한다. 창의성에 대한 내부 조절 또는 통제다. 그것은 기본적으로 자금과 정보, 시간으로 대표되는 자원의 유한성에 바탕을 두고 있다. 예를 들어 TV에서 프로그램 제작비는 사용 가능한 필름의 양과, 조사에 필요한 시간을 통제한다. 재정상의 문제는 비용이 덜 들지만 인기 없는 프로그램 제작 또는 그 방영 량 축소, 뉴스 취재 부실 등으로 나타난다.

시간이라는 요소는 대중매체 조직원에게 중대한 제약을 가

한다. 신문의 경우 편집자에게 가해지는 가장 큰 압력은 제작에 필요한 충분한 시간이 없다는 점이다. TV의 경우 전체 뉴스 시간에 담겨있는 음성 뉴스의 양은 일간지의 한 페이지 분량에도 미치지 못한다. 매일 그렇게 압축하는 것도 어려운 일이다.

창의성은 언론사 외부의 통제에서 자유롭지 못하다. 명예훼손, 정부 비밀사항, 음란물 등을 규제하는 법률적 장치들은 일상적으로 대중매체 생산에 압력을 가한다.

창의성에 대한 통제는 대중매체 조직 내에서 통제를 약화시키거나 피하려는 반작용을 일으킨다. 이는 두 가지 방향으로 진행된다. 첫째, 대중매체 조직 내의 창의성을 극대화시켜 외부의 간섭에서 벗어나려 한다. 창의성을 보호하기 위한 자구책이지만 만만하지는 않다. 현실에서는 이런 노력이 오래 지속되기 어렵다. 두 번째, 통제를 교묘하게 모면하려는 직업의식이 개발된다. 이른바 내부 검열 또는 자기 검열이다. 스스로 알아서 기는 식인데 이것이 가장 흔하게 나타나는 대응 방식이다.

언론사에 대한 내·외부 통제는 우리 사회가 민주화 되면서 크게 변했다. 정치권력의 통제는 광고주 등의 자본에 의한 통제보다 약화되었다. 외국 학자의 연구이기는 하나 안팎의 부적절한 통제가 없는 미디어의 경우 건전한 작업 방식이 정착하는 것으로 나타났다.

자율성이 강조되는 미디어의 게이트 키퍼들은 기사 선정에서 자신의 주관적인 판단에 의존하며 자신의 경험, 태도 기대치 등에 근거하고 있다(White, 1950 ; 383-390). 기자들은 자신들이 진실이라고 믿는 사실을 보도하고 있으며 다음과 같은 특징을 나타냈다. 먼저 미디어 내부의 조직 논리는 수집되는 뉴스가 어떤 가치 등을 지녔는지 평가하는 것보다 미디어를 만들어야 한다는 필요성이 더 크다. 뉴스 선정 과정에서 피할 수 없는 주관적 판단의 개입은 미디어의 조직 속에서 자연스럽게 합리적으로 걸러진다.

이상에서처럼 미디어의 건전한 조직문화는 기자의 창의성을 저해하지 않는다. 우리 일부 미디어의 내부 문화도 이런 식이다. 한겨레신문 등과 같은 독특한 탄생 배경을 지닌 미디어가 그런 경우다. 이들 미디어가 창간 당시의 기본적인 조직 논리를 지켜나간다면 그것은 우리 사회에 창의적 소금 역할을 지속할 수 있을 것이다.

5. 기자와 취재원

기자들은 기사에 굶주려 있다. 기사를 통해 자신의 존재가치를 확인하고 싶어 한다. 그러나 특종과 같은 큰 기사란 쉽지 않다. 기자 혼자 세상을 다 뒤지고 다닐 수도 없다. 누군가 도와주어야 한다. 기사거리를 제공하거나 취재 과정에 협조하는 기사 도우미, 그 존재가 취재원이다. 취재원은 두 종류로 나뉜다. 하나는 자발적으로 기사를 제공하는 사람이고, 다른 하나는 기자가 선택해 전문적 지식 등의 도움을 받는 사람이다.

세상을 놀라게 한 큰 특종은 대부분 제 발로 걸어와 기사거리를 주는 취재원의 도움으로 이뤄진다. 비밀스런 일일 수록 기자가 접근하기 어렵다. 비밀에 정통한 누군가가 기자에게 알려주는 과정이 필요하다. 그래서 기자에게 취재원이 최고의 가치를 지닌다.

취재원이 기자에게 접근하는 데는 나름대로 이유가 있다. 보도될 가치가 있는 정보를 제공하고, 자발적으로 기사 속에 실명으로 등장하기를 원할 때 거기에는 반드시 필연적인 사연이 있다. 불의를 고발하고자 하는 정의감과 진실을 알리고자 하는 뜨거운 열정, 또는 어떤 복수심 같은 것이 거기에 있다. 또한 정부의 정책이나 기업의 시장전략을 미리 언론을 통해 점검코자 하는 의도도 발견된다.

기자는 취재원에 대해서 몇 가지 의문을 가질 필요가 있다. 취재원이 왜 자발적으로 정보를 제공하려 하는가? 그 같은 기사 제공의 결과는 무엇인가? 취재원이 제공한 기사가 개인적 또는 특정 이해집단의 편파적인 이해관계를 반영하는 것은 아닌가? 이런 의문이 해소되는 과정에서 기사화 여부가 최종 결정된다.

신중한 기자는 취재원의 제보 의미 등을 파악하는 부분에서 잘 대처한다. 그러나 일부는 그렇지 못하다. 기사 욕심에 눈이 가려 취재원의 의도를 세밀히 따져보지 않는다. 동료기자들과의 경쟁 관계 때문이다. 자세히 따져 보지 않고 성급하게 기사화 하다 큰 실수를 저지르는 경우도 있다. 취재원에게 놀아난 것이 밝혀진 뒤에는 참담함만 남는다.

공공의 이해관계와 관련된 기사는 행정기관이라는 거대 취재원에 의해 좌우되는 일이 적지 않다. 과거 우리 언론은 출입처에 기자실을 정해 놓고 출입처에서 제공하는 기사를 주로 다뤘다. 출입처가 결정적인 취재원이 된 것이다. 요즘 그 관행이 깨지고 있다. 출입처인 관공서와 기자와의 관계가 과거와 같이 밀착된 형태에서 벗어나고 있다.

한편, 기자들은 자신이 정한 취재 목표를 달성하기 위해 전문가의 도움을 받는다. 자신이 작성하는 기사의 신빙성, 객관성 등을 드러내기 위해서다. 이 경우 선택된 전문가가 취재원이 된다. 사회적으로 매우 관심이 높은 예민한 문제는 상반된 입장의 취재원을 등장시켜 공정보도의 틀을 갖추는 경우가 많다.

기자들은 어느 전문가가 어떤 견해를 가지고 있는지를 알고 있다. 자신들이 원하는 발언을 대신해주거나 지원해줄 취재원을 선정하는 것이다. 기자의 견해 표시를 전문가가 대신할 때도 있다. 전문가도 이것을 싫어하지 않는다. 자신의 PR에 도움이 되기 때문이다. 이때 취재원에 대한 부적절한 의존과 이용은 기사의 공정성을 해친다.

언론과 취재원의 끈끈한 공생관계는 선거철에 잘 나타난다. 언론은 자신들이 은밀히 지지하는 정당 쪽 취재원을 선호한다. 언론과 정당은 서로 주고받기 식으로 보도와 정보 제공을 번갈아 하면서 여론을 조작하거나 증폭시킨다. 그렇지 않은 정당에 대해서는 최소한의 보도조차 하지 않거나 악의적으로 보도하는 사례도 있다. 과거 일부 언론은 특정인을 대통령으로 당선시키기 위해 공정성을 희생하고 파렴치한 보도조차 삼가지 않았다.

기사 속의 취재원이 실명, 또는 익명이냐에 따라 큰 차이가 있다. 익명의 취재원은 좀 더 자유스럽게 자신의 견해를 밝힌다. 반대 의견을 가진 사람으로부터의 비판이나 항의로부터 자유스럽기 때문이다. 닉슨 미국 대통령을 하야시킨 워터게이트 사건 보도에서 이를 취재한 기자들은 익명의 취재원, 즉 제보자로부터 각종 정보를 제공받았다. 만약 실명으로 취재원이 보도되는 상황이었다면 그처럼 엄청난 특종이 나올 수 없었을지도 모른다.

많은 나라에서는 언론에 정보를 제공한 취재원을 보호하는 법을 제정해 놓고 있다. 국민의 알 권리, 내부 비리를 폭로할 권리 등을 보장하는 법질서의 하나다. 이 경우 기자는 기사의 정보를 제공한 취재원을 밝히지 않아도 된다. 그러나 취재원 보호를 법으로 제정치 않은 경우 기자는 취재원을 밝히도록 요구받았을 때 그에 응하지 않으면 처벌받게 된다.

기사 속의 취재원은 많은 것을 알 수 있게 한다. 기사의 성격, 의도 등을 파악할 수 있다. 거기에는 기자가 어떤 취재원으로부터 왜 정보를 받았는지도 들어나 있다. 동시에 그 기사 때문에 이익을 보거나 손해를 보는 대상이 드러난다. 이런 작업을 반복하면 미디어 소비자들도 전문적인 기사 평가 능력을 지닐 수 있다.

6 chapter

영화와 컴퓨터

1. 영상 미디어가 세상을 바꾼다

오늘날 대중문화를 이끌어가는 가장 핵심적인 요소는 영화, TV 등 영상매체이다. 영상매체는 고급문화보다 대중문화 쪽에 기울어져 있어 그 사회적 파급 효과가 크다. 영화와 방송의 오락 기능은 풍속, 관습, 일반교양 등에 주도적 영향을 미친다. 즉 강한 오락성을 바탕으로 대중에게 깊숙이 침투한다. 일반 대중은 무저항적으로 영상미디어를 수용해 의식 무의식적으로 자신들의 생활 태도를 규정짓고 사회생활에 적용하며, 인생의 가치관을 형성시켜 간다.

영화는 국경을 초월해 강한 영향력을 확보하면서 지속적으로 생명력이 유지되는 감성적 미디어다. 영화는 종합예술의 틀 속에서 갖가지 이미지에 생명력을 불어넣고 가상의 세계를 창조한다. 영화는 기획에서 제작, 필름 배포까지 최소 수개월 또는 수년이 걸리는 특성이 있어 그 상영 시점을 결정하는 것이 매우 중요하다. 즉 영화를 기획하는 시기와 상영할 수 있는 시기의 공백이 길기 때문에 미래의 관람객들이 좋아할 수 있는 내용을 기획하는 어려움이 크다. 이런 면에서 영화 기획의 매력이 크다. 고심해서 길게는 수년간 만든 영화가 대박을 칠 때의 성취감은 클 수밖에 없다. 미래의 영화 펜들이 어떤 영화를 좋아할 것인가를 넘겨짚는 것은 결코 쉬운 일이 아니다. 사람들이 영화를 감상하는 태도는 너무 변화무쌍하기 때문이다.

우리 영화는 대중문화를 견인하는 거대 미디어로 급성장했다. 외국에서는 '한국영화가 세계를 점령하고 있다(Korean cinema is conquering the world)'면서 한국을 주시한다. 한국영화는 해마다 국제적 영화 행사에서 수상하거나 높은 평가를 받고 있다. 한국 영화는 불과 10년 전만 해도 국제영화시장에 거의 내놓을 것이 없었던 점을 상기하면 놀라운 발전이다.

2007년 2월의 57회 베를린 국제영화제에서도 한국 영화의 국제적 위상이 높아진 사실이 확인됐다. 한국은 8편의 작품을 출품했으며 박찬욱 감독의 '싸이보그지만 괜찮아'가 특별상인 알프레드 바우어상을 수상했다. 다른 작품들도 각국 기자들과 평론가들의 관심을 모으는 등 한국 영화의 위상 변화가 뚜렷하게 나타났다. 독일 언론들은 한국 영화에 대해 다음과 같이 높은 관심을 보였다(연합뉴스, 2007년 2월 18일)—"한국에서는 블록버스터 영화뿐 아니라 다양한 독립영화와 예술 영화들이 성장하고 있다. 베를린영화제에 출품된 한국 영화들이 한국 사회의 전통과 규범의 족쇄에 저항하고 권위에 도전하는 문제의식을 갖고 있다."

한류 동력의 하나는 한국 영화다. 지난 수년 동안 우리나라에서 대박을 친 국산영화는 JSA, 쉬리, 실미도, 태극기휘날리며, 웰컴투동막골, 왕의 남자, 괴물 등이다. 영화 관객 입장 1,000만 명 시대를 연 것은 우리 사회 전반의 민주화 진전과 때를 같이 한다.[1)] 이들 영화에는 많은 내용이 담겨 있지만 유사한 점이 몇 가지 있다. 분단시대, 권위주의 시대에 금기시되던 내용들이 주요 주제로 다뤄져 있다. 정부의 무능, 외세 문제도 정색을 하고 다뤘다. 주인공들은 도식적인 영웅상과는 거리가 멀다. 분단과 독재, 외세 등에 의해 신음하던 보통사람들이다. 고정관념에 도전하고 그것을 깨뜨린 영화들이다.

TV는 디지털 기술과 결합하면서 대형화된 화면의 선명성이 영화 못지않은 효과를 내고 있다. 안방에 극장을 만든다는 식으로 변화하는 추세다. 이처럼 TV는 널리 보급되어 있고, 쉽게 활용할 수 있는 강점을 지닌 가장 위력적인 미디어의 하나다. TV는 거의 모든 가정에서 소유하고 있고, 누구나 쉽게 그것을 켤 수 있다. 어린이라 할지라도 단지 손가락으로 리모콘을 조작하면 원하는 프로를 시청할 수 있다. TV는 영화 못지않게 시각, 청각을 통해 움직임, 색깔, 소리 등의 정보를 전달하며 시청자를 감정적으로 자극하는 효과가 크다. TV는 강력

---

1) 민주화된 사회일수록 영화관의 좌석수가 많다. 영화는 종합예술의 성격을 지닌 것으로 사회의 총체적인 것이 담긴다는 특성 때문에 비민주적 사회에서는 자유로운 영화제작이나 그 보급이 제한된다(Farace, 1965).

한 시각적 효과가 있는 뉴스를 전달하는데 적합하며 방영 시간의 제약을 의식해 프로의 내용을 압축하는데 특히 뉴스의 경우 그것이 심할 경우 6하 원칙을 무시하기도 한다.

또 다른 영상매체인 인터넷이 우리사회에 광범위하게 보급되면서 현대인의 생활 패턴까지 변화시켰다. 인터넷은 기존의 각종 미디어, 예를 들어 인쇄물, 사진, 그래픽, 비디오, 오디오 기능 가운데 특성 있는 것을 합쳐놓은 것이다. 인터넷을 통해 이뤄지는 정보교환은 다른 미디어와 달리 개인 간의 정보교환처럼 이뤄지며 자신이 원하는 정보가 있는 사이트로 자유자재로 여행할 수 있다. 인터넷은 모든 미디어 가운데 가장 광범위하고 깊이 있는 영상 및 활자 정보를 제공한다. 인터넷은 계속 다른 미디어와의 결합을 통한 정보전달 방식이 개발, 실용화되고 있다.

이상과 같은 영상매체의 영향으로 미디어의 속성도 변화하고 있다. 우선 시장에서 여러 매체들이 무한경쟁을 하면서 정보의 공정성이나 객관성 보다는 다양성을 추구하는 쪽으로 변화한다. 소비자의 관심을 끌만한 것은 무차별적으로 유통시키는 것이다. 이를 통해 영상미디어가 문화를 단순히 상품으로 인식하거나, 공공의 영역을 하나의 시장으로 추락시키고 있다. 다음으로 세계화와 시장 개방의 주장이 강하게 일면서 영상미디어 산업 기술이 서구의 소수 다국적 기업에게 주도되는 쪽으로 가고 있다. 그러나 이상과 같은 변화 속에서 영상미디어 소비자들은 영상미디어 상품을 좀더 자율적으로 선택할 수 있게 되었다. 영상미디어 소비 시장의 범위를 넘어 사회 전체의 민주화가 더욱 진전되는 효과를 낳는 면도 있다.

2. 영화의 마력

사람들은 영상 또는 인쇄미디어의 내용을 접할 때 이들 미디어가 제시하는 내용을 대체로 거부감 없이 받아들인다. 예를 들어 어떤 영화가 미래의 우주전쟁에 관한 것이거나 흡혈귀에 대한 내용으로 우리 현실에서 전혀 무관한 황당무계한 것일지라도 관람객은 그 같은 상황설정 또는 내용에 대해 별다른 거부반응을 보이지 않는다(Silverblatt, 2001; 93-98).

나아가 영화나 드라마 내용에 흠뻑 빠져드는 모습을 보이는 것이 일반적이다. 영화 등의 상황설정에 대해 '왜 저런 식으로 내용을 전개하지?'라는 식의 의문을 제기하게 되면 통상적인 영화감상은 이뤄지지 못한다. 어떤 영화가 제시하는 상황설정에 대해 의심하고 부정한다면 스크린에서 전개되는 스토리는 관람객에게 아무런 감흥을 줄 수 없다.

예를 들어 스타워즈, 에일리언, 쥬라기 공원, 친구 등과 같은 영화나 드라마의 경우 상황설정이 비현실적인 것이 대부분이다. 파괴적인 우주괴물이나 공룡, 귀신들이 출현하는 것이 하나의 현실로 제시된다든가, 조폭들이 판을 치지만 공권력이 무력한 사회 등을 대전제로 해서 내용이 전개된다. 공상과학 영화에서 나오는 주인공급 우주생물은 대부분 인간의 피에 굶주려 있고 엄청난 괴력으로 지구를 위협하는 것으로 설정된다. 이 같은 상황설정은 우주공간을 무대로 펼쳐지는 엄청난 전투

무대와 인류멸망의 위기를 돌파하는 주인공의 대 활약으로 내용이 전개될 수 있게 한다. 결국 될수록 많은 관객을 끌어 모으는 데 적절한 소재가 되기 때문이다. 만약 우주인이나 우주생물이 평화적인 존재로 설정되면 거기에서 관객이 즐겨할 전투장면이나 활극은 기대하기 어렵다.

영화나 드라마의 상황설정과 그에 따른 내용을 관객들이나 시청자들은 아무런 저항감 없이 받아들이면서 감상하는 것은 관객이나 시청자가 자신들의 비판력을 행사하지 않고 주어진 극의 내용 등을 액면 그대로 받아들이기 때문이다. 기상천외한 상황설정의 영화나 드라마가 공전의 히트를 치는 것은 영화나 드라마를 접할 때 사람들은 희로애락의 감흥을 맛보기 위한 오락의 대상으로만 여길 뿐이다. 날카롭고 냉정한 이성으로 영화나 드라마의 초반부에서 설정한 여러 전제들을 비판한다면 나머지 부분은 더 이상 감상이 어렵게 된다. 그러나 이런 일은 현실에서 흔치 않고 대부분의 관객들은 초반의 전제, 상황설정을 자연스럽게 받아들이면서 영화나 드라마의 나머지부분을 즐기게 된다.

이처럼 미디어를 접하면서 이성적 판단이 중단되는 현상은 영화와 드라마에 그치지 않고 TV, 신문 등에서도 흔히 발견된다. 예를 들어 윤락여성에 대한 기사에서 기자들은 이들 여성과의 회견을 여과 없이 전달하는 경우가 많다. 거기에서 기자가 빠지는 함정이 두 개가 있다. 하나는 사회의 최하층 부류에 대한 일반적 사회인식, 예를 들면 이들이 단지 돈을 벌기 위해 몸을 파는 비정상적인 성격의 소유자로 여기면서 빠지는 함정이다. 개인에게 전적인 책임 있다는 식이다.

다른 하나는 부의 편중이나 극단적 가난 등으로 결국 사회인의 일정부분은 매춘 등 혐오의 대상인 직업으로 전락할 수밖에 없다는 결론으로 치닫는 함정이다. 개인보다 사회 쪽에 책임이 있다는 것이다. 이 같은 두 가지 함정에 빠진 기사는 피하는 것이 좋다. 사회를 어떤 각도에서 보느냐에 따라 전혀 상반된 설명방식이 동원되고 그에 따라 가공된 정보 내용이 큰 차이를 보인다. 사회 현상에 접근하는 분석 시각의 차이는 영화나 드라마의 상황설정과 유사한 결과를 초래한다.

상품 광고에서 제시하는 상황설정도 때로는 비이성적이기는 마찬가시다. 화장품 광고에서는 소비사들이 특정 화상품을 쓰게 되면 남보다 더 아름다워진다는 메시지를 전달한다. 아름다운 광고모델은 당연히 광고하는 화장품을 쓰고 있다는 것을 전제로 하는데 사실 신상품의 경우 대개의 경우 아름다운 광고모델과 새로 나온 화장품 사용과는 무관하다. 이는 의상이나 자동차 등의 고가 소비품의 경우도 마찬가지이다. 광고 내용은 특정 상품을 구입해서 사용한다는 것만으로도 선망의 대상이 되며 VIP로 대접받는다는 전제를 깔고 있다.

사람들은 대개 영화제작자 등이 제공하는 이야기를 일단 받아들이면서 감상하려는 자세를 취하는 이유는 무엇인가? 사람들은 아무데서나 그렇게 하지 않는다. 상황에 따라서 차이가 있다. 그것을 연구한 학자들이 해답을 제시한다. 즉 인간이 태어날 때부터 지닌 여러 가지 체질가운데 하나라 한다. 인간이 원시 시대 이래 급변하는 외부 환경의 자극에 대해 일단 긍정적으로 반응하는 것이 생존에 필수적이라는 것이 체질화 된데서 비롯되었다는 것이다. 실제 인간을 포함한 동물은 새로운 자극이 주어지면 그쪽을 바라보거나 몸을 튼다. 이는 자극이 어느 쪽에서 오며, 그에 따라 다가올 위험을 감지하고 예방하기 위한 것으로 일종의 생존반응이라고 할 수 있다. 이를 생리학자 이반 파블로프는 정향반응(orienting response)이라고 불렀다.[2)]

이런 탓일까? 영화를 만드는 사람들은 어떻게 하면 사람들의 시선을 사로잡을 새로운 주제를 개발하느냐로 고민한다. 매우 기발한 것일 경우 흥행에 성공하지만 그렇지 못할 때 실패한다. 그러나 사람들에게 감흥을 주지 못할 정도로 너무 나가버리는 것도 곤란하다. 사람들이 불이 꺼진 영화관이라 해도 얼핏 얼핏 비판력이 작동하거나, 제작자가 자신들을 가지고 놀려고 하는 수법에 마냥 관대하지는 않기 때문이다. 영화가 끝나고 불이 켜지면서 관람객 자신이 지불한 영화 관람료가 아깝다는 생각이 들면 그 영화는 실패한다.

3. 영화와 드라마의 제작 기법

영화의 흥행은 여러 요인이 좌우한다. 내용이 좋으면 별다른 광고나 판촉을 하지 않아도 팬들의 입소문으로 문전성시를 이루기도 한다. 상영 전에 소송에 휘말리는 등의 이유로 크게 홍보되는 효과가 있어도 정작 흥행이 신통치 않은 경우도 있

2) http://en.wikipedia.org/wiki/Orienting_response

다. 영화를 만드는 쪽에서는 상영 전에 언론에 많이 뜰 수 있도록 최선을 다한다. 상영과 때를 맞춰 영화 스토리를 담은 책을 출판하는 등 머리로 짜낼 수 있는 방법을 다 동원한다.

드라마도 비슷한 측면이 있다. 드라마의 시청률을 높이기 위해 때로는 낯 뜨거운 일도 주저하지 않는다. 자사 TV 쇼나 오락 프로에서 자연스럽게 드라마 출연진을 등장시키는 것은 흔한 일이고 정규 뉴스 프로에서 드라마를 홍보하는 경우도 있다. 시청률이 광고수입과 직결되어 있다 해도 시청자에 대한 배려가 뒤로 밀리는 것 같아 아쉽다.

어떤 영화나 드라마를 만들어야 뜰 것이냐? 영화나 드라마의 줄거리는 한 문장으로 압축할 수 있다고 전문가들은 말한다. 그 줄거리를 가지고 뼈와 살을 붙여 작품을 만든다는 것이다. 그러나 제작 과정은 엄청난 긴장속의 고민이 따른다. 그런 고민 가운데 하나가 타이틀이 먼저냐, 줄거리가 먼저냐 하는 것이다. 타이틀을 가장 중요시 하는 시각도 있다. 미국의 할리우드 영화제작자 가운데는 영화소비자들의 상상력과 흥미를 촉발할 수 있는 타이틀이 무엇인가를 시장에서 먼저 조사한다. 그런 뒤에 그 타이틀에 맞는 영화의 각본을 쓰고 제작에 착수한다는 것이다.

영화는 상영되기 전에는 선전 포스터 한 장에 타이틀과 출연진, 주요 줄거리 등에 대한 모든 정보를 담는다. 따라서 포스터가 단지 영화에 당연히 따라붙는 그런 것이 아닌 독립적인 영역으로 대접받는다. 우리 영화계에서도 한 장의 포스터를 만들기 위해 무진 애를 쓴다는 것은 이미 널이 알려진 이야기다. 드라마는 시작 전부터 자사 TV 전파를 통해 홍보 할 수 있어서 영화만큼 고민이 크지는 않다.

영화나 드라마는 도입부, 주요내용 전개, 결론의 과정으로 이뤄진다(Silverblatt, 2001; 88-93). 특히 도입부는 전체 내용의 축소판과 같은 경우가 많다. 도입부를 통해 전체 내용의 윤곽, 특성 등을 제시한다. 도입부분은 될 수 있는 한 많은 시청자나 관람객을 끌어들이기 위해 아기자기한 이야기로 꾸며진다. 스토리도 주인공들이 엮는 주요 물줄기와 조연급들이 엮는 작은 물줄기 등 여러 가닥으로 나눠져 이어진다. 그러다 보면 때로는 주연보다 조연의 인기나 관심도가 높아지기도 한다.

모든 영화나 드라마는 시간의 제약에 쫓긴다, 전반부에서 제기한 여러 가지 복잡한 스토리들을 결론까지 연장시킬 수 없게 만든다. 결론 부분을 엄밀하게 검토한다면 비논리적인 경우도 적지 않다. 사람들은 그것을 문제 삼는 일은 거의 않는다. 관대하게 보아 넘긴다.

영화나 드라마 제작진은 결론 부분에 무척 공을 들인다. 사람들이 유쾌한 기분으로 받아들이고 추억할 수 있는 결론이 흥행성공 여부에 큰 영향을 미치기 때문이다. 대부분의 영화는 도입부에서 영화가 어떻게 끝날 것인지를 예측할 수 있게 만들어진다. 소비자들은 오늘날과 같은 미디어 시대의 특성상 영화 등이 신속하고 명쾌한 결론으로 이어지는 것에 익숙하다. 따라서 너무 지루하거나 초점이 흐려지는 결론 처리에 싫증을 느끼기도 한다.

그러나 도입부와 전혀 판이한 결론으로 연결시켜 재미를 더

하는 경우도 적지 않다. 도입부를 보고 그것이 어떤 식으로 끝날 것이라고 넘겨 짚는 것을 완전히 뒤집어 버리는 식으로 끝내는 것이다. 도입부에 상상했던 내용으로 끝나는 작품보다 예측 불허의 결론으로 끝나는 경우 오래 기억에 남기도 한다.

우리나라에서도 인기 TV 연속극의 경우 당초 작가가 의도했던 결론부분이 시청자들의 요구에 의해 수정되는 일이 허다하다. 연속극에 매료된 시청자들은 자신들이 원하는 결론으로 종영되기를 강력히 방송사에 요구하고, 이 같은 사실이 언론에 보도되면서 작가가 기획했던 종결부는 자취를 감추게 된다. 때로는 엿가락처럼 늘린 지루한 내용으로 변질되기도 한다.

영화나 드라마의 결론에 손질이 가해지는 또 다른 이유는 시청자나 관람객들이 해피 엔딩을 희망하기 때문이다. 제작진은 사람들이 만족한 미소를 지으면서 영화관을 나오거나 TV 시청을 마치게 하는 것이 가장 안전한 방식으로 여긴다. 그러다 보면 대중의 기호에 영합하는 식으로 끝내는 일이 잦아지게 된다. 물론 다 그런 것은 아니다. 개성 있는 제작진이 있어서 매우 인상적인 결론을 제시하는 경우도 있기 마련이다. 그런 탓일까? 우리 영화와 드라마가 세계무대에서 정중한 대접을 받고 있다.

4. 영상 미디어 속의 '약방의 감초'

영화나 드라마, TV뉴스 등은 특정 주제나 상황에 상습적으로 포함시키는 사안들이 있다(Silverblatt, 2001 ; 98-101).

그것은 바늘에 실 따라가는 식으로 등장하는 장면처리, 고정배역, 소품이나 의상 등이다. 그것은 너무 자주 반복되기 때문에 사람들은 무의적으로 그것을 보아 넘긴다. 영상미디어 등이 습관적으로 되풀이하는 '약방의 감초'를 소개한다.

먼저, 관행적인 장면처리다. 서부영화에서 총싸움, 남녀 간의 사랑을 그린 영화에서의 결혼장면, 액션물에서의 자동차 추격 등이 그것이다. 어김없이 등장하는 장면을 식상해 하는 관객은 거의 없다. 우리 TV뉴스에서 범죄관련 보도를 할 때도 비슷한 관행이 되풀이 된다. 피의자들이 검찰이나 경찰에 걸어 들어가는 장면을 방영하는 경우가 대부분이다. 이것은 피의자와 사법기관을 연관 짓는 관행적인 사고의 결과다. 피의자가 무죄로 판명될 때 심각한 명예 훼손에 해당한다. 외국에서는 막대한 손해배상 때문에 이를 피한다.

다음, 영화나 드라마에서 등장하는 고정배역의 경우다. 주로 조연급 배역이 해당한다. 예를 들어, 서부 영화에 흔히 나오는 영웅적 주인공의 친구는 나이 든 술주정뱅이나 얼간이 또는 어린이로 설정된다. 우리 드라마도 비슷하다. 멋진 남녀 주인공의 부모 형제 가운데 한두 명이 상식을 벗어난 '푼수'역을 맡게 해서 감칠맛을 돋운다. 이 같은 배역 설정은 관객이 영화나 드라마에 친근감을 느끼게 만든다.

관행적 치장과 장면이다. 영화나 드라마에 흔히 등장하는 소품과 의상은 그 줄거리에 대한 암시를 준다. 즉 병원에서 의사는 흰 가운과 마스크를 쓰는 것으로, 전쟁 영화에서 장군과 병사는 각각 입고 있는 갑옷, 칼 등으로 한 눈에 차이가 나게 배려한다. 이들 소품과 의상은 시대에 따라 영화의 장르가 바뀌면서 모습을 바꾸게 된다.

예를 들면 미국의 경우 서부 영화가 자취를 감추면서 경찰영화가 대신 그 자리를 차지했다. 서부 영화는 보안관과 인디언이 싸우는 것이 주요 내용이지만, 경찰 영화는 경찰과 범인이 쫓고 쫓기는 액션을 연출한다. 여기에서 대초원은 도회지의 골목과 고층빌딩으로, 말들은 자동차로 바뀌었다. 하지만 그 밖의 배역이나 줄거리 등은 법을 집행하는 주인공이 악당을 물리친다는 식으로 거의 엇비슷하다.

스크린이나 브라운관에 등장하는 사람이나 물건 등을 어떻게 비추느냐에 따라 전달효과의 차이가 크다. 화면 전면으로 클로즈업시키면 즉각적인 관심의 대상이 된다. 화면의 배경 쪽에 위치한 것들은 상대적으로 그 중요성이 덜한 것으로 인식된다. 불균형적인 화면 배치를 통해 다양한 영상효과를 내는 경우도 적지 않다.

선의 움직임으로 고정관념을 자극하는 경우다. 선의 방향에 따라 전달하는 메시지가 달라진다. 왼쪽 아래에서 오른쪽 위로 올라가는 선은 진보하거나, 상승하는 것 같은 긍정적 느낌을 준다. 반대로 오른쪽 위에서 왼쪽 아래로 내려오는 선은 실패, 위험, 패배주의적 느낌을 준다. 또한 선의 모양도 다양한 감흥을 일으킨다. 복잡한 선은 혼란스러움과 망설임의 느낌을, 굵은 선은 확신과 열정의 의미를 전한다.

영상 속의 움직임도 그 방향에 따라 주는 느낌이 달라진다. 관람객들로부터 시작되어 멀리 사라지는 것이면 무엇을 포기하거나 버리는 것과 같은 느낌을 준다. 상승하는 움직임은 하늘이나 다른 외계로 가는 것과 같은 긍정적인 느낌을 주는 반면, 아래로 향하는 움직임은 추락, 패배와 같은 부정적 의미를 전달한다.

움직임은 그 속도를 조절해 다양한 심리적 반응을 일으킨다. 일상적인 움직임보다 빠르게 움직이는 장면은 우스꽝스런 분위기를 강조하거나 격한 심리 상태를 느끼게 한다. 반면 슬로우 모션은 무엇이 어떻게 일어났는지를 정확히 확인하는 기회를 제공한다. 슬로우 모션 기법을 사용해 관객에게 신뢰감을 심어주려 시도하는 경우도 적지 않다.

촬영 각도의 선정은 관객이나 시청자가 촬영대상에 대해 갖는 태도에 큰 영향을 미친다. 위에서 아래로 찍은 필름에 찍힌 사람은 보통 작고, 약하며, 놀라고 취약해 보인다. 반대로 아래에서 위로 찍은 대상은 좀더 크고 중요하며 강력해 보인다. 역사적으로 악명 높은 독재자들의 홍보용 사진은 낮은 위치에 있는 카메라가 위를 향해 찍는 수법으로 만들어진다. 이는 독재자의 카리스마를 강화하는 효과가 있다.

대통령 등 선출직 공직자 선거 시 TV 방송이 지지하는 후보와 그렇지 않은 후보의 보도 등에서 카메라 각도를 달리하는 방식으로 편파방송을 하는 일도 있다. 우리나라에서도 1997년 대통령 선거 때까지 TV의 불공정 방송 사례가 흔했다. 그러나 그 이후 방송사들은 기계적인 균형을 맞춰 논란을 피한다. 후보자들의 방영시간 등을 엄격하게 지키는데, 정당이나 시민단체 등도 그것을 정밀 체크한다. 한편, 인간의 시야보다 훨씬 넓은 어안렌즈로 찍은 사진은 그것을 보는 사람에게 위압감을 주는 효과가 있는 것으로 주장하는 학자도 있다.

영상미디어가 의도적으로 어떤 효과를 증폭시키기 위해 여러 가지 기법을 동원하는 것은 흔히 있는 일이다. 그러나 그것이 지나치면 문제가 생긴다. 심할 경우 어떤 정보의 신빙성을 조작하는 효과를 내거나 수용자의 가치 판단이 좌우되기도 한다. 잘 쓰면 약이지만 지나치면 독이 된다.

5. 컴퓨터 시대의 시대상

인류 역사에서 미성년 자녀가 지식과 기술에서 부모를 능가한 적은 거의 없었다. 자녀는 당연히 부모로부터 지식과 지혜를 전수 받았다. 배우기 어려운 고난도의 기능은 특별한 전수과정을 거쳐 스승으로부터 제자에게 전해졌다. 그것은 부자관계처럼 엄격했다. 그러나 이런 흐름이 컴퓨터 시대의 대변혁속에서 철저히 파괴되고 있다.

오늘날 사회는 컴퓨터라는 정복자의 지배를 받는다. 공장과 사무실은 컴퓨터가 인간을 대신해서 엄청난 생산력을 발휘하고 있다. 컴퓨터에 익숙한 전문가도 하루가 다르게 달려 나가는 컴퓨터 기술을 쫓아가기 바쁘다. 직장문화는 컴퓨터를 중심으로 급변하고 있다.

십여 년 전만 해도 기성세대들은 컴퓨터에 익숙하지 않아도 직장에서 별다른 불편을 느끼지 않았다. 그것은 치명적인 무능이었고 그 대가는 혹독했다. 기성세대가 정신을 차리고 허겁지접 컴퓨터를 배우려 시도했으나 사태는 돌이킬 수 없었다. 사무자동화가 이뤄져 직장의 분위기가 신속하게 바뀌었다. 컴맹은 공룡이 지구상에서 자취를 감추듯 그렇게 직장에서 사라져 갔다. 기성세대는 컴맹이라는 열등감과 공포심을 지닌 백수 신세로 전락했다.

급격한 사회변화 속에서 어린이들은 컴퓨터를 벗하면서 성장하고 있고, 일부는 성인이 되어 직장인으로 변신했다. 오늘날의 직장은 컴퓨터에 익숙한 젊은 직장인과 더욱 복잡한 컴퓨터 기술이 혼합되어 작동되는 고난도의 종합 생산 시스템이다. 철밥통 공무원 사회도 컴퓨터 작동 시스템의 돌풍을 피하지 못한다. 군대식으로 짜여진 결재 시스템도 컴퓨터 앞에서 무너져 내리고 있다. 최근 일부 중앙행정부처가 국장제를 없애고 팀제를 도입하는 등 변화를 선도하고 있다. 이 같은 변화가 사회 전체의 변화를 가속화시킬 것이다.

어린이들은 컴퓨터를 배울 때 스펀지가 물을 빨아들이듯 한다. 컴퓨터 사용법을 익일 때 어린이들은 어른처럼 따지지 않는다. 그냥 받아드린다. 어른이 좀처럼 익히기 힘든 재능이다. 그래서 컴퓨터를 배우는 속도는 어린이가 어른보다 엄청 빠르다. 이 때문에 자녀들은 컴퓨터와 그다지 친밀하지 못한 부모에게 컴퓨터를 가르치는 위치에 당당히 올라섰다.

대부분의 부모들은 컴퓨터를 척척 다루는 자녀들을 보면서 두 가지 감정을 갖는다. 우선 기특하고 대견하다고 느낀다. 한편으로 자신의 무능력을 확인하게 된다. 부모들은 자녀의 능숙한 솜씨를 보면서 직장에서 자신들이 처한 컴맹 또는 그와 비슷한 위치의 불리한 처지를 떠올릴 수밖에 없다.

자녀들은 컴퓨터라는 요술 양탄자를 타고 부모들이 경험치 못한 미지의 세계를 여행한다. 어린이들은 사이버 세계의 초현실적 풍요함을 즐긴다. 현실 세계에서 경험할 수 없는 일들이 컴퓨터 세계에서는 가능하다. 그런 과정을 거치면서 어린이들은 창의력을 기를 수 있다. 그러나 한 가지 명심할 것이 있다. 사이버 세계에서 모든 일이 가능하다는 것의 맹점이다. 컴퓨터는 판단력이나 윤리의식은 없고 단지 손가락 지시에 따를 뿐이다. 네티즌들이 조작하는 대로 움직이는 것이다.

부모보다 어린이들이 컴퓨터에 더 익숙해지면서 생긴 풍속도가 있다. 제일 꼬마인 막내가 부모나 형 또는 누나에게 "내가 컴퓨터에 대해 중요한 것을 가르쳐줄게"라고 말할 수 있게 되었다는 점이다. 이것은 과거 부모와 자식, 또는 형제나 자매간에 일어나기 어려웠던 큰 변화다.

그 같은 부모와 자녀의 관계는 어린이에게 독립심, 책임감을 고취시키는 효과가 있다는 연구결과가 있다(Steve, 1998 : 43-44). 그러나 어두운 면도 있다. 어린이들은 자신들의 부모세대들이 컴퓨터에 익숙치 못한 것에 대해 부정적인 생각을 하게 되는 경향이 많다. 자기보다 컴퓨터를 다를 줄 모르는 부모를 이해하기보다 '그것도 못할까'라는 식으로 비웃고 깔보게 될 가능성이 크다. 나아가 어린이와 사회적 전통과의 단절을 촉진하기도 한다.

컴퓨터를 중심으로 일어나는 사회변화를 두려워하거나 염려할 필요는 없다. 그런 변화는 불가피하다. 그리고 긍정적인 면도 많다. 미흡한 점을 보완하면 피해를 최소화 할 수 있다. 여기에 부모의 자녀 보호가 필요하다.

컴퓨터는 세상 변화의 축이다. 어린이들의 새로운 경험과 역할, 사회변화 속에 가정문화가 바뀌고 있다. 직장에서는 오늘의 컴퓨터 신세대가 아차 하는 사이에 구세대로 밀려난다. 새로운 지식으로 무장한 세력이 꾸역꾸역 밀려든다. 이런 과정이 되풀이 되면서 직장문화는 변화를 거듭할 것이다. 역사란 이렇게 이뤄지는가 보다.

6. 사이버 정치와 2007년 대선

사이버 정치는 2007년 대선에서 얼마만큼의 비중을 차지할까? 사이버 정치의 승자가 청와대 주인이 될 것인가, 그렇지 않을 것인가? 아직은 속단할 수 없다. 그러나 분명한 것은 사이버 정치의 비중이 엄청나리라는 것이다. 그것만은 아무도 부인할 수 없다.

UCC 동영상이 갖는 폭발력은 대선 판도를 하루아침에 뒤집을 수 있다는 것을 부인하는 사람은 없다. 그래서 중앙선거관리위원회가 발 벗고 나섰다. 즉 과다규제 논란을 빚은 UCC 동영상을 선거운동에 상시 허용키로 한 것이다. 온라인상에서 단순한 지지. 반대 글이나 홍보성 UCC 동영상을 법적 선거운동 기간에 관계없이 상시적으로 게시할 수 있는 방향으로 제도 개선을 추진키로 한 것이다. 그러나 규제를 완화하는 대신 UCC 동영상을 이용한 비방이나 허위사실 유포행위에 대해서는 더욱 강력히 대처하는 한편, 인터넷 선거운동단속 특별팀을 구성해 사이버 검색을 강화하는 등 신속 대응 체계를 구축키로 했다(연합뉴스, 2007년 2월 13일).

돌이켜보면 2002년의 한국 대선에서 인터넷의 역할은 대단했다. 정확히 검증되지는 않았지만, 그것이 승패를 좌우했다고도 한다. 당시 인터넷은 시대에 뒤떨어진 각종 규제에도 불구하고 신속성과 쌍방향성 등의 특성 때문에 소수 거대 미디어에 의한 정보 독점을 막았다. 그리고 유권자의 선거 참여를 유도하는데 상당한 역할을 했다. 새로운 선거문화를 정착시키는데 기여했다.

당시 각 당은 3,000만 명에 달하는 네티즌의 표심을 공략하기 위해 인터넷 홍보전에 총력을 기울였고 인터넷을 통한 후보에 관한 정보는 동영상까지 가미돼 실시간으로 전파됐다. 게다가 일방적인 e메일 세례가 아니라 20,30대 젊은 네티즌 간 활발한 토론이 이뤄졌다. 자연스러운 정치 참여 풍토를 이끌어냈다(문화일보, 2002년 12월 19일).

그때 가장 극적인 사건이 터지면서 인터넷의 위력은 괴력으로 둔갑했다. 정몽준 대표가 대통령 선거를 채 8시간도 남겨두지 않고 '노무현 후보 지지 철회'를 선언한 것이다. 자정이 가까운 그 시간부터 새벽까지는 신문, TV 등 대중매체가 취약한 시간대다. 네티즌들은 밤새 인터넷을 통해 관련정보를 주고받으면서 토론을 벌였고, 투표일에도 온종일 그런 현상이 지속되었다. 그것이 참여정부의 출현에 큰 기여를 한 것으로 평가받고 있다.

오늘날 인터넷은 민주화를 촉진하는 촉매로 작용하고 있다. 과거 세계 여러 곳의 정치혁명은 팩시밀리, 자동복사기 등 대중에게 정보를 신속하고 광범위하게 전달할 수 있는 새로운 전자기기의 출현으로 가능했다. 지금은 인터넷이 정치 지형을 바꾸고 있다. 인터넷이 존재하는 곳에 비민주적인 압박 등에 의한 정보 차단이나 은폐가 불가능하다.

인터넷이 대중화되면서 정치인들의 선거 전략과 정치 패턴이 크게 달라지고 있다. 후보자와 유권자를 직접 연결하는 채널이 일상화되고 있다. 각종 사회운동도 활성화되고 있다. 인터넷이 선전, 홍보에 큰 기여를 함으로써 사회운동은 큰 추동력을 얻고 있다. 예술가들도 인터넷을 통해 자신의 예술세계를 대중들에게 직접 알리고 있다.

인터넷은 국가 간 전쟁에도 큰 영향을 미친다. 현대전의 개념에는 사이버 전쟁이 포함되어 있다. 전쟁 발생 시 민간인의 희생을 줄이고 보다 신속하게 적국의 목표물을 타격하기 위한 사이버 무기가 개발되고 있다. 그중에는 은밀하게 적국의 컴퓨터 네트워크에 침입, 레이더를 무력화시키거나 전자. 통신망을 붕괴시키는 방법이 포함돼 있다.

이라크에서 미군 병사들에 의한 이라크 포로 학대 사건이 폭로된 것은 캠코더와 인터넷 덕택이다. 이라크군 학대에 관련되었거나 그 사실을 알게 된 미군 병사들이 이라크군 고문 현장사진을 캠코더로 찍어 자기 부대 내 인터넷에 올리면서 언론 등에 알려지게 되었다. 이는 캠코더라는 새로운 미디어와 인터넷이 결합됨으로써 발생한 현상이다.

과거 베트남전쟁 등에서도 고문과 학살 사건이 많이 발생했다. 그러나 당시에는 스틸 사진이나 증언 등의 방식이 고작이었다. 오늘날과 같은 생생한 형태로 폭로할 매체가 개발되지 않았었다.

인터넷은 국제경제의 개념을 바꿨다. 지구촌을 단일 시장으로 삼아 장사하는 시스템으로 변화시켰다. 인터넷은 세계 여러 지역을 연결시켜 거리감을 더욱 좁히면서 국가의 개념까지 변화시킨다. 상품 구입에 국경이 과거와 같은 장애 요인이 되지 않고 있고, 인터넷 상거래가 복잡해지면서 그에 대한 정부 규제와 개입도 점차 제한적이 되고 있다.

어느 나라에서 어떤 인터넷 사업이 규제를 받으면 즉시 다른 나라로 옮겨간다. 이 때문에 국제거래에 대한 세금 부과도 변화한다. 소비자들의 소비행동이 크게 달라지면서 기업 경영 전략에 많은 변화와 이익을 주고 있다. 여러 곳에 상점을 설치하고 운영하는 비용과 재고품을 쌓아놓아야 하는 비용이 절감되었다. 노동력과 광고비도 줄어들었다.

그러나 인터넷상의 상거래가 만능은 아니다. 소비자들이 상점에 직접 나가 물건을 고르면서 친구들과 어울리는 재미, 물건을 사면서 남에게 과시하고 싶은 욕구 등을 충족시키지 못한다. 이런 점이 앞으로 해결해야 할 과제다.

이상에서와 같이 인터넷은 현대 사회를 크게 바꿔놓았고 앞으로 더욱 그럴 것이다. 인터넷에서 누구나 자신의 공간을 소유하고 공동체를 형성한다. 그것은 모든 것들을 담아 녹이는 용광로다. 아직까지는 인터넷 세계는 평등한 세계다. 그러나 앞으로 계속 그럴 것 같지 않아 걱정이다.

7. 컴퓨터 시대의 자화상, 다시 살펴보자

과학기술에 만능은 없다. 밝은 면과 그렇지 않은 면이 공존한다. 컴퓨터도 마찬가지다. 그것이 사회에 미치는 영향은 혁명적이다. 모든 것을 뒤집어 놓는다. 그에 따르는 대가도 크다.

컴퓨터는 시간에 대한 우리들의 인식을 바꿔놓았고, 인내심을 약하게 만들었다. 예의범절과 언어, 사물에 대한 인식도 달라졌다. 컴퓨터에 접속해 만나는 사람을 깔보고 심지어 욕설도 쉽게 해버린다. 그리고 컴퓨터 언어가 생성되면서 언어문화를 뒤흔든다. 아직 그 부작용을 치료할 뾰족한 처방은 나오지 못한다. 그래도 꼼꼼히 살피면서 그것을 찾는 노력을 멈출 수는 없다.

네티즌들은 자신이 원하는 것을 컴퓨터가 신속하게 처리, 제공하는 것에 익숙해지면서 전통 사회에서 흔히 통용되던 시간관념이 사라지게 되었다. 모든 것을 빨리빨리 처리하는 것을 당연시하게 되었고, 자신이 원하는 것이 빨리 이루어지지 않을 경우 참지 못하게 되었다. 네티즌들은 컴퓨터 앞에 앉기만 하면 성급해진다.

뚝딱하는 순간 컴퓨터가 처리해주지 않으면 지겨워한다. 기성세대에게 익숙한 '천천히 하지' 하는 식은 통하지 않는다. 이 때문에 컴퓨터에 익숙한 신세대와 컴퓨터와 가까이 해본 경험이 많지 않은 기성세대가 지닌 시간관념은 큰 차이를 나타낸다.

시간 개념의 변화는 네티즌 뿐 아니라 기성세대를 포함한 전체 사회에 파급되고 있다. 특히 컴퓨터 앞에서 매일 서너 시간 이상씩 앉아 보내는 세대의 경우 매사가 컴퓨터 속도로 처리되기를 원하는 성향을 지닌다. 즉시 이뤄지지 않는데 대한 참을성이 자꾸 사라지는 것이다. 이런 조급증은 앞으로 얼마나 더 심화될지 알 수 없다.

컴퓨터가 지속적으로 개선되어 새로운 제품이 쏟아져 나오는 등 첨단과학의 혜택이 나날이 새로워지고 있다. 당연히 조금 오래된 상품은 구식으로 여기는 성향이 생겼다. 그리고 오래된 것은 효용성이 떨어진다는 고정관념을 지니게 되었다.

컴퓨터의 또 다른 덕목은 강한 파워다. 컴퓨터는 네티즌에게 힘을 불어넣는 첨단기술로 묘사된다. 사실 컴퓨터는 네티즌이 세계 어느 곳이든지 즉시 찾아가서 필요로 하는 정보를 얻을 수 있게 해준다. 그러나 이 같은 편리함의 뒤편에는 인간성을 파괴하는 무서운 어둠이 도사리고 있다.

인간의 본성이 지닌 양면성을 날카롭게 묘사한 소설 지킬 박사와 하이드에서 일어나는 변화가 컴퓨터에서도 일어난다 (Steven, 1998 ; 52). 네티즌의 경우 사이버 세계에서는 이름이나 얼굴이 없는 존재다. 다른 네티즌들은 제시된 ID를 볼 뿐이다. 그것은 네티즌의 주소이자 이름을 나타내는 상징에 불과하다. 인간과 인간의 접촉에서 이처럼 완전히 본인의 실체가 가려진 채 철저히 추상적인 이미지만 제시되어 광범위하게 통용된 사례는 거의 없다.

직접 만나는 사람에게는 예의도 갖추는 등의 배려를 하지만 컴퓨터 속에서 접속하는 대상에게는 이런 격식을 차리는 일이 드물어진다. 이처럼 사이버 현실을 통해 발생한 변화는 점차 사회 전반에 확산되는 추세다. 이를 몇 가지 항목으로 나눠 좀 더 구체적으로 살펴보자.

컴퓨터 세계에서 허용되는 네티즌의 강력한 파워와 익명성은 실제 생활에서 상정키 어려운 인간관계를 만들어낸다. 우선 네티즌들은 자신이 메시지를 상대에게 전달할 때 반론이 제시되면 심한 욕설, 반말을 마구 사용한다. 그리고 천박한 논리가 횡행한다. 정상적인 토론이 거의 이뤄지지 못한다.

컴퓨터라는 가면은 네티즌에게 상대방을 비방하고 헐뜯고 성적으로 모욕하는 만용을 부리도록 하는 마력이 있는지 모른다. 그리고 나이가 적고 많은 것이 네티즌의 관계를 설정하는 주요한 변수가 되지 않고 있어 기성세대들을 당혹스럽게 한다. 우리나라같이 아직도 동양식의 예의가 존재하는 사회에서는 컴퓨터로 인한 충격은 매우 크다. 그렇지만 이런 충격은 다른 커다란 사회적 변화에 묻혀 그다지 주목을 받지 못하고 있다.

컴퓨터 통신에 맞게 언어가 변용 되고 있다. 컴퓨터에 접속한 뒤의 의사소통은 일상적인 언어생활과 거리가 있는 독특한 사이버 문화의 틀 속에서 이뤄진다. 사이버 세계에서는 의사소통만 가능하다면 모든 것이 허용된다. 의례적인 문장과 단어의 축약 또는 생략이 이뤄진다. 정상적인 맞춤법이 더 이상 의미가 없다. 네티즌들만의 언어가 통용된다. 이런 현상이 지속된다면 앞으로 언어체계의 뿌리까지 흔들어버릴 가능성도 있다.

키보드는 네티즌 손가락의 연장이다. 그리고 컴퓨터는 사이버 세계와의 접속을 통해 네티즌의 신체를 연장시킨다는 의미를 지닌다. 컴퓨터의 대중화는 지구촌의 구석구석까지 네티즌들이 한숨에 달려가 대화하고 자료를 수집, 교환할 수 있게 만들었다. 그러나 이처럼 축복 받는 문명의 이기가 지닌 안타까운 점이 있다. 컴퓨터 속에서 진행되는 의사소통 과정이 감정에 치우친다는 것이다. 그것을 좀 더 이성적인 영역 쪽으로 다가오게 할 할 필요가 있다. 이것이 컴퓨터 산업의 해결과제다.

8. 사이버 세계의 교통질서

인터넷이 없는 현실을 상상하기 쉽지 않다. 그만큼 그 위력은 대단하다. 위력이 대단한 만큼 그늘의 어둠도 짙다. 반사회적이고 비윤리적인 각종 사이트의 폐해가 만만치 않다. 불법 사이트가 당국의 단속에도 불구하고 여전히 독버섯처럼 번져나가 10대 청소년의 피해가 발생한다. 전통적 공동체 사회가 뒤흔들린다.

인터넷이라는 초현실적 백화점은 개개 네티즌을 유인할 수 있는 갖가지 현란한 장치나 정보로 무장하고 있다. 네티즌들은 자신들이 선호하는 분야의 바다에서 노닐다 보면 하루해가 짧다. 그래서 '나홀로 족'이 양산된다. 사이버 세계에서 '혼자 놀기'는 일상적인 행위다. 그러나 현실 사회는 관대하지 않다. '나홀로 족'은 정상적인 사회적응에 큰 어려움을 겪는다.

인터넷이 지닌 익명성은 십대 청소년에게 새로운 기회이면서 동시에 위험한 유혹이다. 그것은 청소년에게 새로운 세상을 접하거나 전혀 모르는 타인과 사귈 수 있으며, 자신이 전혀 몰랐던 점을 발견할 수 있는 계기를 마련해 준다. 그러나 그곳은 자신의 신분을 감춘 타인의 폭력과 속임수가 판치는 어두운 면이 있다.

어른이나 어린이들은 컴퓨터에 접속한 순간부터 다른 네티즌들과 구별되지 않는다. 사이버 세계의 동등한 시민이 된다. 간혹 성인임을 밝히는 간단한 절차가 필요하다. 그러면 만사 오케이다. 청소년과 어린이들은 이런 과학 세계로 자유롭게 진입하고 빠져나온다. 사이버 공동체 사회는 전통적인 유대관계가 무력한 그런 사회다.

문명의 이기가 대중화되면서 나타난 비인간적 측면이 일상화 된지 오래다. 사이버 세계의 부정적 측면이 새삼스러울 것도 없다. 오래전에 우리의 현실이 된 자동차 문화의 어두운 면을 재조명하면 사이버 세계의 그것과 어떤 차이가 있는지 명확해진다.

평소 매우 점잖은 신사가운데 일단 자동차 핸들을 잡으면 야수처럼 변하는 사람이 있다. 액셀레이터는 운전자의 발이 되어 으르렁거리고, 차체는 운전자의 몸이 되어 다른 자동차를 위협하는 괴물로 변신한다. 그 야수는 차선을 지키지 않는 다른 자동차나 자신을 추월하는 자동차 운전자에게 욕설을 퍼붓거나 주먹을 차창 밖으로 휘두른다.

특히 빨간 불이 꺼지고 파란 불이 들어왔는데 앞차가 즉시 출발하지 않으면 즉시 빵빵 크락숀을 울린다. 어느 경우는 노란 불이 켜질 때부터 부르릉거리면서 차를 출발시킬 태세를 갖춘다. 파란 불이 켜지는 순간 앞차에게 빨리 가라고 크락숀을 울린다. 그 크락숀 소리는 운전자의 감정적인 언어가 담겨 있는 욕설이다. 운전자의 입을 대신해 다른 운전자에게 폭언을 퍼붓는 것이다. 이런 폭력적인 모습은 그 운전자가 집이나 사무실에 있을 때는 찾아볼 수 없는 경우가 많다.

이성을 잃은 자동차 운전자와 사이버 세계로 진입한 험상궂은 네티즌이 다른 점이 두어 가지 있다. 난폭 운전자는 그 얼굴을 다른 운전자들이 육안으로 확인하고 기억하지만, 네티즌은 그렇지 않다. 사이버 세계에서 만나는 다른 네티즌은 본인이 자신의 모습을 입력시키지 않는 한 그 얼굴을 확인할 도리가 없다. 난폭자가 탄 자동차는 그 차종과 차번호가 다른 운전자에게 확인된다. 네티즌의 경우 그렇지 않다.

이런 점 때문에 네티즌들은 더욱 즉각적으로 반응한다. 예를 들어 채팅을 할 경우 네티즌들은 깊이 생각하거나 어떤 의미를 꼭 전달하려는 태도를 갖지 않는다. 즉시 메시지를 작성해 전달하면서 아예 사이버 세계 속에서만 통용되는 은어로 대치해 버린다. 골치 아프다고 여겨지면 접속을 중단해 버린다. 그리고 다른 상대를 찾아 떠난다.

성인도 그렇지만 특히 청소년과 어린 자녀들이 난폭한 사이버 시민이 되도록 방치되어선 안 된다. 인생은 컴퓨터의 마우스로 이것저것 선택하는 것과는 다르다. 인내심을 가지고 인생을 가꾸어가야 한다는 것을 청소년과 어린이가 인식하는 것이 필요하다. 부모들이 자녀들을 도와주어야 한다. 자녀들이 참을

성을 갖도록 지도하고, 즉각적인 만족을 구하는 조급증을 버리도록 해야 한다. 사이버 세계는 현실세계와 다르다는 점을 인식하도록 도와주어야 한다(Steven, 1998 ; 51).

사이버 세계의 잠재력은 무한하다. 그러나 그 세계는 가다듬어져야 한다. 사이버 세계의 난폭 운전과 뺑소니 운전, 접촉사고, 역 주행 등은 그 세계의 교통규범 확립으로 바로 잡아야 한다. 어둠 속의 독버섯도 방치되어서도 안 된다. 그 세계가 유익한, 궁극적으로 인류에게 행복을 주는 공간이 되도록 모두 노력해야 한다. 네티켓(네티즌이 에티켓을 지키자는 캠페인)이 더욱 절실해지는 시점이다.

9. 블로그 공동체

블로그(blog) 시대다. 이것이 대안 미디어로 정착해 미디어 세계를 뒤흔든다. 블로그는 더 이상 개인적인 의견을 내놓는 잡기장이나 디지털 일기장이 아니다. 기자-독자 간 쌍방향 대화채널로 작동한다. 하나의 어엿한 미디어로 자리매김한 것이다. 블로그는 기존 미디어와 융합하면서 새로운 미디어의 장을 열고 있다. 이제 미디어 블로그는 어느 단계까지 진화할 것인가에 관심이 모아진다.

미국에서는 블로그 기자의 위상이 높다. 혼자서 기자와 편집국장, 발행인을 겸하는 "1인 언론 매체' 블로그에게 미국 정치권이 기존 대중 미디어와 동등한 대우를 한다. 몇 년 전 백악관은 블로거(blogger : 블로그를 하는 사람)에게 기자실의 일일 브리핑에 참석할 수 있도록 조치했는데 2004년 미국 대선 후보 TV토론회와 공화.민주당 전당대회에서도 블로거 전용 취재석을 제공한 바 있다. 미국 블로거들은 이라크 전 보도전에서 맹활약, 기성 언론 못지않은 위력을 과시했다. 오늘날 그들의 위상은 거저 주어진 것이 아니다.

우리나라는 인터넷 강국으로 블로그 사용자 1천만명을 자랑하지만 아직 청와대나 정당을 출입하는 블로그 기자는 없다. 우리나라에서도 이미 차세대 미디어로 부상한 블로그의 청와대 출입기자 1호는 언제쯤 나올까 궁금해진다.

국내외에서 블로그에 얽힌 사연은 적지 않게 계속 이어지고 있다. 국내외 언론사들은 이미 블로그를 적극 활용하고 있다. 신문 경영의 한 부분으로 그 가치를 인정한 것이다. 기자가 기사에서 못 다한 이야기를 풀어놓는 블로그, 기사 전체를 평가하는 블로그, 독자들의 각종 상담에 응하는 블로그 등 종류도 다양하다. 미디어와 그 소비자들이 더욱 가깝게 접근하고 대화를 나누는 블로그 시스템이 21세기형 미디어의 모델이 될 것이란 전망도 나온다.

블로그가 새로운 정보 전달 수단으로 등장하면서 그에 얽힌 사연은 많다. 블로그에 올린 글로 명예훼손, 비밀유출이나 저작권, 상표권 침해 논란이 발생했다. 회사에 대한 부정적 이미지를 블로그에 올려 전파했다는 이유로 해직돼 제소로 비화한 일도 있다.

우리나라에서 한 언론사 기자가 자신의 블로그에 KBS의 특정 아나운서를 접대부 등으로 비유했다는 혐의로 피소되기도 했다. 검찰은 블로그가 많은 사람이 정보를 얻을 수 있는 수단이기 때문에 개인적인 일기장으로 볼 수 없다면서 구체적인 사실을 밝힌 것이 아닌 경멸적인 표현만 있어 명예훼손이 아닌 모욕죄를 적용했다. 검찰의 블로그에 대한 의미 규정은 눈여겨 볼만하다.

영국에서는 BBC방송의 과학 담당기자가 자신의 암 투병기를 2년 반 동안 블로그에 올려 네티즌들을 감동시켰다. 그는 2002년 8월 암 판정을 받은 후 몇 해 뒤 숨질 때까지 1주일 간격으로 투병 과정, 생각들을 사진과 함께 블로그에 올렸다. 네티즌들은 그의 글이 오를 때마다 7만~12만 명이 다녀갔고 댓글·이메일이 꼬리를 물었다. 그가 세상 떠나기 전 마지막으로 올린 글의 조회 숫자는 첫날만 30만이 넘었다.

블로그라는 말은 웹(web)의 b와 일지, 기록의 의미의 log의 합성어로, 쉽고 편하게 꾸밀 수 있는 나만의 온라인 공간이라는 의미로 쓰인다. 이 단어는 옥스퍼드 영어사전과 메리엄-웹스터 사전에 실렸다. 그것은 간단하게 자신의 글과 그림, 사진 등을 인터넷상에 기록할 수 있는 인터넷 일기장, 메모장, 스케치북, 스크랩북, 수필집, 자서전, 사진첩의 역할을 한다. 자신의 관심사에 따라 자유롭게 글과 자료를 올릴 수 있는 개인 사이트의 하나다.

블로그는 1996년 데이브 와이너가 처음 만들었다고 알려져 있으며, 시간 순으로 배열되므로 가장 최신 자료가 제일 앞에 오는 특징이 있다. 그 이용 방법은 전문사이트에 가입해 블로그 계정을 받는 방법과 자기 홈페이지에 직접 설치해 사용하는 두 가지 방법이 있다. 2001년 미국의 시애틀 지진, 9·11 테러, 이라크 전쟁 등을 거치면서 전 세계에 블로그 붐이 일어났다.

우리나라의 대형 사이트에서는 블로그 이용을 적극 권장하면서 많은 서비스를 네티즌들에게 제공하고 있다. 누구나 몇 단계 절차를 거치면 간단하게 자신의 글과 그림, 사진 등을 인터넷에 기록할 수 있다. 블로그는 비슷한 관심사를 가진 사람들을 하나로 묶을 수 있는 기능이 있다. 친분 대신 지식으로 사이버 공동체를 만드는 방식이다. 이 기능이 인테넷 시대의 미래상을 제시하고 있다. 블로거들은 인터넷 속에서의 교류를 확대시켜, 직접 대면하고 삶을 나누는 현실 공동체를 만들어간다. 사이버와 현실 공동체의 융합이 일어나고 있다.

7
chapter

광 고

1. 광고와 미디어

현대인은 광고의 홍수 속에서 산다. 광고는 하나의 정보로 인식되기 때문에 성가신 존재만으로 여겨지지 않는다. 아침저녁으로 전달되는 상품 광고는 상품에 연관된 꾸며낸 이야기의 형식을 취한다. 예를 들어, 특정 상품을 사서 사용하게 되면 신분이 엘리트 그룹으로 상승되거나 품격 높은 생활인으로 인정받는다는 식이다. 고급 승용차를 운전해 일류 호텔에 갔더니 도어맨이 정중히 모시는 광고나, 좋은 남성용 향수를 뿌리면 많은 여인들의 선망의 대상이 되더라는 식의 TV광고는 흔하다. 상품 구입이 단지 소비욕구를 충족하는데 그치지 않고 계층문제, 빈부 격차, 애정 문제 등까지 해결한다고 광고하는 것은 지나친 감이 있다.[1)]

미디어 등을 통한 광고에서 표현의 자유가 지나치면 자칫 소비자들에게 잘못된 정보로 전달된다. 그로 인한 사회적 피해가 심하다. 우리나라에서는 광고의 내용이 상품의 품질과 동일한지 등에 대해 공정거래위원회가 심의해 그 결과를 공개한다. 광고와 관련해서 표현의 자유가 어느 수준까지 인정되는 것일까? 일반 대중 미디어가 누리는 표현의 자유만큼 인정을 받는가? 거기에 대해 미국 연방법원은 하나의 기준을 제시했다.

미국 연방대법원은 2003년 6월 기업 홍보활동의 정당성을 놓고 벌어진 스포츠용품 제조업체 나이키사와 소비자운동가의 싸움에서 "기업이 영리를 위해 광고하는 것은, 비록 홍보내용이 특정 상품에 대한 것이 아니더라도 상업 활동에 해당되기 때문에 표현의 자유를 보장한 헌법의 보호를 받을 수 없다"고 판결했다. 나이키는 지난 90년대 중반부터 아시아지역 생산 공장의 노동착취 문제로 소비자운동단체들의 비판이 쏟아지자 이미지를 개선하기 위해 각 언론사와 스포츠 팀, 대학 등을 상대로 "세계화시대에 걸맞은 기업의 책임을 다 하고 있다"며 홍보를 벌였다. 97년에는 유엔 주재 미국 대사를 지낸 고위 외교관을 동원, 아시아공장의 노동조건에 문제가 없다는 보고서

---

1) 커뮤니케이션 전문가들은 광고(advertising)와 홍보(public relation), 공보(publicity)의 차이를 다음과 같이 함축적으로 표현한다. 즉 광고는 buy me, 홍보는 love me, 공보는 follow me라는 것이다. 광고는 그 내용이 상품이거나 아니면 상품을 만드는 기업이건 그 궁극적인 목적은 상품을 많이 사달라는 메시지이고, 홍보는 기업이나 정부의 이미지를 좋게 하려는 노력이며, 공보는 정부 정책 등을 널리 알리는 목적으로 실시되는 노력을 의미한다. 오늘날 민주정부는 공보에서 탈피해 홍보 쪽으로 방향을 전환하면서 기업의 홍보 방식을 도입하려는 경향을 보인다.

까지 냈다. 소비자 운동가인 마크 카스키는 나이키의 이런 행동이 허위광고와 불공정거래 행위에 해당된다며 98년 캘리포니아주 법원에 제소했다. 나이키는 이에 "헌법에 보장된 표현의 자유를 침해하는 것이므로 소송 자체가 성립되지 않는다"며 반격을 가했다. 1심과 항소심에서는 나이키가 승리를 거뒀으나, 캘리포니아주 대법원과 연방대법원은 소비자 운동가의 손을 들어줬다(문화일보, 2003년 6월 27일).

불량 광고에 대한 대중 미디어의 사회적 책임문제는 계속 고민해야 할 숙제다. 미디어는 광고 내용에 대해 큰 책임을 지지 않기 때문에 돈이 되면 이런 저런 광고를 가리지 않는 성향이 있다. 거기서 문제가 발생한다. 소비자는 미디어에 실리는 광고를 미디어의 공신력과 결부시켜 판단하는 경우가 적지 않다. 그래서 대중 미디어의 과대 또는 허위광고로 피해가 발생했을 때 미디어가 '나 몰라라' 할 수 있느냐 하는 주장이 제기된다. 미디어가 광고로 돈 벌이를 하면서 거기에 책임이 없다고 마냥 버틸 수 있을지 궁금하다.

광고는 광고주가 경제적 대가를 지불하면서 많은 사람에게 아이디어, 상품 또는 서비스 정보를 제공하거나 판촉활동을 하는 것이다. 광고는 글·그림·음성 등 시청각 요소가 동원된다. 제조업의 경우 대중매체에 실리는 광고는, 소비자에게 광고 속의 상품을 구입하고자 하는 욕구가 강하게 발생토록 하는데 있다. 그런 효과가 강할수록 성공적인 광고로 평가받는다. 광고는 개성이 다양한 수많은 소비자들을 감흥 시켜 구매행위로 유도해야 하기 때문에 광고의 메시지는 주로 감성적인 내용의 메시지로 구성된다. 광고는 감성매체의 성향이 강한 TV와 같은 영상매체와의 친화력이 높다. 전문가들은 동일 비용일 경우 광고효과는 영상매체가 종이신문보다 2배 이상 앞선다고 말한다.

참여정부 3년차가 되면서 중앙행정부처들은 민간인 정책홍보 전문가를 채용하고 있다. 역대 정부에서 찾아볼 수 없던 변화다. 이는 정부 홍보도 일반시장의 홍보 방식으로 하겠다는 발상이다. 과거에는 정부에서 정책을 알리기 위해 관보에 그 내용을 싣거나 신문에 깨알같이 작은 글을 가득 채운 광고문을 싣는 것이 고작이었다. 관리들은 국민에게 알리는 형식을 취했다는 선에서 손을 털었다. 국민들에게 얼마나 알려졌는가 하는 것은 별 관심이 없었다.

정치 민주화가 진전되면서 정부 홍보 필요성이 강조되고 국민에게 공을 들이는 쪽으로 방향이 바뀌었다. 정부홍보가 시장원리를 강조하면서 미디어 등의 광고에 관심을 기울인다. 정부광고의 궁극적 목표는 국민이 정부 정책에 적극 참여해 효율적으로 집행되도록 하기 위한 것이다.

대중 미디어가 광고업을 하는 목적은 이윤창출이다. 이윤이 많이 남아야 살아남을 수 있고 재투자 등도 가능하다 (Schneider, 1987 ; 5). 일반적으로 사람들은 대중매체가 고상하고 그럴싸한 정보를 제공하기를 기대한다. 그러나 그 같은 희망사항은 흡족하게 충족되기 어렵다. 신문,TV 등은 더 많은 이윤을 내기 위한 전략에 휘둘리기 때문이다.

광고가 미디어에 갖는 위력은 여러 가지 있으나 무가지의 존재도 그 하나다. 신문을 거저 나눠주어도 광고 수입만 있으면 신문업이 가능하다는 경영형태다. 광고에만 매달리다 보니 불경기에 심하게 허덕이는 것 같은 대가를 치른다. 그 보도기능도 신문 값을 받고 파는 신문에 비해 문제가 있다는 평가를 받는다. 그러나 현재 무가지 업계가 겪고 있는 어려움이 극복된다면 그 앞날이 마냥 어두울 것 같지는 않다.

광고 메시지의 효과에 대해 다양한 견해가 존재한다. 우선 광고효과에 회의적인 주장이다. 일반인들에게 5분 전에 본 상업광고에 나온 상품이나 회사를 기억하는 사람은 열 명 가운데 한 사람 정도라는 것이다(Ed Papazian. ed., 1993 ; 343). 그러나 광고가 상품 구입 결정에서 중요한 역할을 한다는 주장을 뒷받침하는 조사 결과도 있다. 즉 모든 소비자의 2/3는 자신이 광고 등을 통해 잘 알고 있는 상품만을 구입하는 경향이 있는 것으로 나타났다(Interbrand Group Staff, 1992 ; 5).

광고주는 미디어에 광고를 할 때 손익을 꼼꼼히 따진다. 유, 무 형의 효과를 얻기 위해 광고 기법의 개발에 전력투구한다. 개개 미디어가 지닌 광고 효과도 까다롭게 계산한다. 광고주에게 도움이 되지 않으면 광고는 지속되지 않는다. 앞으로 기업의 투명경영과 정부의 행정민주화가 더 진전될수록 광고시장의 과학성도 높아질 것이다. 광고가 소비자에게 다가가는 가장 합리적인 방법으로 정착되면서 광고 전문가들의 몸값이 자꾸 올라간다. 광고 효과가 별 볼 일없는 미디어의 불안도 커간다. 그러면서 우리 사회는 전문 광고 시대로 가고 있다.

2. 광고주는 최강자

"잘 나가는 신문은 이름값을 한다. 거기에 광고를 내면 그만한 효과가 있다. 이런저런 작은 신문의 광고효과는 꽝이다."

우리나라 광고시장에서 흔히 하는 말이다. 발행 부수가 많은 신문은 광고내기도 쉽지 않다. 광고효과가 높은 면을 얻기는 매우 힘들다. 독자들이 즐겨 보는 1면과 맨 뒷면, 정치, 사회면 등은 광고 효과가 높아 광고비도 비싸다.

잘 나가는 신문엔 광고주들이 줄을 선다. 그러나 그렇지 않은 신문은 광고 얻기가 보통 힘든 것이 아니다. 신문사의 경영상태는 광고수입에 좌우된다. 광고가 주요 돈줄인 것은 신문뿐 아니라 방송, 인터넷 매체 모두에 해당된다.

오늘날 언론사의 생존은 광고에 의해 결정된다. 언론 경영에 필요한 재원의 대부분을 광고에 의존한다. 신문의 경우 광고 수입은 신문을 판매해 얻는 수입의 3~4배가 된다. 주요 광고주인 대기업 앞에 주눅들 만하다. 그러나 겉으로는 언론도 기세가 등등하다. 기자들의 날카로운 필봉이 대기업을 겨냥하면 광고비 몇 푼이 문제가 아니라는 거다. 그런 논리에는 대기업의 약점이 드러나 보도되면 기업 이미지가 망가질 수 있다는 압박이 숨어 있다.

그러나 세계화, 개방시대가 되면서 기업 경영이 나날이 투명해진다. 언론에 약점 잡힐 구석은 자꾸 줄어든다. 과거 개발독재 시절의 기업이 비리 덩어리였지만 지금은 아니다. 그러니 사회의 목탁임을 내세우는 언론의 위력도 과거 같지 않다. 언론기업의 생존이 걸린 돈 앞에 궁색해질 수밖에 없다. 아킬레스건 같은 약점이다. 이 때문에 광고의 언론에 대한 위력은 나날이 강해지고 있다. 자연 언론매체에 미치는 영향도 다양하고 집요하다.

일부 광고주는 아예 언론의 편집, 편성에 직접 영향을 미친다. 천문학적인 막대한 광고비를 뿌리는 대기업이 대표적이다. 그 방식은 노골적이기도 하고 세련된 방식으로 쉽게 알아차릴 수 없게 하는 경우도 적지 않다. 기사와 사설, 논평 등이 대기업에게 유리하게 활자화되도록 하는 것이다. 그러나 세상이 어수룩하지 않다. 그런 것은 감쪽같이 감춰지지 않는다. 전문가의 눈에는 쌀 속의 뉘처럼 드러난다. 그래서 언론모니터 단체의 비판을 받는 일이 가끔 있다.

다른 방식도 있다. 광고주의 항의나 압력이 오기 전에 미리 선수를 치는 방법이다. 언론매체나 언론인의 자체 검열이다. 광고주를 기쁘게 할 기사와 논평 등을 알아서 내보내는 것이다. 이른바 언론 본연의 임무를 팔아서 현금을 챙기는 '언론장사'다.

언론사 사주가 광고 수입을 이유로 특정 기업과 관련된 기사나 사설 등의 보도에 직접 개입하는 일도 적지 않다. 가판 신문에 보도된 대기업 비리 관련 사설, 칼럼 등이 사주의 지시에 따라 실종되어 네티즌들의 비판을 받기도 했다. 일부 언론은 대기업의 비리 등에 대해 아예 눈을 감거나 관대하다. 새삼스런 이야기가 아니다. 재벌의 계열사 정도 되는 언론이 그렇게 하는 것은 널리 알려져 있다. 이 언론은 다른 재벌들에게 무서운 존재다. 날카로운 필봉을 휘두르거나 때로는 악착같이 헐뜯는다.

누이 좋고 매부 좋은 방식도 동원된다. 광고주의 협찬으로 취재와 기사작성이 이뤄지는 사례가 그것이다. 이때 기사 내용도 광고주의 PR용으로 만들어진다. 미국의 유명 주간지들은 매년 특정 국가나 기업을 대상으로 돈을 받고 기사를 작성해 주는 영업을 공식적으로 한다. 상업적 이윤을 취하기 위해 언론 매체 지면이나 방송 시간을 판매하는 것이다. 공정하고 진실한 보도 영역의 사각지대다.

광고주 입장에서는 광고가 아닌 기사의 형태로 광고의 내용이 전달되기를 희망한다. 일반인들은 기사 속에 담긴 내용은 신뢰하는 반면 광고의 내용은 그렇지 않은 경향이 있다. 그래서 광고주는 광고할 내용을 기사의 형태로 전달하려 시도한다. 신문과 방송 기자가 광고주를 이롭게 하는 내용의 기사를 쓰도록 직·간접적으로 유도되는 것이다.

기사와 광고를 섞어 분간키 어렵게 하려는 유혹은 언론매체 내부 또는 광고주 쪽에서 일어난다. 광고 내용을 기사의 형태로 전달하고 싶어 하는 광고주의 욕구는 신문이나 잡지의 전체 면을 광고 내용으로 채우면서 그 형식을 일반 기사처럼 꾸미는 데서 찾아볼 수 있다. 그 편집은 일반 기사와 유사한 제목과 사진 등을 활용해 이뤄진다. 지면 상단의 '전체 광고'라는 표기를 읽지 않으면 기사로 착각하기 쉽다. TV 개그 프로에서 특정 상품의 광고 문구를 모방해서 간접적으로 홍보하는 경우도 적지 않다.

광고주와 언론의 부적절한 관계는 당연히 신문지면 등에 그대로 나타난다. 대기업이 아닌 빈곤층, 노동자, 중산층 등은 제대로 대접받지 못한다. 예를 들어 신문의 부음이나 동창회란은 사회 기득권층이 주로 그 혜택을 누린다. 돈 없는 사람들은 경제적으로 언론사에 별다른 도움을 주지 못하기 때문이다.

민주화가 진행되면서 사회적 약자에 대한 언론의 배려가 파격적으로 개선된 것은 사실이다. 그러나 아직도 그 벽은 높다. 민주화 속에서도 역시 돈은 대접을 받는다. 광고주는 이 시대의 강자다.

3. 미디어 광고의 노림수

영상 광고는 흔히 그것을 접하는 사람에게 정서적 감흥을 일으킨다. 광고를 제작할 때 시청자가 짧은 시간에 감흥을 일으킬 수 있게 자극적인 음악과 색, 동영상 등을 활용하기 때문이다. 광고주들은 소비자들이 상품의 실용성, 효용성에 따른 만족감과 함께 심리적인 충족감을 원한다는 사실을 알고 있다. 이 때문에 상품의 정서적 효용성을 강조하는 기법을 쓴다.

휴대폰에 대한 TV 광고에서 휴대폰은 단순한 정보 전달 기기에 그치지 않는다. 그것은 연인 사이에 사랑을 확인하거나, 가족 간의 따뜻한 유대감을 확인하는 연결고리라는 점이 강조된다. 또한 장난감 선전에는 매우 귀여운 아이를 등장시켜 자녀 사랑의 감흥을 불러일으키거나, 과자류의 선전에서 개그맨이나 코미디언을 등장시켜 웃음을 자아내게 한다. 이런 수법은 모두 팔고자하는 광고에 감성적 측면을 접목시키기 위한 것이다.

미디어 광고가 소비자에게 필수적인 존재가 되기 위해 광고주는 여러 방향으로 애를 쓴다(Silverblatt, 2001 ; 208-210). 광고를 통해 일반인에게 상품에 대한 정보를 주고, 소비자의 관심을 상품에게 쏠리게 해 구매 행동을 하도록 부추긴다. 일반 매장의 계산대 옆에 진열해 놓는 껌, 초콜릿 등과 같은 상품은 충동구매를 유발하기 위한 상품 전시의 대표적 사례다. 이는 소비자가 평소 특정 상품에 대해 호감을 갖고 있다는 것을 전제로 한다. 그 같은 상품을 살 의향이 없었지만, 계산대 옆의 상품을 보고 사고 싶은 욕구가 순간적으로 솟구치는 것을 노린 광고 전략이다.

소비자에게 다가가기 위한 광고주의 노력은 인간의 원초적 감정에 호소하거나 기념일 등에 기대어 행해진다.

상품 광고가 가족, 연인 사이의 사랑에 초점을 맞추거나 그것과 연결시키는 사례는 흔하다. 광고 속의 상품은 애정과 진실, 사랑의 깊이를 구체적으로 확인할 수 있는 상징이다. 상품이 애정과 사랑을 확인하는 축제의 중심에 놓이는 내용으로 짜여 진다. 광고 상품은 그것을 활용함으로써 소비자는 더욱 사랑스러워지고 소망스런 존재가 될 수 있거나 그것을 선물로 주었을 때 그것을 받은 사람의 신망을 한 몸에 받게 된다. 상품이 사랑의 농도를 더욱 짙게 해준다. 가슴 속을 훈훈하게 하는 장면은 광고 상품을 구매하는 행동으로 달성 가능하다. 가족 간의 애정을 확인하는 매개물로 부각시키는 상품 광고가 흔한 것은 그 효과가 크기 때문이다.

일부 광고는 소비자가 상품 구매를 통해 남으로부터 인정받고자하는 욕구가 충족된다는 내용을 담고 있다. 우리나라처럼 가부장적 관습이 강한 사회의 TV에서 흔히 등장하는 형식의 하나다. 나이가 지긋한 부모님께 보청기나 보일러 등을 사드렸을 때 부모의 자식에 대한 긍정적 평가가 강조되는 식이다.

축제, 기념일 등이 판촉의 호기로 활용된다. 일반인들은 자신이나 가족의 생일, 결혼기념일, 졸업식, 회갑연 등에 대한 애착과 추억을 지니고 있다. 광고주들은 이를 놓치지 않는다. 졸업시즌을 맞아 각종 관련 상품 광고가 행해지거니, 발렌티인데이에 초콜릿 판촉 광고가 대대적으로 행해진다.

광고주들은 소비자들의 구매 행동을 유도하는 대신 상품에 대한 긍정적인 인식을 지니도록 노력하는 전략도 쓴다. 그것은 상품 판매보다 회사의 긍정적 이미지를 부각시키는 것이다. 예를 들면 정유회사가 내는 신문이나 TV 이미지 광고에서 깨끗한 환경을 위해 노력하는 회사 노력이 부각된다. 자동차 배기가스 등으로 인한 환경오염을 염두에 둔 광고라 하겠다. 또한 원자력 발전소에 대한 이미지 광고에서도 화석 연료 등에서 흔한 대기오염 등이 적다는 것을 강조하는 것도 유사한 경우다.

광고는 소비자의 일상적인 생활에 영향을 미치면서 무엇을 보고, 무엇을 할 것인가를 결정하는데 영향력을 미친다. 예를 들어 아침 식사로 소개되는 광고는 많은 소비자들의 식사 습관을 밥과 국에서 우유와 시리얼로 변화시켰다. 각종 여행용 자동차의 광고도 주말 휴일여행을 떠나는 쪽으로 생활 패턴을 변화시킨다.

광고는 TV프로나 인쇄매체의 기사를 지원하는 보조 역할이지만 때로는 광고의 내용이 사회적인 관심의 대상이 되기도 한다. 광고가 대중적 인기를 얻은 경우다. 예를 들면 컴퓨터 그래픽이 개발된 초기에 외국의 유명 스포츠 신발의 TV광고는 국내에서 보기 어려웠던 컴퓨터 그래픽 기술로 제작된 것이어서 이 광고가 나오는 프로의 인기를 능가하기도 했다. 요즘도 이런 효과를 노려 기발한 내용의 광고를 제작하는 노력과 경쟁이 진행되고 있다.

광고 전략은 상품이 소비자 개개인의 사회적 신분과 개성의 상징이라고 강조하면서 소비자에게 물건을 사라고 압박하는데 초점이 맞춰져 있다. 자본주의 사회에서 구매력과 소비 패턴이 계층을 구분하는 지표가 되며, 소비가 자아실현의 한 방식이라면서 현대인의 '허위의식'을 충동질한다. 상품이 소비자 자신이 어떤 존재인가를 확인해 주기 때문에 상품 그 자체가 중요한 의미를 지닌다는 것이다. 어떤 상품을 구입하기 전에는 소비자는 별 볼일 없는 존재였으나, 상품을 구입한 뒤로 '현대판 귀족'으로 신분상승 한다는 광고내용으로 꾸며진다. 광고의 세계에서는 맹랑한 논리가 판친다.

4. 광고의 소비자 유인책

우리나라에서는 옷이 유행할 때 비슷한 색과 디자인의 옷을 많은 사람이 사서 입는 일이 흔하다. 같은 제품의 소비자 군에 포함되는 것에서 심리적 만족을 취하는 것이다. 남들이 다 하는데 자기만 빠지면 불안해서 그럴까? 그러나 유럽 쪽은 우리와 다르다. 그곳에서의 소비자 개인주의는 남과 다른 소비 행태를 보이는 쪽을 더 좋아한다. 다른 사람이 자기와 같은 옷을 입는 것을 좋아하지 않는다.

광고는 나라와 인종의 기호나 문화적 특성 등을 민감하게 고려해 제작된다. 거의 눈에 띄지 않는 차이라 해도 그것을 무시한 광고는 실패하기 마련이다.

동일한 문화권에 있는 사람들의 상품에 대한 인식이나 기호가 고정된 것은 아니다. 그것은 시대에 따라 정치적 환경 등의 변화에 따라 변한다. 상품 광고도 세태를 반영하면서 변화의 물결에 휩쓸린다.

우리나라 잡지광고에 60년대부터 90년대 후반까지 40여 년간 나타난 문화적 가치변화에 대한 국내 학자의 조사 결과는 흥미롭다. 60년대 후반은 권위주의, 집단주의, 숙명적 자연관, 도덕주의 등 전통적 가치관이 강조된다. 서구적 가치는 찾아보기 힘들었다. 70년대부터 점진적으로 서구적 가치관을 표현하는 방향으로 전환되었다. 80년대 초부터 우리나라 광고는 고유의 전통적 가치관보다 물질주의, 현대적 가족가치관을 보이는 서구적 가치관이 더 강조되었다. 80년대 후반에는 물질주의와 개인주의, 정복 지향적인 자연관을 강조하는 광고들이 많이 등장했다. 이런 변화는 1990년대 들어 더 가속화되어 서구적 가치관을 내세운 광고가 전통적 가치관을 강조한 광고보다 많았다.

광고 속의 가치관 또는 내용변화는 소비자들의 변화를 반영한다. 소비자들은 끊임없이 변한다. 그 변화의 방향이나 속도 등은 예측키 어렵다. 그래서 광고 전문가들은 머리가 아프다. 변화를 꼭 집어내는 광고란 쉽지 않기 때문이다. 변화에 너무 앞서가거나 뒤쳐져도 광고 효과는 만족스럽지 못하다. 소비자에게 다가가는 광고에 고려할 사항은 매우 많다. 아 차 하면 옥 속의 티가 생기면서 광고를 망친다.

광고에서 등장 모델의 영향은 매우 크다. 광고 모델은 소비자의 구매 의욕을 자극하는 결정적 요인 가운데 하나다. 광고에 출연할 모델 선정 작업은 매우 치밀하게 수행된다. 상품에 따라서 영화배우, 탤런트. 개그맨 가운데 누구를 선정할지 결정된다. 모델이 결정되면 그 인상이 공격적인지 순한 인상인지, 조용한지 수다스런 인상인지, 근엄한지 아니면 희극 배우의 인상인지 등을 따진다.

TV광고 등에는 유명 영화배우나 각 분야의 존경받는 뉴스메이커들이 모델로 흔히 등장한다. 유명인의 팬들은 유명인이 광고하는 상품을 무비판적으로 구입할 가능성이 크다는 점을 노린 것이다. 그러나 유명인들은 자신들이 광고하는 상품을 실제 사용하지 않을 경우도 적지 않다. 따라서 자신의 사회적 위세를 상업적으로 이용한다는 비판을 받기도 한다.

유명인들의 팬이 무비판적으로 상품을 구입하는 경향과 관련해서 외국에서는 광고 상품에 문제가 발생했을 때 광고 모델로 나선 유명인을 상대로 소비자들이 손해배상청구를 하는 경우도 있다. 우리나라에서는 아직 그런 경우가 보고되지 않았다. 광고에 출연하는 유명인들이 자신이 광고하는 상품에 대해 책임지지 않는 것은 자연스럽게 보이지 않는다.

사생활에 전혀 잡음이 없는 모범적인 유명연예인이 특정 상품의 광고 모델로 수년 동안 출연하는 사례가 있다. 이는 그 배우가 지닌 인기나 도덕성 등이 상품 이미지로 강조되어 일반 소비자들의 구매행위에 영향을 비치기 때문이다. 광고 도중에 스캔들 등으로 모델의 이미지에 부정적인 변화가 발생할 때 광고는 중도하차 한다.

최근 전문 모델이 아닌 일반주부나 할머니, 할아버지 등 보통 사람들이 광고에 등장해 깜짝 효과를 연출한다. 상품을 생산하는 업체의 사장이나 직원이 직접 광고에 나오기도 한다. 이런 방법은 광고를 접하는 소비자들에게 상품에 대한 정직성과 신뢰성을 강하게 주는 효과가 있다. 일부 광고는 출연자가 괴성을 지르거나 이색적인 복장으로 나오는 등의 방식으로 소비자의 주목을 끌기도 한다.

상품 효용성을 광고 속에서 어떻게 강조하느냐 하는 것도 중요하다. 광고는 소비자들의 구매 욕구를 촉발시키기 위해 광고주가 상정한 이상적인 상품 효용성을 지속적으로 강조한다. 좋은 상품이 널리 알려져 많은 사람에게 도움을 주면 그것은 매우 유익한 일이다. 그러나 이상적인 것으로 선전된 효용성들이 부풀려진 것이거나 아예 존재하지 않을 때 문제가 생긴다.

화장품은 아름다워지고 싶은 인간의 욕구를 충족시켜주는 매우 소중한 상품이다. 화장품 광고는 흔히 아름다운 여배우 또는 꽃미남이 특정 화장품을 사서 바르면 피부가 고와져 많은 사람의 부러움을 사는 것으로 묘사된다. 그러나 대부분의 경우 그 같은 메시지는 사실과 다르다. 유명 배우의 피부가 고운 것이 특정 화장품을 사서 발랐기 때문이 아니기 때문이다. 광고 속의 화장품과 관계없이 매우 아름다웠고 그래서 모델로 선정된 것이다. 화장품이 신상품인 경우는 출연한 배우의 아름다움과 화장품과는 더욱 아무 관계가 없다.

화장품 광고의 '허구'가 소비자들에게 먹히는 이유는 무얼까? 그것을 학자들은 여성들이 아름다워지고 싶어 하는 욕망이 강한데서 비롯된 것으로 설명한다. 여성들은 TV 광고에 나오는 여성 배우나 모델들과 자신을 끊임없이 비교하면서 열등감에 잠겨 그 아름다움을 닮고자 하는 욕망을 갖게 된다는 것이다.

광고주들은 화장품을 팔기 위해 소비자인 여성들이 무언가 부족하고 결함이 있다는 암시를 주입하려 한다. 여성 소비자들은 자신들이 광고에 나오는 배우나 모델처럼 좀더 예뻐지기 위해 화장품을 사용해야 하는 생각이 들도록 유도되는 것이다, 이런 광고방식은 여성들에게 견디기 힘든 심리적 충격을 가한다. 결국 상품을 사게 만드는 것이다.

광고가 범람하는 시대에는 소비자 주권 확립이 절실하다.

광고의 바다에서 소비자들이 표류하지 않도록 도와주는 등대가 필요하다. 소비자들이 광고에 휩쓸리지 않고 광고의 파도를 헤쳐 나갈 수 있는 사회적 도우미가 나와야 한다. 그것이 미디어 광고 교육이다. 광고의 존재에 대한 사회적 인식과 대처가 시장을 건전하게 만든다.

5. 광고의 세계관과 가치체계

광고를 통해 제시되는 세계관은 물질로 이뤄진 단순한 세계, 자기중심적 세계, 경쟁적 세계다. 광고의 세계는 가장 세속적인 사회다. 또한 광고가 제시하는 가치체계는 진보, 개인주의 등이다. 상품은 나날이 좋아지고 있다면서 소비를 부추기기 위해 소비자의 개성을 강조하나 거기에 획일주의의 함정이 도사리고 있다. 모두가 같은 상품을 사서 쓰게 되면 개인적인 우월성은 사라지기 때문이다.

광고의 세계는 우리가 보고 느끼고, 만져서 살 수 있는 물질의 세계로 국한된다(Silverblatt, 2001 ; 210). 광고가 제시하는 논리에 따른다면 사람들은 상품 구입을 통해서만이 세계의 본질을 발견하게 된다. 개개인의 정체성은 상품 구입에 따라 형성될 수 있는 가변적인 것이다. 소비자는 자신이 원하는 외모와 생활 스타일을 실현하기 위해서는 적절한 상품을 구입하면 족하다. 남에게 어떻게 보이는가 하는 이미지가 매우 중요하다.

광고가 비추는 세계는 복잡한 문제들이 단순한 해결방식,

즉 상품 구입에 의해 해소되는 그런 세계다. 모든 문제는 적절한 상품을 구입함으로써 해결된다. 광고가 상정하는 세계는 이런, 저런 상품을 구입함으로써 만족감을 느끼는 단순한 사람들로 가득 차 있다. 그 세계는 또한 상품 구입과 함께 불만족이 즉시 사라지고 만족감에 잠길 수 있어서, 불편함을 참을 필요가 없는 단순한 세계다.

광고의 세계에서, 기쁨과 만족은 자신을 위해서 행동할 때 이뤄진다. 행복은 남을 돕는데서 오는 것이 아니다. 소비자 자신이 능력껏 많은 물건을 구매해서 소비하는 것만이 행복을 얻을 수 있다. 결국 광고의 세계는 소비가 가능한 사람과 그렇지 못한 사람으로 갈라놓는다. 어떤 상품을 구입하는 것만이 잘 나가는 사회계층에 소속된다는 만족감을 주는 조건이 된다.

광고는 소비자가 끊임없이 자신과 다른 소비자를 비교하도록 몰아치는 그런 경쟁적 세계를 상정한다(Silverblatt, 2001 ; 212). 화장품 광고는 대개의 여성들이 특별한 화장품을 써야 할 만큼 외모에 문제가 있다는 열등감을 강조한다. 이런 광고는 젊은 여성 등에게 심각한 충격을 줄 수 있다. 그러나 실제 광고 모델이 지닌 아름다움은 현대의 어떤 화장품을 써도 달성키 어렵다. 컴퓨터 그래픽 기술로 화장품 광고 여성 모델의 주름살이나 주근깨 등이 삭제되는 일이 흔하다. 미용 광고의 메시지는 과대광고의 범주에 들어가는 경우가 많다.

광고가 그리는 세계는, 아무리 골치 아픈 문제라 해도 상품을 구입하면 즉시 해결되는 단순하고 낙관적인 세계다. 광고 속에서는 상품을 구입해 행복에 잠긴 사람들만이 등장한다. 광고주들은 상품과 소비자의 행복을 연관 짓는다. 상품은 소비자의 행복을 측정하는 상징물이다. 소비자들은 왕성한 소비생활을 통해 자신의 운명조차 바꾸면서 새로운 인생의 가능성을 발견한다는 논리를 광고는 선전한다.

광고 속에는 가족, 애국심조차 상품 구매와 연계된다. 2002년 월드컵 대회 뒤 우리나라 TV광고는 대부분 "대~한민국"을 외치는 붉은 악마 응원단을 배경으로 삼아 제작되었다. 한 민족으로서의 자긍심과 애국심을 드높인 감동적인 장면을 상품 광고에 연결시키려는 전략이었다. 사람들이 월드컵 응원 모습이 방영되면 조건 반사적으로 모두 하나가 되어 열광했던 '그때'를 회상하게 마련이다. 동시에 애국심을 떠올리게 되고 거기에 상품이 대입되면 그 상품에 대해서도 유사한 감정을 갖게 된다는 점을 이용하려 한 것이다.

광고는 신상품을 지속적으로 개발해 소비자에게 권유하는 과정에서 상품 구매를 촉발할 가치체계를 소지자에게 주입시킨다(Silverblatt, 2001 ; 240-244). 그것은 진보에 대한 전폭적인 신뢰와 상품 소비와 개인주의를 연결시켜 소비자를 유인하는 방식이다.

광고 속에서는 새로운 것은 다 더 좋은 것으로 규정된다. 신상품은 당연히 종래의 상품보다 더 우수하고 더 유용한 것으로 선전된다. 신상품을 소유한 소비자는 그렇지 않은 소비자에 비해 현명하고 남의 존경을 더 받는 것으로 묘사된다. 신상품이 지닌 가치는 다른 어떤 가치보다 우월한 것으로 강조된다.

광고주들은 새로운 시장을 형성키 위해 과거의 상품을 광고했을 때 내걸었던 품질의 우수성과 내구성 등에 대한 약속을 과감히 깨버려야 한다. 자기 부정이기도 한 광고내용을 합리화시키는 논리는 '변화는 긍정적인 것'으로 강조하는 것이다. 물론 그렇지 않은 경우도 있다. 역사가 긴 상품의 광고에서는 수십 년 전의 옛 상품을 내세워 소비자에게 지속적으로 사랑 받는 제품의 전통을 내세우면서 회사와 제품의 신뢰성을 강조하기도 한다.

광고는 개인주의와 대중성 사이를 오가는 교묘한 줄타기 식 논리를 전개한다. 광고주들은 소비자 개성을 빛내기 위해 자사 상품을 구매할 것을 권유한다. 그러나 다수의 소비자들이 동일한 상품을 구입한다면 이른바 획일주의의 현상이 나타나 개인주의와 역행하는 측면이 있다. 개인주의를 내세우는 광고 전략은 결국 동일한 또는 유사한 상품을 사용하는 소비자군의 형성을 부추기는 논리로 이어진다.

사람들은 대부분 광고의 논리에 관대하다. 광고가 터무니없는 것을 주장해도 그냥 보아 넘긴다. 광고의 숲 속에서 살아가는 현대인의 지혜가 이런 것인지 모른다.

6. 광고 속의 성(性)과 젊음

광고는 삶과 관련된 극적인 요소를 적극 활용하려 한다. 주목도를 높이고 인상 깊은 이미지로 살아남아 상품 구매라는 최종 목표를 달성하기 위해서다. 성(性)과 젊음은 광고가 좋아하는 최고의 메뉴다. 성과 젊음 앞에서 대부분의 소비자는 맥을 못추기 때문일까. 성은 인간의 본능적인 것 가운데 가장 자극적인 것이고 젊음은 그 무엇으로도 대신할 수 없는 인생의 화려한 영역이기는 하다.

미디어에 등장하는 광고에서 성은 일상적인 것으로 제시된다(Silverblatt, 2001 ; 222-223). 성은 언제나 우리의 마음속에 자리 잡고 있고 주변 환경의 주요한 부분이다. 성과 전혀 관련이 없을 것 같은 상품의 광고도 성과 결부되어 튀어나온다. 핸드폰, 아이스크림, 자동차나 향수 등 많은 상품 광고가 성을 배경으로 또는 중심 내용으로 이뤄진다.

광고 속의 성적 매력은 외모지상주의다. 어떻게 보이느냐가 최상의 가치다. 남성과 여성의 아름다운 외모, 현란한 율동이 광고 속에 펼쳐진다. 성적 매력 앞에서 성적 충동이 울컥 치솟을 것이라는 개연성을 광고는 이용한다. 본능을 자극하는 충격적 자극은 상품과 어우러지면서 하나가 된다. 그런 광고를 접하다 보면 내면의 감미로운 충동과 상품이 뒤섞여지고, 그것은 상품에 대한 좋은 이미지로 기억되는 것일까? 광고에 나오는 상품은 소비자를 섹시하고 모두가 원하는 그런 바람직스런 존재로 바꿔주는 신비한 능력을 지닌 것으로 미화된다.

광고에서 묘사되는 성은 비인격적인 존재다. 광고 속의 모델은 단지 성적 대상으로 묘사될 뿐이다. 광고 모델의 신체 일부분만이 클로즈업되는 경우도 많다. 성적 매력은 신체의 어느 일부분과 연관되어 있다는 메시지를 강조한다. 정상적인 성은 그 자체가 목적이기 보다 총체적 인간관계의 결정판이라는 사실이 광고에서 무시된다.

광고가 묘사하는 성은 경쟁해야 쟁취가 가능한 것으로 묘사된다. 광고 속의 성은 다른 사람의 관심을 끌기 위해 다퉈야 하는 경쟁의 대상이다. 소비자가 상품을 사는 행위가 본능적인 욕구를 충족시키고 남의 부러움도 산다는 식이다. 매력적인 모델의 눈빛과 몸의 율동은 상품의 구매가 최상의 선택이라고 강조한다.

광고하는 상품이 성적인 매력을 지닌 것으로 암시된다. 성기의 모양, 성적 쾌감을 은연중에 또는 노골적으로 드러내기도 한다. 소비자들이 광고 상품이 성적인 매력을 지닌 것으로 믿게 된다면 그것은 성공한 광고다.

광고 속의 성은 몰래 이성을 엿보는 식의 관음증을 부추기는 측면이 있는 것으로 설명된다. 소비자들은 매력적인 모델을 동원해 성적인 긴장감을 조장하는 신문이나 TV광고를 통해 모델들을 엿보는 식의 쾌감을 느낀다는 것이다. 모델들은 성적 매력을 최대한 풍기는 표정과 자세로 광고에 나온다. 이는 마치 자신들이 관음증의 대상이라는 것을 전혀 알아채지 못하고 있다는 의미를 담고 있다고 전문가들은 설명한다.

광고는 젊음을 부각시킨다. 젊음의 찬가만이 요란하다. 광고에 등장하는 모델은 대부분 젊고, 건강하며, 알맞은 몸매를 하고 있다. 젊다는 것이 가장 소중한 가치이며 모두가 젊은 층에 끼기 위해 노력한다. 늙는다는 것은 매우 부자연스러운 것인양 묘사된다.

화장품 광고는 나이를 먹는다는 것이 가장 피하고 싶은 것이며 젊음을 되찾는 것은 모두의 꿈이라는 메시지를 보낸다. 광고 속에서의 노인은 불행하다. 노인은 존경받아야 할 대상이 아니라 누구나 그렇게 되기를 싫어하는 인생의 피하고 싶은 과정으로 암시될 뿐이다. 소비의 주체로 젊은 층이 부각되면서 이들이 광고의 주역을 맡게 되고 가장 존경받는 소비층으로 자리 잡았다. 반면 구매력이 빈약한 노년층은 더 이상 존경의 대상이 아니다. 단지 젊은이의 의상과 화장을 뒤쫓기에 열심인 '늙은이'에 불과한 존재로 전락한 것이다.

요즘 국내 TV 광고가 과거에 비해 섹시해지고 있다. 모델들의 표정과 행동이 성적 매력을 발산하기 위해 더욱 적극적이다. 점잖던 광고가 젊은 남녀 모델의 원색적 연기로 바뀐다. 자꾸 난해진다. 내수부진으로 기업들이 어려움을 겪기 때문인가? 상품을 좀더 많이 팔기 위해 애를 써야 하는 기업의 고민이 광고에서 묻어나는 것 같다.

7. 광고 제작 기법

광고는 미디어의 제약을 받는다. 광고는 TV 방영 시 길어야 수십 초를 넘어서는 안 된다. 인쇄매체일 경우 제품과 관련된 여러 정보 가운데 특별히 강조해야 할 내용을 부각시켜 상품 구매로 연결시켜야 한다. 광고의 메시지가 소비자들에게 순식간에 인식되어야 하기 때문에 새 광고 제작 방식이 개발, 활용된다.

광고 내용은 중고생 정도의 지적 수준으로 이해가 가능하게 짧고 명확해야 한다. 광고 메시지를 짧게, 또는 길게 할 것인지는 제품의 특성에 따라 결정할 사항이고, TV광고에서 어떤 정보와 영상을 활용할 것인지도 제품에 따라 달라진다(Silverblatt, 2001, 218-219). 짧은 광고 시간에 출연자의 어린 시절부터 일생을 담기도 한다. 이와 함께 인기 드라마의 내용을 모방하거나 그 출연진을 출연시키는 등 뮤직 비디오, 시트콤의 내용 등을 흉내 낸다.

광고 효과는 색깔로 크게 좌우되기도 하는데, 밝은 색이나 강렬한 색의 대비는 소비자들의 관심을 끄는 효과가 크다. 예를 들어 시원한 음료의 선전에는 배경 색깔로 파란 색이 많고, 난방 기구 등에는 배경 색으로 빨간 색이 많이 사용된다. 그리고 봄은 밝은 색을, 가을에는 어두운 색을 쓰는 경우가 많다.

광고 상품을 어떤 크기로 하느냐는 것도 매우 중요한데, 예를 들면 클로즈업 기법은 작은 상품을 크게 보이게 할 때 사용한다. 담배 등과 같은 상품은 그 유해성에 대한 경고를 소비자가 정확하게 인식하도록 해야 하지만 과거에는 그것을 거의 눈에 띄지 않게 했다. 매우 작은 글씨로 경고문을 인쇄하거나 경고문을 소비자가 쉽게 발견키 어려운 위치에 부착한 것이다. 그러나 오늘날 이는 많이 시정이 되고 있어 다행이다.

음악은 갖가지 감정 상태를 표현할 수 있다. 광고주들은 환희, 기쁨 등을 나타내는 음악을 광고에 활용해 제품의 이미지와 연결시킨다. 음악을 통한 효과는 장황한 설명문장보다 효과가 크다.

일반적인 광고 기법에는 과장법, 비교법 등이 있다. 과장법은 실제 기능보다 부풀리는 방식이다. 예를 들면 어떤 타이어를 쓸 경우 자동차가 빨리 달리고, 안전하다고 하거나 어떤 엔진 오일을 쓰면 자동차 엔진을 더 힘차게 오랫동안 작동시킬 수 있다고 소비자를 설득한다. 비교법은 두 가지 이상의 상품을 비교하는 방식이다. 광고주들은 자사 제품은 타제품보다 우수하고 저렴하며 매력적이라는 것을 갖가지 방식으로 선전한다.

광고주들은 어떤 매체에 광고할지를 결정할 때 여러 가지를 살핀다. 목표로 하는 소비자들이 가장 좋아하는 매체는 어떤 것인가, 어떤 매체가 광고하려는 상품을 가장 매력적, 효과적으로 선전할 수 있는가 살핀다. 매체별로 광고 전달 효과나 특성 등이 다르고, 광고비용에 차이가 난다.

광고에서 상표는 무엇보다 중요하다. 상표는 상품에 대한 즉각적인 인상을 형성케 하고, 상품의 특성을 알게 한다. 광고주들은 그것을 고급스럽게 또는 매우 친근하게 만들기 위해 노력한다. 싸구려 냄새가 풍기거나 혐오감을 주는 것 또는 이질감을 주는 상표는 금기다. 그러나 때로는 이 같은 고정관념을 뒤집는 식의 파격적인 상표가 선뵈기도 한다.

상품의 특성을 설명하는 슬로건은 광고의 성패를 결정짓기도 한다. 그것은 그 의미가 명확하고 경쾌하며 기억하기 쉬운 것일 때 매우 효과적이다. 한때 우리 사회에서 널리 알려진 '흔들어주세요. ×××'과 같은 것은 슬로건이 광고 효과를 크게 증대시킨 경우다. 광고 슬로건은 광고문보다 5배나 더 많이 읽힌다.

상품이 매우 특이하고 다른 경쟁제품에 비해 월등하면서 소비자들에게 유익하다면 광고내용을 정하기 매우 쉽다. 반면에 상품이 다른 경쟁제품에 비해 별 차이가 없을 때 광고주들은 광고를 특색 있게 하기 위해 노력한다. 술이나 담배처럼 인체에 해로운 성분이 있는 제품의 경우 그 광고는 매우 힘들어진다.

광고문은 결함이 없고 일관성을 유지해야 하며 불완전하고 왜곡된 내용이어서는 안 된다. 소비자가 부당 광고에 의해 피해 받는 것을 막기 위해 대부분의 나라에서는 정부가 광고 내용을 심의해 허위 여부를 가린다.

광고에서 사용하는 어휘가운데 소비자가 조심할 것이 적지 않다. 예를 들어 "×상품이 당신의 고민을 해결해 드릴 것입니다."라는 광고에서 고민 해결은 소비자의 주관적 판단에 주로 좌우된다. 광고주는 막연한 어휘를 광고문 속에서 사용함으로써 자신들의 설명보다 소비자들의 상상력에 의존하려 한다. 문제가 되면 오리발을 내밀 빌미를 미리 마련하려는 것이다. 또한 "×상품은 신상품입니다."라고 했을 때 그 상품의 품질이 개선되거나 더 개량된 것일 수도 있으나 대개 외양만을 약간 변경한 사례가 적지 않다. 자동차 신제품 광고였지만 일부 부품과 겉모양만 약간 수정한 것이어서 문제가 된 적이 있다.

광고가 건전하면 소비자에게 좋은 정보가 된다. 그러나 돈벌이에 눈이 멀어버리면 문제가 생긴다. 과욕을 부리다보면 자칫 과대, 허위광고의 부작용을 낳기도 한다. 다매체 다채널 시대가 되면서 광고시장도 많은 변화를 겪는다. 곡예사가 줄타기

하듯 아슬아슬한 광고가 많아진다. 광고시장에서 살아남으려는 처절한 몸부림 같아 안타깝지만 원칙을 벗어나면 안 된다. 광고의 논리와 윤리가 더 강조되어야 할 시기다.

8
chapter

언론 규제/남북언론

1. 타이타닉호의 침몰이 미디어 규제를 촉발

많은 국가에서 전파 미디어는 정부의 통제에서 자유롭지 못하다. 우선, 이들 미디어는 정부가 정한 법에 따르는 절차를 밟아야 하고 그 경영 과정에서도 사회규범의 영향을 받는다. ITV의 방송허가가 취소된 것도 그런 경우다. 전파 미디어에 대한 통제가 필요하다는 인식이 제기된 것은 타이타닉호 참사 이후다(Head et al., 1994 ; 28).

타이타닉호의 비극적 최후를 그린 영화는 우리나라에서도 방영되어 큰 인기를 끌었다. 이 배의 침몰은 선박간의 무선통신, 나아가 라디오 방송 등 전파를 규제하는 계기가 되었다. 1912년 4월 어느 날 밤, 절대 침몰할 수 없도록 설계되었다는 거대 유람선 타이타닉호는 영국을 떠나 미국으로 처녀 항해하던 중 빙하에 충돌한다. 이 배의 무선통신사는 탈출하지 않고 끝까지 구조신호를 내보내면서 애를 썼지만 결국 배와 함께 최후를 마쳤다.

타이타닉 호가 조난을 당했던 순간 이 배로부터 20마일 떨어진 곳에 한 선박이 항해하고 있었다. 만약 이 배가 타이타닉 호 승객 등을 구조하러 신속하게 달려 왔더라면 비극의 규모는 훨씬 줄어들었을지 모른다. 그러나 타이타닉호의 부근을 항해하던 켈리포니아호는 타이타닉호의 무선통신사가 사력을 다해 보낸 애타는 구조신호를 수신하지 못했다. 배의 무선통신 시설이 꺼져 있었기 때문이다.

켈리포니아호는 빙산 등의 장애물을 피하려고 저속 항해를 하면서 엔진을 스톱시키려 전원(電源)을 껐는데 이때 무선통신시설의 전원도 함께 차단된 것이다. 이 배의 무선통신은 별도의 전원에 연결되어 있지 않아 가동되지 않았다. 당시 선박에는 무선통신을 시설하는 법이 시행되고 있었지만 그것을 정상적으로 가동시킬 의무는 없었다.

그런데 천행이랄까, 사고지점에서 약 80km 떨어진 곳에 있는 한 배의 무선통신사가 우연하게 타이타닉호의 조난신호를 듣게 되었다. 그 배는 전속력으로 현장으로 달려갔지만 700명의 생명을 구하는데 그치고 나머지 승객 1,500명은 구조되지 못했다.

구조선이 생존자들을 싣고 뉴욕으로 오는 동안 이 비극적 침몰사건에 대한 두 차례의 중대한 오보가 발생했다. 무선전신 시설을 이용해 관련 정보를 전달하는 과정에서 오류가 생긴

것이다.. 먼저, 한 아마추어 무선통신사의 오역으로 타이타닉호 승객이 전원 무사하다는 잘못된 사실이 대대적으로 보도되었다. 두 번째는 타이타닉호가 무사히 항구에 예인되었다는 오보였다. 이 때문에 피해자 가족과 선박회사, 수많은 시민이 혼란에 빠지는 큰 소동이 일어났다

이후 항해하는 선박의 무선 통신에 대한 엄격한 규제가 이루어지게 되었다. 무선통신 시설을 24시간 가동토록 의무화되었다. 그 같은 규제는 전파를 사용하는 방송의 사회적 책임에 대한 법제화로 연결되었다. 전파자원이 희소하다는 점이 강조되어 방송을 규제하는 제도가 정착한 것이다.

당시 국가가 사용허가권을 행사할 수 있는 방송주파수가 몇 개 안되어 방송국 또한 소수로 제한되었다. 방송 업을 하고 싶어 하는 사람들이 많은데 비해 주파수는 소수이니 경쟁도 심했다. 정부의 허가 조건도 자연 까다로워질 수밖에 없었다. 방송에 대한 사회적 기대도 컸고 방송의 사회에 대한 책임 요구도 컸다.

같은 대중미디어이지만 방송과 신문은 매우 달랐다. 신문은 제조업의 하나로 분류되어 누구나 일정한 조건만 갖추면 이 사업에 뛰어들었다. 신문은 그 발행 업체를 제한할 이유는 없었다. 누구나 조건을 갖추면 신문업에 진출할 수 있었다. 그러니 신문에 대한 사회적 역할과 그 책임문제는 방송에 비해 차이가 컸다. 따라서 정부의 신문에 대한 규제는 방송에 비하면 아주 가벼웠다.

타이타닉호의 비극이 발생한 후 90여년이 흐르면서 많은 것

이 변했다. 정보화 사회로 급격히 진행되면서 케이블, 위성 TV가 상용화되고 그 채널이 크게 증가했다. 주파수 자원이 유한했던 과거와 크게 달라졌다. 과학기술의 발달로 주파수 희소성의 의미가 퇴색하고 있다. 이와 함께 방송에 대한 개념도 모호해지고 있다. 수십 개에서 수백 개에 달하는 채널을 송신할 수 있는 케이블 또는 위성 TV가 일반화되면서 전통적인 방송 개념이 더 이상 통용되지 않고 있다.

방송과 통신의 융합현상은 더욱 방송의 개념을 모호하게 만든다. 방송 개념의 재규정 필요성은 케이블TV의 쌍방향 서비스와 인터넷TV, VOD 등으로 예고되는 미래의 TV를 상정할 때 더욱 그렇다. 아직 TV와 라디오는 정부 규제를 받는다. 그러나 앞으로 어떤 식으로든 규제의 성격이 변할 수밖에 없을 것이다.

우리 사회에서는 방송과 통신으로 나눠 실시되는 정부정책을 하나의 기구가 할 수 있도록 해야 한다는 논의가 몇 년째 계속되고 있다. 인터넷과 TV가 결합한 형태의 IPTV에 대해서도 그 주도권을 놓고 통신과 방송 쪽이 서로 다투고 있다. 부처 이기주의, 밥그릇 문제 등으로 의견 접근이 이뤄지지 않는다. 그러나 시대가 계속 앞으로 달려 나가고 있어서 더 이상 머뭇거리는 것도 어려울 듯하다. 과학 기술의 발달이 그것을 허용치 않는다.

2. 21세기의 미디어 정책

대부분의 민주주의 국가들은 나름대로 독특한 미디어 정책을 가지고 있다. 미국과 유럽 쪽의 인쇄 미디어 정책은 차이가 있지만 방송의 경우는 공통점이 많다. 공정 방송 원칙 준수, 음란프로 방영 금지, 어린이 TV 프로의 광고규제 등이 그것이다.

우리나라의 경우 방송정책은 구미와 비슷하지만 신문에 대해서는 일부 유럽국가 방식을 원용하고 있다. 신고포상금제와 지방신문 지원제도 등이 시행중이고, 언론중재 및 피해구제법은 강화되었다.

정부는 사회의 보호자와 공권력의 행사자로, 미디어의 개선과 보호 등에 노력할 책무가 있다. 미디어 정책을 실천하는 공공 기구는 국회, 행정부 또는 법원 등이다. 정책 수립은 입법, 행정명령, 규정의 발동 등으로 나타난다(Mann 1988 ; 9). 그러나 미디어정책은 국가별로 역사와 정치적 특성에 따라 다르게 나타난다. 법과 제도는 그것을 만드는 사회와 무관치 않기 때문이다.

미국의 사회적 규범과 정치 문화는 국가와 정부가 미디어에 직접 간여하는 것을 부정적으로 인식한다. 그곳의 미디어 정책은 방송 주파수 허용문제, 출판물의 우편 요금률 조정 등 극소수 분야에 국한된다. 체신청이 인쇄물에 대한 배달료를 상향 조정하는 것은 정기간행물의 배포에 영향을 미친다.

미국은 정부의 미디어에 대한 소유, 공식적인 규제, 검열도 인정치 않는다(Jansen, 1988 ; 131-274). 그것은 다음과 같은 두 가지 원칙에 따른 것이다. 첫째, 미디어는 정부에 대한 파수견이라는 전통적 견해이다. 미디어가 정부의 일부이거나 법령에 좌우된다면 그 같은 기능을 효과적으로 할 수 없다는 것이다. 둘째, 시장 경제의 우월성에 대한 신념이다. 정부는 어떤 형태의 기업체도 소유할 수 없고, 시장을 규제해서도 안 된다는 것이다. 그러나 미국에 미디어에 대한 구체적인 규제가 존재하지 않는다 해도 체신청이 인쇄물에 대한 배달료를 상향 조정함으로써 정부가 원치 않는 정기간행물의 배포를 억제하는 효과를 유도하기도 한 사례가 있다.

한편, 일부 유럽 국가들은 미국과 다른 미디어 정책을 취한다(Hachten, 1987; 14-34, McPhail et al., 1990 ; 19-53). 미디어가 국가의 발전이나 여론 형성에 도움을 주는 것으로 인식해 신문 시설이나 운영 자금 지원, 언론인 교육비용 등을 제공한다. 유럽의 많은 국가는 정치이념이 극좌에서 극우까지 존재하고 다양한 정당에 의한 정권교체가 자연스럽게 일어난다. 이런 정치 풍토에서 다양한 정치적 이념을 지향하는 대중매체의 공존이 필요하다는 사회적 합의가 가능했다.

유럽 대부분의 국가는 국토와 인구가 미국에 비해 소규모여서 언론시장도 협소하다. 극소수가 지지하는 정치 이념을 지향하는 매체는 시장경제하에서는 최소한의 자생력도 갖추기 어렵다. 소수의 견해도 존중받는 여건이 조성되려면 그런 견해를 공론화하는 언론이 필요하다. 이런 점이 언론에 대한 정책적

지원을 법제화하는 근거가 된다.

정부가 미디어 정책을 수립해 시행하는 방식이 꼭 효과적인 것만은 아니다. 예를 들어 BBC는 영국 정부에 의해 세워진 뒤 수 십 년 동안 세계적으로 명성을 얻는 방송으로 성장했지만 결국 방송 시장에서의 강력한 도전에 밀려 시장 경쟁 원리로 내몰리고 말았다. 이 방송사는 수입증가를 꾀하기 위해 대중문화수준의 프로그램을 방영하는 등 상업방송과 큰 차이가 없게 된 것이다. 또한 캐나다의 국영방송인 CBC도 대중적 지지를 얻는데 실패해 설립 목적인 국가의 정체성 확립 등에 기여하지 못했다.

미디어에 영향을 미치는 다른 중요한 외부 요인은 정부만이 아니다. 시민단체가 매스미디어 보도(예를 들어 TV프로로 어린이 폭력이 야기되었거나 음란물이 방영되었을 경우)에 불만을 표시하는 방법으로 법원에 제소하거나 시청거부, 광고거부 캠페인 등을 시도한다. 또한 매스 미디어가 속한 환경요인들도 통제 역할을 한다(Kamiss, 1991; 13-14). 예를 들어 선진국에서 석간으로 발행되는 일간지가 점차 사라지고 있는데, 이는 교통 혼잡이 상존해 신문 수송 시간이 많이 걸리기 때문이다.

미국과 유럽처럼 정부의 미디어에 대한 영향력이 차이가 있다 해도, 정치적 민주주의가 보장되는 사회라면 크게 문제될 것은 없다. 정책이란 사회적 합의의 성격이 강하다. 특정 사회에서 국민적 합의의 과정을 거쳐 만든 정책이라면 존중되어야 한다. 미국과 유럽 언론정책의 장점을 최대한 취하면서 우리 실정에 맞고, 21세기를 생산적으로 창조할 수 있는 미디어 정책을 창안하는 것이 중요하다.

3. 신문고시와 미디어 자율규제

신문시장을 정상화시킨다는 취지로 시행되는 신문고시는 신문사들에게 낯부끄러운 일이다. 신문이 사회의 목탁이나 소금이라면 부적절한 독자 쟁탈전이 아예 없어야 했다. 언론이 시장 혼탁 행위를 저지르면서 남을 비판하고 대안을 제시한다고 나설 수 없다. 그것을 잘 알면서도 부끄러운 일을 자제하지 못한 것은 언론 자신에 대한 파산선고에 버금가는 추한 일이다.

신문업계가 자사는 물론 다른 신문들이 부당한 영업행위를 하면 그것을 적극적으로 시정토록 노력해야 마땅했다. 신문시장 밖에서 볼 때 하나가 잘못하면 다 그런 것처럼 비춰진다. 그래서 서로가 서로를 경계해야 했다. 미꾸라지 한 마리가 연못물을 흐리게 하는 것처럼 한 신문사의 부적절한 행위는 다른 신문사에게도 흙탕물을 뿌리는 일이다. 저 신문은 잘못하지만 우리 신문을 그렇지 않다고 혼자서 버텨야 시민들이 알아주지 않는다. 모든 노력을 다 해서 신문시장을 맑게 만들었어야 했다. 그러나 그것을 하지 않았고, 못했다.

그 결과는 참담하다. 신문은 스스로 신문시장을 맑게 할 자질과 능력이 없다는 판정이 내려진 것이다. 신문사들은 정부로부터 지난 수년간 자율적으로 신문시장을 정상화하도록 위임을 받았지만 더 이상은 신문에 맡겨 둘 수 없다는 결론이 공표되었다. 공정거래위원회가 신문시장 정상화를 위해 전면에 나서 칼을 빼들었다. 신고포상금이 법 위반 금액의 50배까지 준다는 안내문이 대대적으로 선전, 홍보되는 것은 사회규범 및 윤리 준수를 생명으로 여겨야 하는 신문의 얼굴에 똥칠을 한 것이다. 신문이 남의 잘못을 손가락질하면서 정작 자신의 잘못은 고칠 능력이 없다는 것으로 공인된 것은 국내에 국한하지 않는 국제적 수치다.

신문고시는 신문업계의 불공정거래 행위를 막기 위해 정부가 만든 규제조치다. 신문고시는 정부의 직접집행에 앞서 신문업계 자율로 그것을 준수할 기회가 주어졌지만 신문시장의 파행은 시정되지 않았다. 결국 지난 2004년 더 이상 신문업계 자율에 맡겨 둘 수 없다는 공개적 판정을 받았다. 정부는 신문시장의 혼탁이 극에 달했던 지난 96년 경품류 제공 금지, 무가지 제공 및 강제투입 등 불공정판매 금지 등을 규정하는 내용으로 신문고시를 만들었다가 99년 규제 완화 차원에서 폐지했다. 당시 신문업계는 자율적으로 신문시장의 혼탁을 방지할 것을 다짐했었다.

그러나 신문고시 폐지 이후 신문사들의 불공정거래 행위가 다시 급증했다. 이에 공정거래위원회는 2001년 7월 무가지와 경품 제공을 유료대금의 20%로 제한하며 신문구독 사절 후 7일 이상 강제 투입하면 안 된다는 내용을 골자로 신문고시를 부활했다. 그 시행은 신문 쪽에 맡겨졌다. 그러나 자율규제 이후에도 '비데 일보' '자전거일보'라는 말이 떠돌 정도로 신문시장이 혼탁해지자, 2003년 6월부터 공정거래위원회는 '자율규제' 원칙을 삭제하고 신문불공정거래 신고센터를 개설해 신문고시

위반 신고 제도를 운영하는 등 신문시장에 직접 개입하기 시작했다.

신문고시의 경우에서와 같이, 민주사회에서 미디어에 대한 자율규제와 타율 규제는 동전의 앞뒤 면과 같은 긴밀한 관계다. 자율규제에 맡겨지지만 그것이 실패하면 정부 등의 외부 규제로 전환된다. 과거 수년간 신문시장의 부조리를 업계 자율로 시행하도록 일임되었으나 신문시장이 더욱 혼탁해지자 정부가 나선 것과 같다. 방송에서 프로그램등급제나 심의기능이 자율적 사항으로 일임되어 있지만 제대로 이행되지 않으면 방송위원회가 개입하는 것도 마찬가지다.

미디어 자율규제는 미디어에 대한 정부 직접 통제 대신 미디어 업계 스스로 행하는 규제라는 형식을 취한다(Liebert et al., 1988; 54-58). 방송, 신문 협회와 같은 미디어 협회가 회원사들의 발전을 위해 공익 또는 개인의 법적 권리를 침해할 소지가 있는 행위를 사전에 차단하거나 시정한다고 공개적으로 약속한다. 법 집행에 의한 타율적 규제를 사전에 예방하고 사회에 대한 책임을 다할 것을 서약하는 행동강령도 제정한다. 이 같은 강령은 공공의 이익증진에 봉사하고 회원사간의 공정 경쟁을 강조하면서 강령 위반 시 벌금 부과하는 등의 내용이 포함된다.

이 제도는 또한 국민이 미디어에 접근해 원하는 정보를 요구할 수 있는 접근권(access right)을 보장하는 다양한 조치를 취한다. 즉 옴부즈맨(ombudsman) 제도를 통해 권위 있는 전문가에게 자기 회사의 보도 내용을 모니터하게 해서 이를 공개하고 시정조치 등을 취한다. TV 시청자위원회, 신문 독자투고란, 반론보도 등을 통해서 시청자나 독자의 의견이나 불만을 수렴한다. TV는 방송사 간에 오후 10시까지 가족 프로그램만을 방영한다든가, 강간피해자들의 이름을 공개치 않는다는 등의 협약 등으로 나타난다.

자율규제는 미디어에 대한 정부의 타율적 규제의 대안으로 제시된 것이다. 자율규제가 성공적일 수록 정부의 시장의 개입 여지는 적어진다. 자율규제가 많이 시행되는 만큼 정부의 미디어 정책 비중도 줄어든다. 그 결과는 미디어 조직 내의 자율적인 검열의 형태로 타나난다. 이는 정부의 개입을 유발치 않고 대중의 기호와 정부의 수용 가능성 등을 규정키 위한 것이다 (Ward, 1989 ; 14).

우리나라 신문이 자율적으로 신문시장을 정상화할 능력이 없다는 것은 서글픈 일이다. 오늘날 일부 신문의 뻔뻔스런 작태를 보면 분노가 치민다. 이들 신문의 기본적인 목표가 독자에게 정보를 제공하는 것이 아니라 단지 이윤을 얻는 것 이었다는 점이 확인되기 때문이다.

왜 이러는가? 오늘날의 언론자유가 신문사들의 투쟁의 결과가 아니고 이들은 주어진 자유에 편승했기 때문일까? 우리나라에서 언론의 자유가 모든 것을 자유롭게 한다는 신념과 투쟁이 70년대 이후 90년대 중반까지 진행된 민주화 투쟁 과정에서 큰 몫을 했다. 민주주의의 역사는 언론자유 투쟁의 역사였다. 그런데 주어진 자유 속에서 최소한의 자율적인 기능조차 갖추지 못한 신문을 어찌해야 할 것인가? 이것이 문제다.

4. 남북한과 정보사회

"동물을 감옥에 가둡니까?"

"아니, 동물을 우리에 가둡니다."

금강산에서 몇 년 전 서울대공원과 북한 평양중앙동물원이 반달가슴곰 등의 동물을 교환할 때 남북 관계자간에 나눈 대화의 일부다. 동물 사육 전문가들은 새 동물가족을 맞아들이면서 잘 키우기 위해 열심히 정보를 주고받았다. 혹시 작은 실수로 동물에게 해가 되지 않을까 염려해서다.

그 모습은 한 민간방송에서 녹화 방영되었다. 남북 간에 분단이후 최초로 대규모의 동물을 주고받은 행사라 매우 뜻 깊었다. 그러나 서로 쓰는 용어가 달라 의사소통에 애를 먹는 모습이 방영되어 분단의 아픔을 다시 확인해야 했다.

대중매체는 현실을 비춘다. 그러다 보니 남북한의 정보매체가 전달하는 두 체제의 현실이나 대중문화는 확연히 다르다. 그것은 민족의 동질성을 걱정해야 할 정도다. 두 체제의 대중미디어가 전달하는 언어, 문화 등에 큰 차이가 있다.

북한 미디어에 사용되는 일부 언어들은 남측과 상당히 동떨어져 전혀 뜻을 가늠할 수 없다. 남한 미디어에서 전달되는 정보에 대해 북한에서도 비슷한 불편을 느낄 것으로 추정된다. 두 사회의 언어 이질화는 매우 심각해서 어느 부분은 번역이 필요할 정도이고 그것은 양쪽 미디어에 의해 심화되고 있다.

미디어의 언어는 현실 생활의 언어생활에 큰 영향을 미친다.

남북한 간 언어 이질화는 2000년 남북정상회담에서도 하나의 장벽으로 나타났다. 북한 김정일 위원장은 남북정상회담을 회고할 때 남북한 언어 격차를 설명하면서 "김대중 대통령의 말을 80% 밖에 이해하지 못했다"고 털어놓았고 '남 조선어'에는 영어 단어가 너무 많이 섞여 있다고 불평한 것으로 보도된 바 있다.

남북 미디어가 담아내고 있는 문화 예술은 서로 그 철학과 방향이 다르다. 북한 미디어가 전달하는 문화예술은 정치적 선전, 선동의 내용과 더불어 북한 사회에 대한 찬양을 반복하는 체제유지의 도구다. 북한에서의 예술은 단순한 예술행위가 아니라 정치적 목적을 달성키 위해 선택된 메시지를 전달하고자 하는 사회적 행위이다. 그것은 민족적 형식에 사회주의적 내용을 담은 주체적이며 혁명적인 것이라고 북한 당국은 주장한다.

남한 미디어가 전파하는 문화예술은 자본주의 이데올로기적 측면이 바탕에 깔려 있어 개인주의적, 소비 지향적 측면이 강하다.

남북한 분단 상태가 장기화되면서 두 사회의 이질화 현상 심화와 미디어의 전달기능에 따른 상황 악화가 걱정이다. 이의 방치는 두 사회의 재통합에 큰 비용을 들게 할 것이다. 어떤 식으로든 노력이 필요한 부분이다. 우리와 같은 분단국이었던 동서독의 경우 통합 이전 다른 분야처럼 언론에서도 긴밀한 교류가 이뤄졌다. 그것은 일정부분 두 사회의 이질화를 해소하는데 기여했다. 동독과 남북한이 처한 정치 경제적 상황을 단순 비교할 수는 없지만 참고할 여지는 있다.

동서독의 공식적인 라디오, TV 교류는 기본조약이 발효된 1973년 이후부터 가능해졌다. 통일 전 1988년 서독의 수도 본에는 6명의 동독 특파원이 주재했으며 동독의 동베를린에는 19명의 상주 서독특파원이 취재하고 있었다. 뿐만 아니라 서독의 3개 TV방송국이 동베를린에 지사를 설치, 현지 방송을 함으로써 85%의 동독지역이 서독 TV 시청권에 속했다. 서독 라디오는 동독에서 100% 청취가 가능했다.

동독 정부는 분단 직후 주민들이 서독 방송을 접할 수 없게 했다. 안테나를 철거하기도 하고 때로는 전파를 방해하기도 했으며, 서독 방송을 통해 얻은 정보를 퍼뜨리는 주민을 처벌하기도 했다. 그러다가 동독 정권은 1970년대 초 정책 방향을 바꿨다. 즉 주민들의 서독방송 청취 등을 묵인하되, 동독프로그램을 개선하여 주민들이 동독 방송을 더 많이 접하도록 유도했다. 동독 TV 방송은 주민들이 원하는 오락물 등을 많이 방영했다.

한편 서독은 국가 예산으로 동독 주민 대상의 방송사를 운영하여 동독인의 취향에 맞는 프로그램을 제작 방송했다. 서독의 공영 TV들도 동독 주민을 위한 프로그램을 자체적으로 제작 방영했다. 서독 프로그램 중에서 특히 뉴스와 시사특집프로가 동독 주민들에게 인기를 끌었다고 한다. 동독인들은 서독 방송매체를 통해 외부세계 소식은 물론 동독 내부에 대한 정보도 정확하게 얻을 수 있었다. 이것이 동서독 주민간의 동질성을 유지시키는 데 기여했다는 평가를 받고 있다.

지구촌이 정보화 시대를 맞아 하루가 다르게 변화하고 있다고는 하나 남북한의 상황은 매우 다르다. 남과 북은 정보화 사회의 하드웨어 부문과 소프트웨어 부문 모두 격차가 심각하다. 두 체제의 대중매체로 전달되는 대중문화로 이질화가 더욱 심화될 것이다. 남북한의 평화 공존과 통일을 위한 쌍방의 노력이 필요하다. 정보화 시대의 남북한 위상 차이 극복에 모두가 관심을 가져야 한다.

5. 남북 언론교류

6·15공동선언 이후 남북언론 교류가 본격화되고 있다. 2006년 금강산에서 남북언론인 통일토론회가 열린데 이어 2007년 5월 남측언론본부 대표단이 평양을 방문해 북측 언론분과위와 공식 접촉했다. 남측위원회 언론본부(상임대표 정일용) 대표단은 5월 5일부터 8일까지 남북언론교류사업 추진을 위해 평양을 방문, 북측 언론분과위(위원장 최칠남)와 남북언론 교류 사업을 진행하기 위한 협상을 벌였다. 양측은 특히 남측 언론인 130명이 참가하는 남북언론인상봉모임을 평양에서 개최하는 문제에 대해 의견을 나눴다.

남측언론분과 대표단은 정일용 상임대표를 비롯해 정남기 고문, 김환균 공동대표, 김철관 공동대표 대행, 고승우 정책위원장, 조영현 집행위원, 조대근 집행위원, 김동기 간사, 6·15 남측위 이경원씨 등 총 9명이었다. 북측언론분과 대표단은 조충한 북측언론분과 위원회 부위원장을 비롯해 원철운 조선중앙통신 보도국장, 홍동철 민주조선 부주필, 양철식 6·15북측위원회 사무국장, 박성일 위원, 김상호 위원 등이 참석했다.

분단 이후 60여년 만에 열린 2006년의 남북언론인통일토론회는 한민족 언론사에 획을 긋는 의미를 지닌 것으로 관련 내용을 아래에 소개한다

남북 언론인 토론회

남북언론인통일 토론회가 지난 2006년 11월 분단 이후 처음으로 금강산에서 성공리에 개최되었다. 남북 언론인들이 토론회장에서 만난 것은 한반도에 교류협력의 물꼬를 튼 6·15공동선언의 역사적 의미를 재확인하면서 평화와 통일을 앞당기는데 언론인들이 기여할 방안을 모색하기 위해서였다. 토론회는 북한 핵문제로 한반도 긴장이 고조된 상황에서 남북 언론인들이 평화적 의지를 대내외에 과시한 한 것이라 그 의미가 각별했다. 한반도 문제가 평화적 방법으로 해결되어야 한다는 것을 남북 언론인들이 함께 보여주었기 때문이다.

토론회를 통해 남북 언론인들은 한반도와 세계가 안고 있는 문제를 보는 시각, 그 해법 그리고 표현 방식이 서로 다르다는 것을 확인했다. 충분히 예상했던 차이였다. 많은 사항에 합의했지만 가장 예민한 문제에 대해서는 그렇지 못했다. 북한 핵문제, 이산가족 상봉재개문제, 남북정상회담 개최 등에 대해 남북 언론의 눈높이 등이 차이가 크다는 것을 거듭 확인해야 했다. 그런 차이를 담기 위해 토론문과 공동합의문 합의에 긴 시간의 격론, 절충이 필요했다. 그러나 한반도를 포함한 전 세계의 비핵화 당위성과 6·15공동선언 이행 촉구는 장차 그런

차이를 해소할 수 있는 큰 그릇임을 재확인했다.

남북 언론인들의 토론회는 남북 간에 60여 년 간 쌓인 언론의 차이를 극복할 필요를 확인한 소중한 계기였다. 남북한 언로(言路), 즉 말길을 트는 첫 삽질을 시작한 것이다. 말길이 확 터지는 날이 바로 통일의 그 날이다. 남북 언론인들이 만나 토론하고 앞으로 공동사업을 펼쳐나가기로 합의했으니 통일이 시작된 것과 같다. 언론의 통일이 완성될 때까지 갈 길은 험난할 것이다. 그러나 그것은 인내와 포용 그리고 사랑으로 극복될 수 있을 것이다.

토론회와 공동성명

'6·15공동선언 실천과 남북 언론인들의 역할'이라는 주제로 11월 29일 남에서 115명, 북에서 57명의 언론인이 참가한 가운데 금강산 온정리 문화회관에서 열린 토론회는 진지하고 엄숙했다. 토론회에서 남측 주제 발표는 6·15공동선언실천남측위원회 언론본부 정일용 상임대표(한국기자협회 회장), 고승우 정책위원장, 손석춘 정책위원이, 북측에서는 6·15공동선언실천 북측위원회 언론분과위 조충한 부위원장, 홍동철 위원, 정명순 위원이 맡았다. 남북의 발제자들은 언론인들이 6·15공동선언을 실천해야 하며 이를 통해 남북이 자주적이고 평화적인 통일을 이뤄내야 한다고 입을 모았다. 6·15시대에 남북 언론인들이 지켜야 할 원칙과 방향을 제시한 것이다.

남북언론인들은 토론회를 마친 뒤 6·15공동선언실천, 민족분열적인 보도 배격 등을 골자로 한 공동성명을 채택했다. 공동성명에 담긴 주요 내용은 다음과 같다―남북언론인들은 6·15공동선언을 실천하는데 적극 앞장서고, 민족문제에 대한 외세의 부당한 간섭과 전쟁위협을 반대한다. 민족분열적인 보도를 배격하고 평화와 통일에 이바지하는 방향에서 공정보도를 하며, 남북언론인들의 협력 사업을 계속한다.

남북언론인들은 토론회 후 1시간여 동안 삼일포를 같이 돌아보면서 환담했다. 그리고 저녁에는 금강산 구룡연 입구 목란관에서 만찬을 함께 했다.

준비 접촉과 60여 년 간의 언론분단 극복 노력

남북언론인들은 2006년 8월 중국 선양에서 첫 실무회의를 열어 토론회 연내개최를 합의했고 10월에 있었던 2차 실무접촉에서 11월 14~15일로 토론회 일정을 확정했다. 그러나 북측이 불가피한 사정을 들어 토론회 개최 연기를 요구해 한차례의 실무회의를 더 거친 뒤 토론회가 열렸다.

북한 핵실험, 남북 관계 경색이라는 엄혹한 상황에서 열린 토론회는 살얼음판의 연속이었다. 북한에 대한 유엔제재가 행해지는 가운데 6자회담 재개를 위한 숨찬 정지작업이 진행되고 있는 상황이었기 때문이다. 토론회 개회 선언 직전까지 세세한 부분까지 조율해야 하는 긴 과정이 이어졌다. 해방 이후 60여년 만에 토론회라는 현수막을 걸고 열리는 첫 만남이었기 때문이다.

남북언론인 토론회는 언론 분단과 그 극복의 역사에 큰 획을 긋는 중요한 행사였다. 돌이켜보면 지난 60여 년 동안 남북

관계에서 언론이 주도적 역할을 한 경우는 거의 없었다. 정치 군사 경제 분야에서의 관계가 주를 이뤘고 언론은 주변적 역할에 머물렀다. 해방이후 미군정하에서 남한의 좌익언론이 크게 위축되었으며 북한에서는 사회주의체제 언론만이 정착했다. 남한의 경우 이승만 정권, 6·25전쟁, 박정희, 전두환, 노태우 정권 기간 동안 언론은 국가보안법에 의해 남북관련 보도가 극히 제한적으로 허용되었다. 북한에서는 자본주의 체제에서 상정하는 언론자유가 불허되고 북한 언론은 사회주의 건설의 선전, 홍보의 역할로 국한되었다. 남북은 7·4공동성명, 남북교류합의서 등에서 언론분야의 교류협력을 문서화했지만 지켜지지 않았다.

남북한은 분단 이후 언론교류를 상대방에게 제의했는데 70년대 초반까지는 북한이 주도적으로, 80년대 이후에는 남한이 주도적으로 제안했다. 이는 남북한의 경제적 우열 등과 무관치 않은 것으로 나타난다. 경제적으로 우위에 선 쪽이 적극적으로 언론교류를 주장한 반면 열세인 쪽은 그것을 기피하는 경향을 보였다. 교류 제의는 이어져 왔으나 제의로 끝나는 일이 반복되었다.

남북 언론분야는 다른 분야에 비해 교류협력의 정도가 유독 부진을 면치 못했다. 남한의 일부 언론사들이 개별적으로 북한 쪽과 교섭해 북한에서 취재활동을 벌이거나 작은 규모의 교류와 협력을 했을 뿐이다. 항구적으로 언론 관련 공동사업을 진전시키는 등의 체계적으로 이뤄진 사례는 거의 없다. 6·15정상회담이후 남북언론인들이 상호교류 협력에 대한 합의문을 교환했으나 후속 움직임은 없었다.

그렇다 해도 6·15선언 이후 한반도의 언론보도 추세는 변화했다. 남한 언론의 대북 관련보도가 질과 양적인 면에서 개선되었다. 북한에 대한 정보공개가 확대되면서 언론도 자율적으로 이념적 보도 영역을 확대했다. 북한 언론은 대남비난을 자제하고 있으며 비난을 할 경우도 '남조선 군사당국자'라든지 '호전세력' 등으로 일정한 선을 그어 전체적인 남북관계를 해치지 않으려는 모습을 보인다. 이런 긍정적 변화가 언론인 토론회의 성사에 기여한 것이다.

남북 보도 실태

남북언론인 통일토론회에 대한 남북 언론 보도는 이 행사에 대한 두 체제의 관심도를 그대로 반영하고 있다. 6·15선언에 대한 의미 부여의 차이이기도 했다. 북에서는 이 선언을 가장 중요한 정치적 상징으로 삼고 있는 반면 남에서는 진보, 보수의 시각차가 큰 실정이다.

연합뉴스에 따르면 북한의 방송과 신문, 통신 등 주요 언론사들은 토론회를 비중 있게 다뤘다. 조선중앙통신은 토론회 소식과 행사에서 채택한 공동성명을 상세히 전했고 평양방송도 남북언론인 통일토론회와 관련한 소식을 보도했다. 조선중앙텔레비전은 2006년 11월 30일 13번째 기사로 '6·15공동선언실천과 북남언론인들의 역할에 관한 토론회 진행'이라는 기사를 통해 상세히 소개했다. 북한 노동당의 기관지 노동신문은 '6·15 공동선언실천과 북남언론인들의 역할에 관한 토론회'라는 제목의 토론회 관련 기사를 지난달 30일자 5면에 3단으로 처리했다. 조선신보도 같은 날 '북남언론인, 금강산에서 분단 역사상 첫 공동토론회 개최'라는 제목의 기사와 '핵시험 이후 정세에 대한 언론인들의 관점'이라는 해설 기사를 실었다.

남한 언론의 경우 진보적 성향을 가진 인터넷 매체와 기자협회보, 미디어 오늘이 비중 있게 보도했다. 경향신문과 한겨레조차 최소한의 관심에 그친 기사를 실은 것은 아쉬운 일이다. 보수 언론은 대부분 보도 자체를 외면했다. 중앙일보가 칼럼을 통해 비판적으로 소식을 전했을 뿐이다. 남한 전체 대중매체의 보도 태도는 여러 각도에서 판단할 일이지만 참 한심스런 일이다. 이런 자세로 한반도 평화 정착과 평화통일에 어떻게 기여할 수 있을지 걱정스럽다.

6·15공동선언의 역사적 의미에 대해서는 남쪽에서도 사회적 합의가 이뤄지고 있는 추세다. 대다수 보수 세력도 6·15공동선언으로 한반도의 냉전의 벽이 무너져 내리게 된 것을 인정한다. 남북 간에 땅과 하늘, 바다길이 열린 생산적 의미를 받아드리면서 미래를 설계하는 모습을 보이고 있다. 대다수 언론이 이런 사회적 변화를 외면하는 것은 안타까운 일이다.

역사의 흐름 직시해야

남북한 언론의 위상 차이는 분명하다. 남한의 언론, 북한의 언론은 체제 내에서의 그 역할이 크게 다르다. 그래서 남북 언론교류를 추진하는 쪽은 이런 점을 십분 고려해야 한다. 서로에 대한 이해와 절충 등이 반영되는 노력이 반드시 필요하다.

일부 언론인들이 토론회를 총평하면서 왜 '반핵'이 빠졌느냐면서 알맹이가 빠진 것처럼 비판하는 것은 적절치 않다. 협상에는 상대가 있고 논리가 설득력이 있어야 한다. 어느 한 쪽만을 밀어붙이거나 압박하는 논리로는 곤란하다. 다양한 남북문제에 대한 해법은 다양하게 제시될 수 있다. 그러나 그것이 미국 네오콘이나, 남한 수구 세력 등이 주장하는 비상식적인 것이라면 사태 해결에 도움이 되지 않는다.

한반도 비핵화는 반드시 실현되어야 한다. 그러나 미국의 대북용 핵무기는 괜찮고 북한의 핵무기만 안 된다는 식의 냉전 시대적 고정관념은 버려야 한다. 카터 전 미국 대통령이 지적하듯이 북한 핵 실험의 원인제공은 미국이 한 것이라는 것을 확인하면서 사태를 점검하면 해법이 눈에 보인다. 이산가족 상봉 재개와 남북정상회담 등도 6・15선언 속에 그 해답이 담겨 있다. 토론회의 성과를 판단할 때 고려해야 할 사항 들이다.

공든 탑은 하루아침에 이뤄지지 않는다. 소중한 6・15공동선언도 남북 모두가 열과 성을 다해서 그 기반을 다지고 성과의 탑을 높여나가야 한다. 이와 관련해 되돌아 볼 역사가 있다. 6・15공동선언 이전 남북 간에 합의된 사항이 이행되지 않았던 불행한 과거를 기억해야 한다. 우리는 7·4공동성명과 92년 남북기본합의서가 휴지조각처럼 변질되는 과정을 목격한 바 있다. 그 같은 과정으로 야기된 부작용은 남북 간의 불신 증폭, 국제사회에서 한민족의 신의와 그 역량에 대한 부정적 평가 등 이루 헤아릴 수 없이 많다. 6·15동동선언은 북핵 6자 회담과 함께 우리가 한반도 평화를 정착시키는데 기여할 소중한 지렛대다. 이 점을 언론이 명심해서 보도활동을 해야 할 것이다.

참고문헌

고원, 2001,『언론정책은 악이다』, 북스토리.
김영덕, 2001. 한국방송영상산업진흥원 연구원. http://kbi.re.kr
박미란, 2001. 모니터 단체 시청평-방송프로 등급제 100%활용하기.『방송비평』4 제11호. http://www.kbc.go.kr/index1-011.html
방송위원회, 2001, 방송프로그램의 등급분류 및 표시등에 관한 규칙. http://www.kbc.or.kr/etc/index2.html
방송위원회, 2002, 방송프로그램 등급제 수용자 실태 조사.
방송프로그램 등급제에 관한 종합연구, 1997, 방송위원회.
방송프로그램등급세, 2000, http://www.kbc.go.kr/03/frame.asp
성동규, 2003,『사이버커뮤니케이션』, 세계사.
오택섭 등, 2003,『미디어와 정보사회』, 나남출판.
월드리서치, 2001, 송프로그램 등급제에 관한 시청자 및 전문가 의견 조사 자료
유혜령, 1996, "TV유아프로그램의 기호 세계와 교육이념에 관한 고찰."『유아교육연구』. 제15권 제2호.
이기현, 2001, 프로그램 등급제 관련 시청률 분석 프로그램내용분석. http://kbi.re.kr/kbinet__main/frame/studyreport__frame.html
이미혜·홍혜경, 2000, 한국·미국·대만의 유아대상 TV 광고의 비교 전남대 석사논문.
최이정, 2002, "미디어 폭력의 맥락적 요인(Contextual Factors)이 어린이의 도덕추론에 미치는 영향."『한국언론학회보』 제46호.
한국방송진흥원, 2001, 텔레비전 모니터 보고서 2001-1.
연합뉴스
AP통신
Newsweek
Time
http://kbi.re.kr/index__logout.html
http:interact.uoregon.edu/Medialit/JCP/articles/secondspring. html

http://ceep.crc.uiuc.edu/eecearchive/digests/1990/famtv90.html
http://childparenting.about.com/
http://www.limitv.org/kids.htm
http://www.pbs.org/aboutpbs/
http://www.parentinginformation.org/tvadvantage.htm#chapter1
http://www.cca-kids.ca/tvandme/english/educators/pdf/medialit.pdf
http://aappolicy.aappublications.org/cgi/content/full/pediatrics;104/2/341
http://www.joyfulgenius.com/index.cfm?fuseaction=articles.baby%20einstein
http://www.med.umich.edu/1libr/yourchild/tv.htm#violence
http://health.yahoo.com/news/124809
http://www.sciencentral.com/articles/view.php3?type=article&article_id=218392288
http://news-service.stanford.edu/news/1999/may5/tvweight-55.html
http://www.med.umich.edu/1libr/yourchild/obesity.htm
http://www.webmd.com/content/article/90/100540.htm?z=1728_00000_1000_nb_03
http://www.webmd.com/content/Article/114/111086.htm
http://www.fpg.unc.edu/~images/pdfs/snapshots/snap12.pdf#search='tV%2C%20%20children%20%2CSCHOOL%20achievement'
http://www.internetnews.com/stats/article.php/3517826
http://www.pbs.org/parents/childrenandmedia/article-faq.html
http://www.pbs.org/parents/childrenandmedia/
http://www.isi.edu/~lerman/etc/ThePlug.pdf
http://www.med.umich.edu/1libr/yourchild/internet.htm
http://www.fbi.gov/publications/pguide/pguidee.htm
KBS, 2001, KBS사내 등급평가 심의시 등급분류에 관한 세부기준 설명자료
MBC, 2001, MBC 등급제 대상 프로그램의 시행 준칙
SBS, 2002, SBS 드라마 등급제 시행준칙
Alvarez, M. M., Huston, A. C., Wright, J. C. and Kerkman, D. D, 1988, Gender Differences in Visual Attention to TV Form

and Content, J ournal of Applied Developmental Psychology
Anderson, D. R. & Collins, P.A., 1988, The import on children's education : TV's influence on cognitive development(Working paper No. 3), U.S. Department of Education, Office of Educational Research and Improvement.
Anderson, D. R. & Levin, S. R, 1976, Young Children's Attention to Sesame Street, Child Development, NY : Plenum.
Anderson, J. A., 1983, Television literacy and the critical viewer, in J. Bryant and D.R. Anderson (eds), Children's Understanding of Television: Research on Attention and Comprehension, New York: Academic Press.
Andison, F. S., 1977, TV violence and viewer aggression: a cumulation of study results 1956-1976, Public Opinion Quarterly.
Adler, T., 1991, By Age 4, Most Kids See What's Real Monster. APA Monitor.
Atkinson, B., 1996, The man behind the V-chip. University of Waterloo Magazine.
Bagdicakian, B., 1990, The Media Monopoly, 3rd ed., Boston Beacon Press.
Bandura, A. & Menlove, F., 1968, Factors determining vicarious extinctions of avoidance behaviour through symbolic modelling, Journal of Personality and Social Psychology.
Bechtel, R., Adelpohl, C. and Akers, R., 1972, Correlations between observed behaviour and questionnaire responses on television viewing, in Rubinstein et al.
Beentjes, J. W., & Van der Voort, T. H., 1988, Television's impact on children's reading skills: A review of research, Reading Research Quarterly, 23(4).
Bianculli, D. (1994) Teleliteracy : Taking television seriously. New York: Touchstone.
Belloni, M. L., 1991, Media Education : Urgent Mission for the School(Sao Bermardo do Campo : IMS.

Berkowitz, L., 1988, Frustrations, appraisals, and aversively stimulated aggression. Aggressive Behavior.

Breed, W., 1955. Social Control in the Newsroom, Social forces.

British Broadcasting Corporation, 1972, Violence on Television: Programme Content and Viewer Perceptions, London: BBC

Brown, K. D., White, A.B., & NIkopoulou, L., 1993, Disinterest, intrigue, resistence: Early adolescent girls' use pf sexual media content, Cresskill, NJ: Hampton Press.

Buckingham, D., 1995, Media education and the media industries : bring the gaps?, Journal of Educational Television, 21(1).

California Assessment Program, 1982, Survey of sixth grade school achievement and television viewing habits. Sacramento: California State Department of Education.

Cannon, C. M., 1995, Media violence increases violence in society. In C.Wekesser(ed), violence in the media. San Diego. CA: Greenhaven Press.

Centerwall, B. S., 1995, Television and violent crime, In R.L. DelCampo & D.S. DelCapo(eds.), Taking sides : Clashing views on controversial issues in childhood and society.Guilford, CT: Dushkin.

Chaffee, S. H., McLed, J. M. & Wackman, D. B., 1973, Family communication patterns and adolescent political participation, in J. Dennis (ed.) Socialisation to Politics, New York: Wiley.

Cheney, G. A., 1983, Television in American society. B.Y. : F. Watts.

Churchill, G. A. and Moschis, G. P., 1979, Television and interpersonal influences on adolescent consumer learning, Journal of Consumer Research.

Comstock, G., 1984, Television and the American Child, San Diego : Academic Press.

Comstock, G., & Paik, H., 1991, Television and American Child, San Diego, CA : Academic Press.

Corteen. R. S., & Williams, T. M., 1986, Television and reading skills. In T. M. Williams(Ed.), The impact of television (pp. 39-86). Orlando, FL:Academic Press.

Cuff, J. H., 1995, Television: The real victims of constant viewing. The Globe and Mail, p. D1.

Disney, A., 1995, Media violence should be treated as a public health problem. In c. Wekesser(ed), violence in the media .San Diego, Ca : Greenhaven Press.

Doerken M., 1983, Classroom combat: Teaching and television. Englewood Cliffs, NJ : Educational Technology Publications.

Donnerstein, E., Slaby,R.G., & Eron,L.D., 1994, The mass media and youth aggression, In L.D. Eron, J.H. Gentry, & P. Schlegel(eds), Reason to hope: A psychosocial perspective on violence and youth. Washington, D.C : American Psychological Association.

Donohue, T. R., Meyer, T. P. and Hencke, L. L., 1978, Black and white children's perceptions of television commercials, Journal of Marketing.

Dorr, A., 1986, Television and children : A special medium for a special audience. Beverly Hills, CA: Sage.

Ed Papazian. ed., 1993, TV Dimensions '93, NY: Media Dynamics

Elliot, P., 1972, The Making of a Television Series, Constable

Fetler, M., 1984, Television viewing and school achievement. Journal of Communication, 34(2).

Forsslund, T., 1991, Factors that influence the use and impact of educational television in school, Journal of Educational Television, 17(1).

Fowles, J., 1992, Why viewers watch: A reappraisal of television's effects. Newbury Park, CA: Sage.

Freedman, J. L., 1986, Television violence and aggression: A rejoinder. Psychological Bulletin.

Gaines, L. and Esserman, J. F., 1981, A quantitative study of young children's comprehension of television programmes and commercials, in J. F. Esserman (ed.), Television Advertising and Children, New York: Child Research Service.

Gerbner, G. & Gross, L., 1976, Living with television: the violence profile, Journal of Communication.

Gieber, W., 1964, News is What Newspaperman Make It. in Dexter

Golding, P., 1981, The Mass Media. Longman House, Burnt Mill, Harlow, Essex, U.K.

Greenberg, B. S., Stanley, C., Siemicki, M., Heeter, C., Soderman, A. & Linsangan, R., 1993b, Sex content on soaps and prime-time TV series most viewed by adolescents, Creskill, NJ : Hampton Press.

Gunter, B. McAleer, J., & Cliffore, B., 1991, Children's views about television. Aldershot, England : Avebury.

Gunter, B. & McAleer, J., 1997, Children and Television(2nd ed), Redwood Books, Trowbridge, Wiltshire, Great Britain.

Hattemer, B., & Showers, R., 1995b, Prosocial programming by the media can be effective. In C. Wekesser (Ed.), Violence in the media (pp. 86-93). San Diego, CA:Greenhaven Press.

Hayes, D .S. & Birnbaum, D. W., 1980, Preschools' Retention of Televised Event : Is a Picture Worth a Thousand Words? Developmental Psychology, 16(5).

Hess, H., 1995, TV violence tied to aggression. The Globe and Mail, A4. 4.

Hodge, R., & Tripp, D., 1986, Children and television. Cammbridge, England: Polity Press.

Huesmann, L. R., & Eron, L. D., 1986, The development of aggression in American children as a consequence of television violence viewing. In L., R. Huesmann & L. D. Eron(eds), Television and the aggressive child: A cross-national comparison. Hillsdale, NJ: Lawrence Erlbauam Associates the development of aggression. Aggressive Behavior.

Interbrand Group Staff, World's Greatest. Brands : An International Review by Interbrand , 1992, NY : John Wiley

& Sons.
Jason, L. A. & Hannaway. L. K., 1997, Remote control - a sensible approach to kids, TV and the new electronic media, Professional Resource Press, Sarasota, FL
Joy, L. A., Kimball, M. M.m & Zabrack, M., 1986, Television and children's aggressive behavior. In Y. N. Williams(ed), The impact of television, 303~360. Orlando, FL, Academic Press.
Kolata, G. B., 1986, Obese Children : A growing problem. Science
Lamson, S. R., 1995, Media violence has increased the murder rate. In C. Wekesser(ed), Violence in the media (25-27). San Diego, CA : Greenhaven Press.
Langham. J., 1990, Teachers and Television : A History of the IBA's Educational Fellowship Sheme. London : John Libbey
Laumann, E. O., Gagnon, J.H., Michael, R.T. & Michaels, S., 1994, The social organization of sexuality, Sexual practices in the United States, Chicago, The Univ. of Chicago Press.
Lefrancois, G. R., 1995, Of children (8th ed.). Belmont, CA : Wadsworth.
Lesser, G., 1974, Children and Television: Lessons from 'Sesame Street', New York: Random House.
Levine, S. B., 1995, A variety of measures could combat media violence. In C. Wekesser(ed), Violence in the media. San Diego, CA: Greenhaven Press.
Liebert, R. M., Sprafkin, J. N., & Davidson, E. S., 1982, The early window (2nd ed.). New York: Pergamon.
Lintz, D., 1984, Donnerstein, E., & Penrod, S.The effects of multiple exposures to filmed violence against women. Journal of Communication.
Lowry, D T. & Towles, D.E., 1989a, Prime time TV portrayals of sex, contraception and venereal diseases, Journalism Quarterly, 66(2).
Lull, J., 1988b, The Family and Television in World Culture, In J. Lull(Ed), World Families Watch Television, Newbury Park,

CA : Sage.
Lynn, R., Hampson, S., & Agahi, E., 1989, Television violence and aggression : A genotype-environvent, correlation and interaction theory. Social Behavior and Personality.
Masterman, L., 1980, Teaching about Television, London : Macmillian.
Messaris, P., 1986, Parents, children, and television. In G. Gumpert & R. Cathcart(eds), Inter/media: Interpersonal communication in a media world(3rd ed.), NY: Oxford Univ. Press
Meringoff, L. K., & Lesser, G. S., 1980, Children's ability to distinguish television commercials from program material. In R. P. Adler, G. S. Lesser, L. K. Meringoff, T. S. Robertson, J. R. Rossiter, & S. Ward (Eds.), The effects of television advertising on children (pp. 29-42). Lexington, MA: Lexington Books.
Milavsky, J. R., Kessler, R. C., Stipp, H. H., & Rubena, W. S., 1982, Television and aggression: A panel study. New York: Academic Press.
Moss, R., Jones, C. & Gunter, B. (1991) Television in Schools, London: John Libbey.
National Leadership Conference on Media Literacy, 1992, Aspen Institute. Queenstown , Maryland
National Telemedia Council, 1992, Telemedium 38 (Third-fourth Quarter)
Nye, R. B., 1978, Notes on a Rationale for Popular Culture, A Popular Culture Reader, ed. Jack Nachbar, Devorah Weiser, and John L, Wright(Bowling Green, Ohio: Bowling Green University Popular Press).
O'Connor, A., 1990, Culture and Communication, Questing the Media : A Critical Introduction, ed. John Downing, Ali Mohammadi, and Annabelle Sreberny Mohamma, Newbury Park, Calif : Sage Publications.
O'Connor, R. D., 1972, Relative efficacy of modelling, shaping and

the combined procedures for modification of social withdrawal, Journal of Abnormal Psychology.

Paik, H., & omstock, G., 1994/1997, The effects of television violence on anti-social behaviour: a meta-analysis, Communication Research.

Pearl, D., Bouthilet, L., & Lazar, J., 1982, TV and behavior, ten years of scientific progress and implications for the eighties, vol. 1, summery report, Rockville, MD: NIMH.

Peterson, J. L., Moore, K.A. & Furstenberg, F.F., 1991, TV viewing and early invitation of sexual intercourse : Is there a link? Journal of Homosexuality, 21(1/2).

Postman, N., 1985, Amusing ourselves to death. New York, Penguin.

Poulos, R. W. & Davidson, E. S., 1971, Effects of a short modelling film on fearful children's attitudes towards the dental situation, unpublished manuscript, State University of New York, Stony Brook.

Rice, M., 1983, The role of television in language acquisition, Developmental Review.

Rice, M. L., & Woodsmall, L., 1988, Lessons from television: Children's word learning when viweing. Child Development, 59(2).

Roberts, E. J., 1982, TV and sexual learning in childhood in TV and behavior, Washington, DC: National Institute of Mental Health.

Roberts, D. F., Bachen, C. M., Hornby, M. C. & Hernandez-Ramos, P., 1984, Reading and television: predictors of reading achievement at different age levels. Communication Research, 11(1).

Robertson. T. S., & Rossiter, J. R., 1974, Children and commercial persuasion: An attribuion analysis. Journal of consumer Research, 1, 13-20.

Robertson, T. S., Ward, S., Gatigon, H. and Klees, D. M.,1989,

Advertising and children: a crosscultural study, Communication Research.

Rosenkoetter, L. I., Huston, A. C., & Wright, J. C., 1990, Television and the moral judgment of the young child, Journal of Applied Developmental Psychology.

Ross, R. P., Campbell, T., Wright, J. C., Huston, A. C., Rice, M. L., & Turk, P.,1984, When celebrities talk, children listen: An experimental analysis of children's responses to TV ads with celebrity endorsement Journal of Applied Developmental Psychology.

Rubin, A. M., 1986a, Age and Family Control Influences on Children's Television Viewing, The Southern Speech Communication Journal, 52(1).

Rule, B. G., & Ferguson, T. J., 1986, The Effects of Media Violence on Attitudes, Emotions, and Cognitions. Journal of Social Issues, 42(3).

Rule, B. G., & Ferguson, T.J., 1986, The effects of media violence on attitudes, emotions, and cognitions. Journal of Social Issues

Rutherford, P., 1994, The new icons?: The art of television advertising. Toronto: University of Toronto Press.

Schneider, C., 1987, Children's TV: The art, the business, and how it works, IL, NTC Business.

Schramm, W., Lyle, J. and Parker, F. B, 1961, Television in the Lives of Our Children, Stanford, CA : Stanford University Press.

Schwartz, T., 1973, The Responsive Chord, Garden City, NY : Anchor Books.

Selnow, G. W. (1986). Television viewing and the learning of expectations for problem resolutions. Educational Studies.

Silverblatt, A., 2001, Media Literacy(2nd ed), Westport, Connecticut London.

Sohn, D. Dabid, 1982, Sohn interviews Jerry Kosinski. A nation of videos. In H. Newcomb(ed). TV: The critical views(3rd ed.,). NY: Oxford Univ. Press.

Spicer, K.., 1995, TV can have a positive influence on children. Kitchener-Waterloo Record, A9.

Sprafkin, J., Gadow, K. D. & Abelman, R., 1992, Television and the exceptional child: A forgotten audience. Hillsdale, NJ : Lawrence Erlbaum Associates.

Steven, J. B., 1998, The Plugged-in Parent, Times Books, NY..

Surgeon General's Scientific Advisory Committee on TV and Social Behavior, 1972, V and Growing UP: The impact of televised violence, Washington, DC. US Government Printing Office.

Truglio R. T., 1990, The role of prime time TV viewing in the sexual socialization of adolescents, Unpublished doctoral dissertation, Univ. of Kansas, Lawrence, KS.

Van Evera, J., 1998, Television and child development(2nd ed). NJ : Lawrence Erlbaum Associates, New Jersey.

Van der Voort, T. H. A., 1986, TV violence: A child's eye view. Amsterdam: North-Holland.

Viemero, V., & Paajanen, S., 1990, The role of fantasies and dreams in the TV viewing-aggression relationship. Aggressive Behavior.

Ward, X., Wackman, D. B. & Wartella, E., 1977, Consumer Socialization : An Information Processing Approach to Cosummer Learning, Beverly Hills:Sage.

Wartella, E., 1981, The child as viewer, in M. E. Ploghoft and J. A. Anderson (eds), Education for the Television Age, Athens, OH: The Cooperative Centre for Science Research

White, D. M., 1950, The Gatekeeper.: A Case Study in the Selection of News, Journalism Quartterly, 27(4).

Wiegman, O., Kuttschreuter, M., & Baarda, B., 1992, A longitudinal study of the effects of TV viewing on aggressive and prosocial behaviors. British Journal of Social Psychology.

Williams, P. A., Haertel, E. H., Haertel, G. D., & Walberg, H. J., 1982, The impact of leisure time television on school learning:

A research synthesis. American Educational Research Journal, 19(1).

Winn, M., 1985, The plug-in drug : TV, children, and the family, N.Y., Penguin Books.

Wood, W., Wong, F.Y. & Chacere, J. G., 1991, Effects of media violence on viewers' aggression in unconstrained social interaction. Psychology Bulletin.

Wright, J. C., St. Peter, M. & Huston, A. C., 1990, Family Television Use and its Relation to Children's Cognitive Skills and Social Behavior. In J. Bryant.

Zettl, H., 1990, Sight, Sound, Motion : Applied Media Aesthetics, Belmont, Calif. : Wardsworth.

[필자 약력]

〈고승우〉

전북 옥구 生, 고려대 졸, 고려대 문과대학 사회학박사, 한겨레신문 부국장, 한성대 겸임교수, 미디어오늘 논설실장, 6·15공동선언실천 남측위원회 언론분과 정책위원장.

저서 : 통일 장편소설 그날, 언론유감, 붓과 칼의 변주곡 등.

지성인을 위한 미디어 ABC

2009년 3월 20일 중판인쇄
2009년 3월 25일 중판발행

저 자 고 승 우
발행인 유 성 렬
발행처 **형 지 사**
서울특별시 영등포구 신길동 233-96
전화 (02) 849-6157(代)·2820
FAX (02) 849-0817
등록 제318-2005-000030호

파본은 바꾸어 드립니다. 값 11,000원

http : //www.chongmok.co.kr

ISBN 978-89-958239-3-4